山西省高等教育"1331工程"提质增效建设计划
服务转型经济产业创新学科集群建设项目系列成果

教育部人文社会科学研究青年基金项目（19YJC790148）资助

中国宏观债务杠杆的测度、效应和调控研究

王晓婷　◎　著

Research on the Measurement,
Effect and Control of Macro

DEBT LEVERAGE
IN CHINA

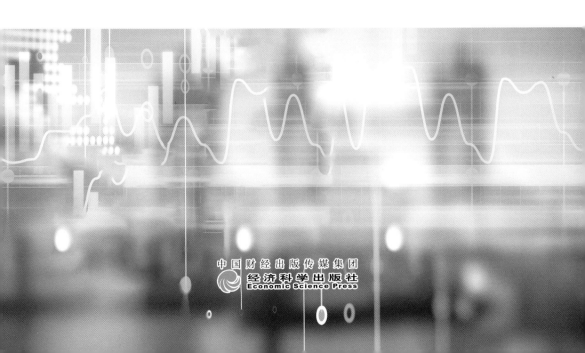

中国财经出版传媒集团
经济科学出版社
Economic Science Press

图书在版编目（CIP）数据

中国宏观债务杠杆的测度、效应和调控研究/王晓
婷著 . —北京：经济科学出版社，2023.8
ISBN 978－7－5218－5051－2

Ⅰ . ①中… Ⅱ . ①王… Ⅲ . ①中国经济-宏观经济-
债务管理-研究 Ⅳ . ①F123.16

中国国家版本馆 CIP 数据核字（2023）第 160293 号

责任编辑：杜　鹏　常家凤
责任校对：杨　海
责任印制：邱　天

中国宏观债务杠杆的测度、效应和调控研究

王晓婷　著

经济科学出版社出版、发行　新华书店经销
社址：北京市海淀区阜成路甲 28 号　邮编：100142
总编部电话：010-88191217　发行部电话：010-88191522
网址：www. esp. com. cn
电子邮箱：esp@ esp. com. cn
天猫网店：经济科学出版社旗舰店
网址：http://jjkxcbs. tmall. com
固安华明印业有限公司印装
710×1000　16 开　21.75 印张　370000 字
2023 年 8 月第 1 版　2023 年 8 月第 1 次印刷
ISBN 978－7－5218－5051－2　定价：108.00 元
（图书出现印装问题，本社负责调换。电话：010－88191545）
（版权所有　侵权必究　打击盗版　举报热线：010－88191661
QQ：2242791300　营销中心电话：010－88191537
电子邮箱：dbts@ esp. com. cn）

山西省高等教育"1331 工程"提质增效建设计划
服务转型经济产业创新学科集群建设项目系列成果
编委会

主　编　沈沛龙
副主编　张文龙　王晓婷
编　委　（按姓氏拼音为序）
　　　　崔　婕　韩媛媛　李爱忠　沈沛龙　王国峰
　　　　王建功　王　琳　王晓婷　张文龙　朱治双

总　序

　　山西省作为国家资源型经济转型综合配套改革示范区，正处于经济转型和高质量发展关键时期。山西省高等教育"1331工程"是山西省高等教育振兴计划工程。实施以来，有力地推动了山西高校"双一流"建设，为山西省经济社会发展提供了可靠的高素质人才和高水平科研支撑。本成果是山西省高等教育"1331工程"提质增效建设计划服务转型经济产业创新学科集群建设项目系列成果。

　　山西财经大学转型经济学科群立足于山西省资源型经济转型发展实际，突破单一学科在学科建设、人才培养、智库平台建设等方面无法与资源型经济转型相适应的弊端，构建交叉融合的学科群体系，坚持以习近平新时代中国特色社会主义思想为指导，牢牢把握习近平总书记关于"三新一高"的重大战略部署要求，深入贯彻落实习近平总书记考察调研山西重要指示精神，努力实现"转型发展蹚新路""高质量发展取得新突破"目标，为全方位推动高质量发展和经济转型提供重要的人力和智力支持。

　　转型经济学科群提质增效建设项目围绕全方位推进高质量发展主题，着重聚焦煤炭产业转型发展、现代产业合理布局和产学创研用一体化人才培育，通过智库建设、平台搭建、校企合作、团队建设、人才培养、实验室建设、数据库和实践基地建设等，提升转型经济学科群服务经济转型能力，促进山西省传统产业数字化、智能化、绿色化、高端化、平台化、服务化，促进现代产业合理布局集群发展，推进山西省产业经济转型和高质量发展，聚焦经济转型发展需求，以资源型经济转型发展中重大经济和社会问题为出发点开展基础理论和应用对策研究，力图破解经济转型发展中的重大难题。

　　山西省高等教育"1331 工程"提质增效建设计划服务转型经济产业创新学科集群建设项目系列成果深入研究了资源收益配置、生产要素流动、污染防控的成本效益、金融市场发展、乡村振兴、宏观政策调控等经济转型中面临的重大经济和社会问题。我们希望通过此系列成果的出版，为山西省经济转型的顺利实施作出积极贡献，奋力谱写全面建设社会主义现代化国家山西篇章！

编委会

2023 年 6 月

前　言

　　"信贷—债务"是实体经济和金融部门连接的重要渠道，但过量债务会威胁金融稳定并传导至实体经济。宏观杠杆率是衡量债务水平以及偿付能力的重要指标。自美国次贷危机和欧洲主权债务危机发生以来，信贷繁荣或信贷激增与系统性金融风险之间的紧密相关性成为共识。2020 年以来，全球特别是主要经济体都推出刺激财政支出和超级宽松的货币供应政策，对缓解新冠肺炎疫情冲击风险发挥了积极作用，也导致了全球通货膨胀和大量的债务积累。各国债务攀升已经成为国际货币基金组织、世界银行等国际机构不断提示的全球性风险。

　　近年来，中国也经历了持续而显著的信贷扩张，债务偿还压力逐渐显现，成为经济金融体系脆弱性的主要源头之一。2015 年中央经济工作会议之后，"去杠杆"成为中央经济工作的主要抓手。在"去杠杆"的过程中，我国宏观杠杆率增速大幅下降，但也伴随着各部门杠杆率结构的再平衡过程。2018 年召开的中央财经委员会第一次会议提出要"分部门、分债务类型"实现宏观杠杆率稳定和逐步下降。"结构性去杠杆"成为中国去杠杆工作的基本逻辑和遵循。2020 年中央经济工作会议继续提出保持宏观杠杆率基本稳定，处理好恢复经济和防范风险关系。2023 年《政府工作报告》提出要有效防范化解重大经济金融风险、改善资产负债状况，防范化解地方政府债务风险。

　　在一系列控制债务规模、降低宏观杠杆率政策的实施下，我国债务总量增长适度，债务结构不断优化，较好地平衡了稳增长和防风险的关系。但是，对于不同的宏观经济部门而言，仍存在地方政府隐性债务风险积聚、家庭部门杠杆率快速攀升等突出问题。而且，由于我国存在金融资源分布错配、区域经济增长不平衡的现实问题，区域间债务风险分化加剧等结构性问题依旧存在。因此，研究宏观债务杠杆水平和由债务杠杆高企及调整带来的经济效应，通过杠杆调控和协调有效的宏观政策实现经济稳定和金融稳定的"双稳定"目标，具有重要的理论意义和现实价值。

本书通过编制我国除港、澳、台地区外的31个省份四部门宏观资产负债表，测度了各区域四部门债务规模和债务杠杆，分析了债务杠杆的经济和风险效应，检验了货币政策、财政政策和宏观审慎政策在调控债务杠杆方面的作用效果，基于债务杠杆水平和债务偿付能力，对金融稳定水平进行了评估。本书共包括十一章内容：第一章为绪论。第二章至第五章编制了我国31个省份四部门宏观资产负债表，对宏观债务杠杆进行了测度和分析。第六章研究了经济增长与金融稳定目标下公共部门债务杠杆的最适区间。第七章、第八章分析了宏观债务杠杆和区域金融风险间的关系，研究了债务杠杆诱发风险的路径和风险效应。第九章研究了财政政策和货币政策对债务杠杆的调控效应。第十章研究了货币政策和宏观审慎政策对债务杠杆的调控效应。第十一章对金融稳定水平进行了测度。本书为经济稳定和金融稳定的"双稳定"目标下杠杆调控和宏观经济政策的协调配合提供理论依据和实施路径。

本书得到山西省高等教育"1331工程"提质增效建设计划，国家社会科学基金项目"宏观杠杆率结构的特征事实、驱动机制和政策调控研究（22CJL006）"，教育部人文社科基金项目"宏观杠杆率最适水平、动态调整和政策协调研究（19YJC790148）"，山西省筹资金资助回国留学人员科研项目"山西省地方政府债务可持续性和风险预警研究（2021-104）"，山西省高等学校哲学社会科学研究项目"经济增长与金融稳定目标下的地方政府债务管理研究（2021W063）"，山西省哲学社会科学规划课题"金融稳定评估及金融稳定保障基金配置研究（22YJ071）"项目的资助，在此深表感谢。

在本书的研究过程中，有30余名硕士和博士研究生参与了相关问题的研究和讨论，项目成员在研究中分别发挥了不同作用。他们分别是：芦超、沈婕等博士研究生，以及刘雪琴、赵铖、杨静雯、赵玉希、崔萌、杨玲、杨兆璨、朱晓华、刘建芳、薛旭鹏、宋甜甜、王松、李婉榕、李远哲、王钰航、许明辉、王庆国等硕士研究生。在本书出版之际，在这里对他们的付出表示深深的感谢!

最后,要特别感谢经济科学出版社的编辑们,是他们的热情鼓励、大力支持和辛勤工作,使本书得以顺利出版。

本书提出的主要方法和所得结论可为经济、金融领域学术研究人员继续深入研究提供理论参考,也可为国家金融监督管理部门、人民银行和金融机构加强债务风险和系统性风险管理提供理论依据和对策建议。鉴于学术水平和研究能力所限,书中可能存在不足与疏漏,恳请读者批评指正。

王晓婷

2023 年 6 月

目　录

第一章　绪　论

本章综合概括了宏观杠杆率的研究背景与意义，并从宏观债务风险、宏观债务杠杆测度、宏观债务杠杆的经济效应、宏观经济政策和债务杠杆几方面对现有研究进行总结。在此基础上，详细论述了本书的研究内容与方法，并提出主要工作与创新。

第一节　研究背景与意义

一、研究背景

宏观债务杠杆的持续大幅提升是金融危机爆发前呈现出的新特征。自美国次贷危机和欧洲主权债务危机发生之后，宏观债务杠杆成为学术界、实务界和政策制定者关注的热点问题。与此同时，中国实体经济部门杠杆率快速增加，债务偿还压力逐渐显现，成为金融体系脆弱性的主要源头之一，也引发了人们对中国是否会发生债务危机的普遍担忧。2015 年中央经济工作会议之后，"去杠杆"成为中央经济工作的主要抓手。

在去杠杆工作的开展下，我国宏观杠杆率增速大幅下降，并在抑制泡沫形成和优化资源配置等方面初见成效。但同时，快速去杠杆过程可能使经济跌入"债务—通缩"陷阱，债务硬着陆引发的风险连锁效应也不容忽视。由此，2018 年召开的中央财经委员会第一次会议和中央政治局会议对去杠杆的结构、速度和力度提出了新的要求。"结构性去杠杆"成为中国去杠杆工作的基本逻辑和遵循。2020 年中央经济工作会议继续指出，要"保持货币供应量和社会融资规模增速同名义经济增速基本匹配，保持宏观杠杆率基本稳定，处理好恢复经济和防范风险关系。"① 在党中央和国务院领导下，我国在控制宏观杠杆率、防范化解经济金融领域的风险方面取得了重大成果。

现阶段我国不但外部经济环境发生明显变化，而且存在金融资源分布错配、区域经济增长不平衡、宏观经济政策不协调等现实问题。2021 年中央经济工作会议判断，我国仍面临需求收缩、供给冲击、预期转弱等压力。部分地区产业结构调整缓慢，一些房地产企业、地方国有企业和地方融资平台违约风险增加，在新冠肺炎疫情冲击下地方政府财政收入下降、政府隐性债务负担加重，金融体系的风险暴露和脆弱性大幅提高。2022 年《政府工作报告》强调，"要坚持稳字当头、稳中求进""继续做好'六稳'工作""牢牢守住不发生系统性风险的底线"。② 党的二十大报告继续指出，要"确定稳中求进工作总基调，统筹发展和安全"。③ 在"稳字当头、稳中求进"基调下，如何通过稳妥有序的债务杠杆调控和协调有效的宏观政策化解内外部矛盾，提升宏观政策的精准性，进一步实现经济稳定和金融稳定的"双稳定"目标，亟待研究和破解。

基于上述背景，本书通过对我国除港、澳、台地区外的 31 个省份不同经济部门债务杠杆进行度量，基于各经济部门宏观债务杠杆评估了中国不同区域、部门的金融稳定水平，分析了债务杠杆对金融风险的影响，求解了经济增长和金融稳定目标下政府债务杠杆的最适区间，进一步分析了货币政策、财政政策与宏观审慎政策对宏观债务杠杆的调控效应，为债务杠杆调控、金融稳定目标的实现以及宏观经济政策的实施提供理论依据和实施路径。

二、研究意义

本书运用宏观资产负债表编制方法，编制了 2007～2018 年我国 31 个省

---

① 中华人民共和国中央人民政府．中央经济工作会议举行 习近平李克强作重要讲话［EB/OL］．（2020－12－18）https：//www.gov.cn/xinwen/2020－12/18/content_5571002.htm.

② 中华人民共和国中央人民政府．政府工作报告［EB/OL］．（2022－3－12）https://www.gov.cn/premier/2022－03/12/content_5678750.htm

③ 习近平：高举中国特色社会主义伟大旗帜 为全面建设社会主义现代化国家而团结奋斗——在中国共产党第二十次全国代表大会上的报告［EB/OL］．（2022－10－25）https：//www.gov.cn/xinwen/2022－10/25/content_5721685.htm.

份政府部门、金融部门、企业部门和家庭部门宏观资产负债表，建立了统一的宏观资产负债数据编制的口径，反映了各部门、各地区资产和负债存量以及债务杠杆水平，测度了债务杠杆的变化趋势和周期，使得不同部门和各区域数据具有了可比性，为宏观债务杠杆研究提供了新的更加全面、准确的数据基础。

本书系统分析了重要的财政政策、货币政策和宏观审慎政策变量对宏观债务杠杆的作用机制和效果，探析财政政策、货币政策和宏观审慎政策在宏观杠杆率调控过程中的协调作用问题，为宏观调控提供规范的理论框架，为宏观债务杠杆管理提供决策依据，也为完善宏观经济政策架构提供实践指导，有助于提高宏观经济政策工具的有效性和协同性，进而有助于决策者通过宏观杠杆调控实现经济和金融双稳定的政策目标，更可为宏观债务风险管理提供中国经验。本书基于宏观债务杠杆数据，为债务的规模测度和偿付能力评价提供了包含区域异质性、周期性和跨部门分析的综合研究框架；同时利用金融稳定的周期性和系统性特征，分析了金融稳定的时间趋势，识别了系统重要性部门，描绘了中国金融稳定全貌。

本书研究了宏观债务杠杆水平和由债务杠杆高企及调整带来的经济效应，以及通过杠杆调控和协调有效的宏观政策实现经济稳定和金融稳定的"双稳定"目标，具有重要的理论意义和现实价值。

第二节 文献综述

一、有关宏观债务风险的研究

"信贷—债务"是实体经济和金融部门连接的重要渠道。然而，过量债务会威胁金融稳定并传导至实体经济。"债务—通缩"理论认为，经济体的过度负债会加剧通缩，导致经济衰退（Fisher，1933）。"金融不稳定假说"提出，债务融资的不稳定是金融体系脆弱性的根源（Minsky，1992）。"金融加速器"理论将金融因素纳入生产函数，认为实体经济资产负债表恶化对金融体系的冲击会不断强化并产生恶性循环，破坏金融稳定（Bernanke，

1999)。过量债务使大多数经济主体的经营目标从利润最大化转变为债务最小化，引发资产负债表衰退（Krugman，2014）。

资产负债表衰退的典型特征是大多数企业负债增加，导致其经营目标由利润最大化变为负债最小化，信贷需求的减少延长了经济衰退的时间。由资产负债表衰退引发的危机不仅具有很强的隐蔽性，而且对于整个经济的影响十分深远。日本、美国、英国、西班牙和爱尔兰在危机中都经历了严重的资产负债表衰退（Koo，2011）。库（Koo，2014）认为，始于2008年的全球性经济衰退本质上与20世纪90年代初开始的日本经济大衰退相同，在资产价格暴跌之后，企业还债压力加大，经营目标由利润最大化转变为负债最小化。资产负债表衰退本质上是针对危机后债务负担过重而产生的风险控制行为，然而，持续累积的过量债务负担也可以引发金融危机。埃格特森和克鲁格曼（Eggertsson and Krugman，2012）基于费雪－明斯基－库方法，首次提出"去杠杆化危机"的概念，认为去杠杆导致资产负债表衰退和债务通缩，进一步引发金融危机。债务杠杆的持续大幅提升是金融危机爆发前呈现出的新特征（Cecchetti et al.，2011；Khoo and Durand，2016；Jarmuzek and Rozenov，2017）。

进一步，借款方净资产价值的下降和融资约束的加大形成正反馈效应，通过资产负债表放大机制成倍作用于金融稳定和经济增长（Di Tella，2017）。王国刚（2017）认为，债务资金主体之间的"资产—债务"链条的联动机制，使得市场参与者和债务资金供给者形成一个庞大的利益共同体和联动体系。翟永会（2019）通过分析"实体—银行"间系统性风险双向反馈机制，阐述了初始冲击经过流动性螺旋、"恶魔回路"与债务旋涡，在"实体—银行"间传递和扩大的风险传递路径。朱太辉（2019）认为，金融体系风险很大程度上是实体经济债务风险在金融体系的倒灌，金融体系防风险要前移至实体经济债务层面。

政府部门、企业部门和家庭部门是实体经济的构成主体，现有文献对不同部门的债务风险进行了研究。在金融部门中，一方面，银行的经营失败会减少经济体的信贷供给，使整个社会进入持续紧缩阶段；另一方面，银行在正常经营阶段虽然通过提供信贷支持了经济增长，但是信贷的增长会通过自身风险承担增加引发金融不稳定（Carlson et al.，2022）。对于政府部门，较高的政府债务会提高长期利率（Kumar and Baldacci，2010）、风险溢价（Reinhart et al.，2012），并导致通货膨胀（Gomez-Gonzalez，2019）和债务风险的增加（Borio，2016）。龚强等（2011）就如何界定、如何分类地方政府债务展开分析，研究了我国地方政府拥有何种特征的负债结构，指出我国地方政府债务在数量上呈不断扩张的态势，其借贷关系日趋复杂，许多地方政府由被动借款转为主动债务融资，而上述现状主要源于地方政府融资平台的发展；并分析了导致我国地方政府债务积累的原因。黄芳娜（2011）分析了我国地方政府债务的现状和地方政府债务管理的国际经验，指出采用资产负债表分析法判断地方政府债务风险时，不能只看债务规模数据，还要看地方政府的资产情况，同时还要重视或有债务。梁丽萍等（2016）对债务问题进行层次划分，通过模型的建立将偿债能力、债务特征等内容进行数量化，同时结合宏观经济运行状况构建测算债务风险的各项指标，在此基础上对各地方政府债务进行风险评估，得出地方的债务规模随其经济发达程度的提高而增加，江苏、广东、山东等省份的债务风险承受能力较高，青海、宁夏、新疆等较低。沈沛龙和樊欢（2012）指出，政府资产是债务偿还的保障，通过构建政府"可流动资产"负债表，计算政府部门的违约距离和违约概率以代表政府债务风险，能够避免单从债务层面分析债务风险的局限。刘晓光和刘元春（2018）指出，我国的地方政府债务问题本质是结构问题造成的资本产出比的下降，并非规模增长导致，因而在研究地方政府债务时仅考虑负债方是片面的；他们认为资产负债率是判断主权债务高低更合适的指标，并证实资产负债率这一结构性指标对于风险问题的预警作用更为显著。

企业部门的债务违约将直接导致银行资产价值的下降。而且，过度负债限制了企业的融资能力、实际投资和产量，这种对经济的负面效应会通过金融市场放大（FSB，2022）。

家庭部门资产负债表恶化使其投资和消费支出降低，导致总需求降低，引发经济紧缩，威胁金融稳定（Mian et al.，2017）。在实证研究中，相关研究发现，非金融部门债务杠杆的高水平或快速增长是金融危机的关键预测指标（Reinhart and Rogoff，2010；Cecchetti et al.，2011；Gertler and Gilchrist，2018）。

二、有关宏观债务杠杆测度的研究

（一）宏观债务杠杆测度

宏观杠杆率主要指债务收入比，用于衡量债务的可持续性（Dalio，2013）。由于理论上 GDP 与国内总收入相等，大多数研究将总债务与 GDP 之比作为宏观杠杆率度量指标（Fratianni and Marchionne，2015；李扬，2012），其他替代指标包括社会融资余额与 GDP 的比值（IMF，2015）、广义货币供应量与 GDP 的比值（贾庆英和孔艳芳，2016）。在宏观杠杆率结构的度量中，"部门信贷/GDP"是衡量宏观杠杆结构的常用指标（Cecchetti and Kharroubi，2012；李扬，2015；朱鸿鸣和薄岩，2016；傅雄广和侯国栋，2020；贾松波等，2021）。但是，在现有度量指标中，分子是多期积累的债务、融资或货币存量，分母是一年中形成的总收入流量，存在逻辑错配，且没有考虑与债务相对应的资产情况（刘晓光和刘元春，2018；纪敏等，2017）。基于此，徐传平（2016）使用了债务收入比和账面杠杆率来衡量部门债务，王竹泉等（2019）对企业部门采取了"债务收益比""债务资本比"双重杠杆率测度体系。在以上指标体系下，学者们对中国宏观杠杆率总量和部门宏观杠杆率进行了评估。

（二）宏观资产负债表的编制和应用

对债务规模和债务偿付能力的研究需要大量基础数据支持。宏观资产负债表将经济体中的各个宏观经济部门视为整体，反映了一个国家及其各个部门资产、负债的总量和结构，能够准确反映经济主体的债务偿付能力，是基于微观视角的宏观分析方法，也是系统地管理宏观金融风险的重要工具。我国当前宏观资产负债表的研究主要集中于账面宏观资产负债表的编制和分析（刘向耘等，2009；李扬，2020）。在宏观资产负债表的应用层面以资产、负债和宏观杠杆率的绝对分析为主（张晓晶，2022）。账面宏观资产负债表虽然能够描述资产对负债的覆盖程度，评估经济主体是否资不抵债和破产。但在现实中，部分违约的发生不是直接来源于经济主体的破产，而是源于经济主体没有充足的流动性导致的流动性风险（沈沛龙和樊欢，

2012；张金清，2021）。并且，账面资产负债表忽略了资产市场价格对资产和负债价值的影响。宏观或有权益资产负债表可以显示资产和负债对外部冲击的敏感性，适用于捕捉逐渐积累的风险到突然爆发危机的非线性冲击（Gray et al.，2007），为评估金融稳定提供了有效手段。宏观资产负债表数据涉及范围广、获取难度大，因而基于宏观资产负债表的相关研究大多集中于国家层面。国外在这一领域的研究开始得较早，雷维尔（Revell，1966）编制了英国1957~1961年的资产负债表，戈德史密斯（Goldsmith，1982）编制了1953~1980年美国各部门的资产负债表。哈娜（Hana，1998）提出了财政风险矩阵概念，将政府债务划分为直接显性负债、直接隐性负债、或有显性负债和或有隐性负债四部分，为政府资产负债表中负债部分的细分提供了理论基础。随着这一领域的不断发展和完善，越来越多的学者开始以资产负债表为工具进行分析研究，赛特瑟（Setser，2002）在资产负债表的基础上建立分析框架来研究金融危机，并关注居民债务带来的潜在风险。伊斯特和尤拉夫利夫克（Easterly and Yuravlivker，2002）通过政府资产负债表来评估政府的财政状况和债务风险。徐建国和张勋（Xu and Zhang，2014）通过编制政府资产负债表，对中国的主权债务进行了估算。

自金融危机爆发以来，为防范和化解地方政府潜在的债务风险，我国开始重视政府层面的资产负债表研究，一些学者在理论方面展开了积极的探索。针对目前存在的多种不同核算体系，罗胜等（2017）对其核算主体范围展开研究，比较分析国民账户体系（System of National Accounts，SNA）、政府财政统计核算体系（System of Government Finance Statistics，GFS）与国际公共部门会计准则（International Public Sector Accounting Standards，IP-SAS）在编制政府资产负债表中的不同应用，认为三种体系各有不同的侧重点，但GFS体系对政府范围的划分有助于政府范围界定的规范化。杜金富（2018）则从宏观角度上更为完整地叙述了政府资产负债表的编制理念，对我国政府部门及其资产负债应在何种范围内核算进行了阐释，对政府资产负债进行划分和归类，提出相应的核算方法，并对我国的编制工作提出相关建议。许多研究人员在国家资产负债表，尤其是政府资产负债表的编制工作上展开了有益的探索。李扬、马骏、汤林闽、杜金富等团队分别基于不同的角度和方法，编制出中国资产负债表并进行相关分析。李扬等（2012）编制了2000～2010年的国家主权资产负债表，并对主权债务风险进行了评估，除政府资产负债表外，还编制出金融机构、非金融企业和居民的资产负债表。马骏等（2012）编制出中国2002～2010年国家资产负债表和政府资产负债表。汤林闽等（2019）构建了中国政府资产负债表框架，对2010～2017年中国政府资产负债表的规模进行了估算。邵宇（2013）将政府资产负债表的编制分解为中央和地方两级，分析了其构成要素，编制出2002～2012年中央政府和地方政府资产负债表，并对各要素的规模与结构进行了详细分析。李金华（2015）构建了国家资产负债表谱系，将国家资产负债表分为动态表和静态表，形成了较为全面的体系。马骏等编制的资产负债表是在借鉴他国经验的基础上，采用估值法，用较窄的口径进行估算，而李扬、汤林闽等团队依据SNA进行编制，计算口径相对宽松，因而得出的资产负债等数值存在一定差异，对债务风险的评估也得出了不同的结论。

在国家资产负债表研究不断推进的同时，又有学者指出，国家资产负债表与政府资产负债表既在范畴和框架等方面存在本质区别，又在内容、项目上存在交叉，两者互为补充，但国家资产负债表不能替代政府资产负债表（汤林闽，2018）。考虑到我国幅员辽阔，各地区经济发展状况存在差异，许多学者将研究视角细化到省、区、市乃至县，取得了与地方实际情况更加相符的研究成果。张子荣（2016）编制出河南省2002～2013年政府资产负债表，他认为非金融资产不具有变现性或变现性较差，应将其从资产总量中剔除。卢馨等（2016）通过建立东部8省（广东、辽宁、河北、山东、江苏、浙江、福建和海南）的资产负债表简表，采用横向比较法和指标分析法，对地方政府性债务风险进行了评估。林曦（2018）认为，我国现行的政府资产负债表编制工作存在主体范围不清、数据来源不明、科目设定不统一等问题，通过分析SNA与我国政府资产负债表的适应性，并在此基础上对SNA进行了初步的应用，其编制了2011～2016年山东省政府资产负债表，并得出山东省政府债务风险总体可控，但债务负担逐年加重的结论。李一花等（2017）编制了山东省五个代表性地市2011～2013年的政府资产负债表，得出山东省债务风险在可接受范围内，但存在逐渐扩散的趋势，地方政府净资产为正并非发生债务危机的充分条件，债务危机是否发生主要取决于资产是否能够较快变现和资产负债期限是否匹配。目前，针对地方的政府资产负债表研究往往是局部研究，而不同的学者在研究时往往根据不同的侧重点来选择不同的主体范围、部门划分、统计口径，使得编制出的报表存在较大差异，得出的结论不仅无法汇总进行宏观分析，而且无法进行地区间的横向比较，进而在整体上把握地方政府资产负债表的分析还存在较大困难。

在实践领域，如何运用宏观资产负债表对政府的资产负债状况进行分析，并更好地应用这一工具以达到保障资产安全、加强负债风险管理的目的，这一问题不仅是学术研究的热点问题，更是我国解决当前政府财务状况难以评估的当务之急。党的十八届三中全会作出了"编制政府资产负债表、建立依托权责发生制和跨年度的预算平衡制的综合性政府财务报告"重大制度改革决定；《预算法》（2014）提出各级政府要以年度为周期编制综合性政府财务报表体系；2015 年，财政部印发了《政府财务报告编制办法（试行）》，对政府财务报告的主要内容、编制和报送等内容进行了界定。一系列的举措都在推进政府资产负债表的理论分析和实践应用，为编制好地方政府资产负债表、进而形成政府层面成体系的财务报告提供了政策层面的支持。我国已初步构建起较为完整的政府财务报告编制制度体系，海南省的试编工作取得阶段性成果，试编试点扩展到其他众多省份，但目前政府资产负债表的编制和应用工作仍处于尝试阶段，许多现实问题还有待更深入地探索。

三、有关宏观债务杠杆的经济效应的研究

高杠杆与经济增长的负相关关系得到论证（Siddique et al.，2016；Baharumshah et al.，2017；Soon and Lau，2017）。米安等（Mian et al.，2017）以及巴蒂尼等（Batini et al.，2018）进一步研究发现，私人部门高杠杆会导致经济衰退，而公共部门高杠杆不会对经济产生负面影响。但是，在杠杆率究竟高于何种水平就会诱发经济衰退没有得到一致结果。莱因哈特和罗格夫（Reinhart and Rogoff，2010）通过观察 44 个国家（地区）近 200 年

的数据后提出，当公共债务与外债规模占 GDP 的比重分别高于 90% 和 60% 时，经济增长率将下降。在考虑阈值效应后，不同学者分别得出 70%（Baum and Rother，2013）、30% ~ 60%（Égert，2015）、30%（Lee et al.，2017）等标准。不但如此，高杠杆会导致金融风险积聚并诱发金融危机（Cecchetti et al.，2011；马建堂等，2016；董小君，2017）。切凯蒂等（Cecchetti et al.，2011）利用 18 个经济合作与发展组织（OECD）成员国的数据进行估计，给出了不同部门杠杆率的警戒值。据其测算，政府部门债务占 GDP 比重超过 85%，非金融企业部门债务占 GDP 比重超过 90%，或者家庭部门债务占 GDP 比重超过 85%，都会严重冲击宏观经济和金融体系。

对于金融部门，自 2008 年金融危机之后，中国经济面临的另外一个比较突出的问题是金融部门债务风险的累积，许多因素共同影响着金融部门的债务杠杆。马勇（2017）基于全球 68 个国家 30 年的动态面板数据使用系统 GMM 方法进行研究，发现随着金融杠杆水平的增加，经济的增长速度先会持续升高，到达一个拐点后，便会持续降低，呈现倒 "U" 型关系；并且金融杠杆波动也会负向地影响经济增长。费兰（Phelan，2017）通过研究发现，限制金融部门杠杆可以减少资产价格的波动，增加预期收益。因此，较高的金融部门杠杆会增加经济的不稳定性，而降低金融部门杠杆则会促进经济发展。吴建銮（2018）基于我国 30 个省份 15 年的面板数据，通过构建动态面板数据模型发现，一般情况下金融杠杆波动对经济波动产生正向影响，但金融杠杆受到投资冲击时会对经济波动产生负向影响。部分学者针对发达国家在 2008 年金融危机后的去杠杆化现状、途径以及对全球经济的影响进行了较为深入的研究。明斯基（Minsky，1992）指出，金融系统会因为高杠杆率而产生脆弱性，杠杆率的逐步提升将会使金融系统变得越来越脆弱。艾伦（Allen，2002）在研究金融杠杆率时，发现某国爆发金融危机的主要原因是由于该国某个高企的杠杆率太高。阿查亚和撒克（Acharya and Thakor，2016）通过构建指标的方法对杠杆导致的后果进行充分论述，得出结论为：爆发性行为会通过间接和直接两种方式引发金融市场的波动。艾德里安和博亚琴科（Adrian and Boyarchenko，2015）指出，金融机构遭受过大的风险约束时，全社会杠杆将呈现顺周期波动趋势，甚至会扩张成系统性金融风险。

　　对于家庭部门,现阶段,我国家庭部门债务杠杆虽低于国际警戒线,但增速较快。2018 年 1 月,中国银行业监督管理委员会提出要控制我国高速增长的居民杠杆率,严格限制消费贷款转入房地产市场,防止房地产泡沫等风险汇集。许多因素共同影响着家庭部门的债务杠杆。巴尔内斯(Barnes,2004)通过使用校准后的一般均衡模型发现,住房融资借贷动机可以引起美国家庭债务的增加。坎贝尔(Campbell,2004)通过使用校准后的一般均衡模型发现,家庭债务增长主要取决于宽松的金融机构监管环境和金融产品的不断创新。其中,许多学者都对住房债务引发的家庭部门债务进行了深入研究。米安和苏菲派(Mian and Sufi,2011)通过分析美国 2002~2006 年的家庭债务数据发现,家庭部门杠杆率上升的主要原因是房价的上涨。刘磊(2018)通过分析发现,我国家庭杠杆率上升的主要原因是房地产市场的繁荣。其中,有一部分消费贷款违规使用转为了住房贷款。张江涛(2018)认为,我国居民住房中抵押贷款的比例过高,从而形成了快速上涨的居民债务。闵晓鸣(2018)通过研究发现,居民消费债务和信用卡债务均在上涨,但占据主体的仍然是住房贷款债务。家庭部门债务杠杆对经济增长和波动具有十分重要的影响。德贝莱(Debelle,2004)通过对北欧国家数据进行分析发现,家庭债务增长增加了资金的流动性,可以促进经济的发展。西纳蒙和法扎里(Cynamon and Fazzari,2008)通过分析认为,家庭债务会引起消费水平的上升,有利于刺激经济增长,但庞大的家庭债务也存在巨大的危机。金姆(Kim,2016)通过分析发现,在长期,家庭债务会阻碍产出增长,进一步影响经济发展。周程程(2013)通过对我国 1997~2011 年家庭债务的时间序列数据进行分析发现,长期家庭债务不利于居民消费增长。国际货币基金组织在《金球金融稳定报告》中认为,在短期,家庭债务增长会促进消费提升,推动就业,从而促进经济增长;在长期,家庭债务会阻碍经济增长。因此,许多学者和组织加强了对最优家庭部门债务杠杆的研究。鲁存珍(2019)通过分析 OECD 国家长达 30 年的数据发现,最优的债务杠杆是 85%,一旦超过这个最优值,可能会影响经济增长。国际货币基金组织通过研究认为,家庭部门宏观杠杆率低于 10% 时,债务增加会促进经济增长;高于 30% 时,会影响经济增长;超过 65% 时,会影响金融稳定。

对于政府部门，许多学者对政府债务的溢出效应也进行了系统的研究，其中政府债务对经济增长的作用尤为受到关注。国际上政府部门债务问题研究多通过经济增长角度（Kumar and Woo，2010；Minea and Parent，2012；Kourtellos et al.，2013；Megersa and Cassimon，2015），较为著名的是罗格夫和艾因哈特（Rogoff and Reinhart，2010）提出的90%的债务率阈值，罗格夫和艾因哈特（2012）经过进一步研究发现，高于阈值所带来的低增长持续时间数十年，产出的累计损失巨大，政府部门对此应加以重视。但也有部分学者对该阈值提出了质疑，赫恩登等（Herndon et al.，2013）针对罗格夫和艾因哈特（2010）的研究指出，其研究过程严重低估了债务杠杆高于90%的国家的经济增长，90%这一阈值结果并不可信，且并不认可是过高的债务导致了经济的低速增长，其认为公共债务与经济增长之间的联系并不强。佩斯卡托里等（Pescatori et al.，2014）在罗格夫和艾因哈特（2010）的基础上增加了中期、长期的关系比较，通过对短期与中长期的比较同样得出没有明确的阈值存在这一结论。

国内对于地方政府债务问题同样十分关注，也多从债务与经济增长之间的关系出发探讨政府债务对地方经济的影响。王维国和杨晓华（2006）选取了国债作为政府债务的替代变量，邓晓兰等（2013）同样选择以国债代表公共债务来研究国家层面的政府债务与经济增长的关系。孙烨和韩哲（2019）则选择用地方政府负有偿还责任的债务余额表示地方政府债务，专注于研究近期地方政府债务对经济增长的影响，发现现阶段我国地方政府债务对经济增长已出现负效应。朱文蔚和陈勇（2014）则基于罗格夫和艾因哈特（2010）的研究方法，考虑非线性的影响，选择采用审计署公布的地方政府负债余额代表地方政府债务，检验得出我国地方政府债务增加能促进区域经济增长，但是负债率越高，经济增长速度收敛特征会越明显。此外，受到关注的还有政府债务对其他经济体的负面影响。祝继高等（2020）通过实证分析证明了地方政府在财政压力下对银行贷款投向的影响作用。马金华（2011）、胡援成和张文君（2012）指出政府债务对银行不良贷款率和存贷比有直接的冲击，会增加银行体系的风险。熊虎和沈坤荣（2019）则证明了政府的融资行为会导致企业融资困难增加，从而减少创新活动。刘畅等（2020）同样证实了地方政府通过融资平台会挤出中小企业贷款，干预并影响经济体系内的资源配置。

相较于资产贬值、资源错配等问题，债务违约与金融风险之间的关系更为直接，因而在风险研究中债务问题成为重点，国内外学者对负债的关注度更高，对于负债的研究也更多，且因为政府部门的特殊性，政府的举债行为相较于政府的投资行为更受各界关注，因而关于对政府举债行为对地方经济影响的研究要远多于政府投资。

对于企业部门，陈佐夫（2009）通过分析美国次贷危机中的企业数据证实，企业部门较高的宏观杠杆率会加剧金融风险，从而影响经济的稳定性。萨瑟兰和霍勒（Sutherland and Hoeller，2012）通过分析发现，非金融企业较高的资产负债率在一定程度上会影响经济恢复。黄志龙（2013）通过分析发现，我国整体宏观杠杆率上升较快，但与其他部门相比，企业部门的宏观杠杆率更高，对经济的稳定增长影响更大，严重时还可能会引发金融危机。余永定（2014）通过分析指出，我国非金融企业部门的债务杠杆较高，已经超过国际警戒线，当债务杠杆持续升高时可能会引起债务危机，影响经济的稳定。苟文均（2016）通过使用 CCA 的分析方法发现，当我国非金融企业部门的债务杠杆增加时，风险通过金融机构可以传递到政府部门和家庭部门等，影响经济稳定运行。奇瓦科等（2016）通过研究认为，虽然我国上市公司非金融企业部门杠杆率的均值不高，但房地产业等高杠杆企业中仍存在肥尾现象，其中还包括一部分国有企业，在企业总体债务中这些企业的债务比例比较高。安德鲁和格里菲斯（Andrew and Giffith，2016）经过分析发现，在金融危机之后，国有企业集中大部分债务，因而企业杠杆率呈现出逐渐上涨的趋势。在进行"去杠杆"之后，由于社会流通中货币逐渐减少，再加上总需求与信用供给不足会致使潜藏在金融系统中的风险逐一爆发。

四、有关宏观经济政策和债务杠杆的研究

（一）货币政策对宏观债务杠杆的作用

从本轮经济危机的特点来看，货币政策是导致危机的直接原因，也是渡过危机采取的重要宏观经济政策。紧缩的货币政策是诱发危机的重要原因，尽管美联储加息的初衷是为了熨平经济波动，但经济过度繁荣时的高

杠杆降低了经济系统抵抗外部冲击的能力，一旦在某一时点中央银行实施紧缩性的货币政策，经济体陷入衰退的可能性将大幅增大。为了解决由危机带来的衰退问题，美国次贷危机发生后，美联储、欧洲央行、英国央行和日本央行实行了一系列的量化宽松货币政策，通过向市场注入流动性和维持长期较低水平的政策利率，使其中央银行资产负债表规模大幅度扩张，这虽然在很大程度上促进了经济的复苏，但宽松货币政策的实施和退出也从物价变动、资本流动等渠道对中国和其他经济体形成了不容低估的影响。

目前，关于宏观杠杆率的政策调控主要沿经济政策作用效果这一主线展开。舒拉里克（Schularick，2010）、德弗罗（Devereux，2015）和贝尼尼奥等（Benigno et al.，2016）认为，宽松的货币政策会导致杠杆率飙升，紧缩的货币政策可以调控杠杆率规模，尤其是私人部门债务杠杆（Cafiso，2017）。相反，上田（Ueda，2012）指出，"去杠杆"过程中紧缩性的货币政策会导致经济的深度衰退。刘晓光和张杰平（2016）利用 DSGE 模型对中国货币供给量与杠杆率之间的关系进行实证研究，指出了中国"杠杆率"悖论背后的作用机制，货币供给量的下降会降低投资和消费增长速度，导致产出更大幅度地下滑，反而会提高杠杆率。

货币政策可通过利率（Miyakoshi and Jalolov，2005；Barakchian，2015）、汇率（Kim and Lim，2018；Dybowski et al.，2017；Lopez-Villavicencio and Mignon，2017）、预期渠道（Berge and Cao，2014；Góes et al.，2017）、投资者情绪渠道（Obstfeld，2015；Rey，2015；Forbes et al.，2018）、银行信贷传导渠道（Ippolito et al.，2018；Balafas et al.，2018；Salachas et al.，2017）和资产价格渠道（Bernanke，2010；Rahal，2016；Chatziantoniou et al.，2017；Zhu et al.，2017；Fausch and Sigonius，2018）对一国经济产生影响。在传统的传导渠道以外，货币政策还可通过影响债务杠杆对整个宏观经济产生影响。目前，此方面的研究围绕货币政策和债务杠杆的关系展开，但还没有得到一致的结论。

磊克达格（Elekdag，2011）通过研究 99 次信贷繁荣发现，当一个国家实施扩张性的货币政策时，信贷增长会加快，借债规模增加，导致债务杠杆激增，严重时可能会引发金融危机。刘晓光（2016）利用动态随机一般均衡模型研究了我国货币供给量和宏观杠杆率之间的关系，发现当实施紧缩性的货币政策使货币供给量减少时,消费和投资增长放缓,产出减少,经济受到影响,债务增加,反而会推高宏观杠杆率水平。鲍尔和格拉齐耶拉(Bauer and Granziera,2019)基于全球 18 个发达国家的数据进行研究,发现当一个国家实施紧缩性的货币政策后,短时间内该国宏观杠杆率会增加,但长时间来看该国宏观杠杆率反而会降低。巴曙松(2017)通过研究发现,当实施稳健中性的货币政策时,产生的利率水平可以使宏观杠杆率缓慢上升,形成一个相对安全的增长速度,从而缓解中长期债务问题。近些年,由于家庭部门的债务增长速度较快,许多学者加强了对家庭部门债务的研究。拉森和斯特李德(Laseen and Strid,2013)通过使用向量自回归模型分析发现,实施一个有效合理的货币政策,会降低家庭部门的债务规模和债务收入比。奥潘达和祖拜尔(Alpanda and Zubairy,2017)通过动态随机一般均衡模型分析哪种宏观经济政策可以更加有效地降低家庭部门债务,研究发现货币政策通过减少抵押贷款利息和加强贷款的监管可以更有效地降低家庭部门债务。苏非派和弗纳(Sufi and Verner,2017)通过深入研究发现,当实施宽松的货币政策时,贷款成本降低,家庭债务会迅速激增,增大风险。相反,罗斯巴德(Robstad,2018)则认为,当实施紧缩的货币政策时,家庭部门的债务水平会增加。

在国内的相关研究中,刘一楠(2018)通过建立动态随机一般均衡模型来分析我国企业杠杆在供给侧改革下的表现,为了更好地模拟实际,模型中假设企业是异质的并且引入了金融加速器,从而得出信贷错配是导致企业部门债务杠杆的根本原因,"一刀切"的紧缩货币政策无法解决企业部门的杠杆问题。马亚明(2018)将影子银行、企业杠杆等因素纳入动态随机一般均衡(DSGE)模型中,研究在取消利率管制初期的货币政策有效性,同时对价格型和数量型货币政策工具做了对比,从而得出货币政策在一定条件下是有效的,利率市场化后数量型政策作用的调整幅度比价格型更大。方森华等(2019)在模型中引入了更贴合实际的约束条件,验证了我国实施的稳健中性的货币政策对结构性去杠杆来说是必不可少的。冉珍梅等(2020)从消费视角出发考察家庭债务和政府债务对货币政策有效性的影响,通过构建 22 个国家(地区)的面板模型实证得出,紧缩的货币政策会使高政府债务国居民消费的缩减量反比于其家庭债务量的增加量,但在中国两者是成正比的，并且这样的作用受到了家庭债务和政府债务的显著影响。

（二）财政政策对宏观债务杠杆的作用

关于财政政策对宏观债务调控的研究聚焦于财政政策对债务规模和经济发展的作用效应。樱川和细野（Sakuragawa and Hosono，2011）使用动态随机一般均衡模型对日本存在财政危机时财政政策的使用进行了分析，当政府不使用财政政策干预宏观经济时，债务与国内生产总值（GDP）的比值会持续增加；当政府使用财政政策干预宏观经济时，债务与 GDP 的比值会得到有效控制。刘金全（2018）认为，财政政策相比于货币政策有更大的发挥空间，实施减税降费政策和扩大财政投资性支出能够有效降低经济实体的杠杆率，实现"稳增长"和"去杠杆"双重目标。财政政策在短时间和长时间对债务杠杆有不同的影响。杨源源（2017）建立新凯恩斯动态随机一般均衡模型，发现在控制货币政策外生的情况下，短期内扩张性的财政政策容易扩大债务聚集，但在长期通过乘数效应，可以有效增加产出。竹志奇（2019）通过构建一个含有扭曲税率的动态随机一般均衡模型，发现在短期内减少财政政策的逆周期性调节容易加大经济下行的压力，降低产出的恢复速度；但在中长期，减少财政政策的逆周期性调节可以有效降低债务风险，增加经济的恢复速度。对单个经济部门调控效果的研究主要集中于家庭部门和企业部门。针对家庭部门，贝拉（Debelle，2004）认为，由于抵押贷款利息支付的可抵扣性和购买房屋与其他资产的差别税收待遇，税收制度会影响家庭债务。在对企业部门的研究中，辜朝明（Koo，2006）认为，财政政策对比货币政策可以更好地缓解企业部门的债务情况，主要原因是当经济衰退时，债务—通缩理论发挥作用，即使利率降低也不能激发企业的借贷意愿，增加企业的投资热情。汪金祥（2020）基于全国 266个地市级数据，从财政政策角度分析了地方政府部门债务水平对本地区企业部门债务水平的影响，研究发现随着地方政府债务规模扩大，需求竞争增加，可以降低企业部门债务水平。针对不同的企业类型，财政政策的作用效果也不尽相同。吕炜（2016）从不同的财政支出考虑，发现增加政府投资建设性支出时，位于产业链上游的国有企业宏观杠杆率增长迅速，位于产业链下游的民营企业宏观杠杆率先降低后增加；增加政府保障性支出时，位于产业链下游的民营企业宏观杠杆率增长迅速，位于产业链上游的国有企业宏观杠杆率增长缓慢。

在单一宏观经济政策对债务杠杆影响研究的基础上，财政政策和货币政策相互补充协调，可以更好地控制债务情况。多哥（Togo，2007）认为，财政政策和货币政策相互协调有助于主权资产和债务风险管理。克鲁格曼（2015）认为，货币政策与财政政策相互协调能够增加居民对国家经济的信心，促进经济健康发展，进一步可以降低企业部门的融资成本和债务负担。埃斯科拉诺和加斯帕（Escolano and Gaspar，2016）提出扩张性的财政政策在货币政策的配合支持下，可以改善债务与 GDP 比率的情况。陈小亮（2016）证实了在出现债务—通缩情况时，扩张的财政政策和宽松的货币政策可以加强政策的可持续性，缓解债务—通缩压力。有关政策协调对企业部门（Dosi et al.，2015）和家庭部门（Alpanda，2017；黄志刚，2017）债务水平的调控效应的结论一致。朱培金（2017）建立包含金融加速器的DSGE 模型，通过引入多种外生冲击来模拟金融加速器、利率市场化以及差异杠杆率对经济波动的影响，从而得出要平稳缓慢去杠杆，同时继续实施积极的财政政策和稳健的货币政策。杠杆是衡量负债程度的一个重要指标，因而对于部门杠杆的研究通常离不开部门债务。夏洪涛等（2020）在考虑铸币税的前提下，研究了铸币税和政府债券在货币政策与财政政策协调配合下在不同时期起到的不同作用，由此引起的政策协调配合的效果也有所差异。张雪莹等（2020）将政府规模债务及该部门预算约束引入经典新凯恩斯主义（New Kevnesianism，NK）模型中，并且制定了前瞻性财政政策规则，借以分析政府债务规模对模型变量和对货币政策实施效果的影响，从而得出要将政府债务规模与财政政策放到货币政策制定的考量中。

卡瓦尔坎蒂等（Cavalcanti et al.，2018）认为，紧缩货币政策导致低产出、低税收收入和高债务成本，进而使公共部门债务杠杆提升。而在德兰（Tran，2018）和比昂迪（Biondi，2018）的研究中，公共部门债务杠杆被作为衡量财政强度和财政风险的指标，反而会对财政政策的可持续性产生影响。当财政不可持续时，需要调整债务规模来平衡预算（Chen and Wu，2018）。

（三）宏观审慎政策对宏观债务杠杆的研究

宏观审慎政策核心的监管工具变量有贷款价值比、逆周期可变资本充足率要求、逆周期资本监管政策等，而政策的规则形式主要包括后顾型、泰勒型、前瞻型三种形式；根据严佳佳（2020）的研究，在实现金融稳定的目标方面，前瞻型政策规则的效果最好，泰勒型规则的效果次之，后顾型规则的效果最差。但是为了研究的方便，学者们对于动态随机一般均衡模型在宏观审慎规则的制定上，通常采用泰勒规则。而对于宏观审慎政策的研究，国内外多数学者通常是将宏观审慎政策与其他政策放在一起研究，如财政政策或者货币政策。对于双支柱政策的协调使用，学者们通常是考虑双支柱下的经济增长与金融稳定以及政策效果。在研究政策对总宏观杠杆的影响中，连飞（2018，2019）构建宏观 DSGE 模型，研究货币政策与宏观审慎政策对宏观杠杆率的影响，得出双支柱对降低宏观杠杆率且同时维持经济增长稳定具有更好的效果。玛格丽塔（Margarita，2018）针对欧元区建立了包含欧元区核心和外围地区的两国开放式动态随机一般均衡模型，同时引入由欧洲央行制定的货币政策和由国家基于贷款价值比率（LTV）制定的宏观审慎政策则，从而得出对于经济体杠杆率更高的外围国家来说，积极的宏观审慎政策更加有效，各制度制定主体独立制定的政策不协调时，福利收益不如由单一机构制定协调政策并统一监督时高。李天宇（2019）构建包含抵押约束的 DSGE 模型来讨论双支柱协调的问题，分析系统性风险是如何由异质企业的信贷扭曲造成的，从而得出宏观审慎政策能够抑制异质性企业信贷规模的过度扩张，使得宏观杠杆率降低，进而降低系统性风险发生的可能，有利于货币政策的制定和实施。叶思晖（2019）基于动态随机一般均衡模型分析我国价格型与数量型的货币政策和最低资本要求间的作用关系，从而得出在正向利率冲击下，无论是价格型的货币政策还是数量型的货币政策，将最低资本充足率监管作为宏观审慎的工具纳入模型中可以缓解经济与金融波动，尤其是当监管当局把表外资产也纳入监管，那么实施宏观审慎政策的作用会更强。兰晓梅等（2020）构建了一个包括家庭、厂商、传统银行、影子银行以及政策制定部门在内的五部门动态随机一般均衡模型，通过模拟得出，为了使政策调控较为平缓，应使用宽松的货币政策与宏观审慎政策协调配合，从而有利于规范影子银行的规模和向企业贷款的价格，进而控制影子银行的宏观部门杠杆，维护金融稳定。在政府债务和企业债务的方面，李力等（2020）在其构建的动态随机一般均衡模型中加入了地方政府融资平台企业和普通企业违约两个因素，用以研究双支柱政策的调控作用，从而得出单独的扩张性货币政策能使经济增长，但也会提高企业部门的债务风险；而在引入宏观审慎政策后，企业的负债和违约率都会有所降低，而经济下降幅度较小。关于金融部门和家庭部门的研究，萨米（2017）建立了包含家庭贷款、货币政策、与住房相关的财政政策以及宏观审慎工具贷款价值比在内的动态随机一般均衡模型，研究给美国带来巨大金融稳定和宏观经济风险的家庭住房贷款，得出在降低家庭债务方面，贷款价值比的调节要比货币政策和财政政策更有效，宏观审慎政策与其他政策的协调配合更加有利于降低家庭部门的杠杆，进一步缓解家庭债务。费夫和莫拉等（Fève and Moura et al.，2019）建立了一个将传统银行和影子银行相互作用的小规模动态随机一般均衡模型，发现影子银行通过帮助摆脱传统中介机构的约束，放大了结构性冲击的传播。如果反周期的资本缓冲只适用于传统银行，那么就会放大金融危机周期，因而要针对传统信贷和影子信贷设定更广泛的监管计划。

目前，在对各类政策与宏观杠杆的研究中，常见的文献多是货币政策对杠杆的作用、货币政策和财政政策共同作用，以及货币政策与宏观审慎政策共同作用。政策搭配的目的在于去杠杆的过程中要保证杠杆稳定和逐步的下降，尽可能地减少对经济增长的冲击。而对于宏观杠杆率的研究，通常是对总杠杆率或者对单独某一部门如家庭部门进行研究，少有综合考虑多部门杠杆进行政策协调作用下的研究。基于此，本书建立多部门的DSGE模型，研究货币政策与宏观审慎政策对宏观经济部门杠杆率的影响。

通过对既有研究的梳理，我们发现学者在对宏观债务杠杆研究中得出了丰富的结论，但是在以下三个方面尚有不足，存在进一步研究与拓展空间。

研究对象上，现有研究运用的宏观杠杆率度量指标存在逻辑错配，忽略了决定债务可持续性的宏观资产负债表健康状况，缺少不同代表变量间逻辑关系的研究；研究范围上，大多数研究以国家整体杠杆率和单部门杠杆率为主，缺乏基于结构不合理和区域差异的多部门、多区域杠杆率的研究，宏观资产负债表作为解决这一问题的关键工具还未扩展到区域层面。研究内容上，现有研究基于横向国家间比较不但忽略了国家间的特殊性，而且没有针对宏观杠杆率与经济增长和金融风险间双重关系的研究；纵向有关宏观杠杆率调整的研究未给出具体调整目标和调整路径。

综上所述，本书在分析各宏观杠杆率变量间内在联系的基础上，从理论和实证两方面研究宏观杠杆率最适水平、动态调整，建立一个描述多政策变量、全部门杠杆率和外部冲击的一般均衡模型，并解决上述研究存在的一系列问题，为利用宏观经济政策防范金融风险、促进经济增长提供理论支持和解决方案。

第三节　研究内容与方法

一、研究内容

（一）宏观债务杠杆度量和债务风险分析

本书分析了宏观资产负债表的编制原则、理论依据和基本框架，对资产与负债的范围进行界定，通过编制中国 31 个省份政府部门、金融部门、企业部门、家庭部门宏观账面资产负债表和宏观或有权益资产负债表，构建了宏观债务杠杆测度指标体系，测度了政府部门、金融部门、企业部门和家庭部门债务杠杆水平，从资产负债规模、资产负债结构、变化趋势、地区差异性等方面对各地区各部门债务风险展开分析。

（二）经济增长和金融稳定目标下地方政府债务杠杆的最适区间

本书构建了包括债务收入比和资产负债率在内的地方政府部门债务杠杆指标，通过对债务杠杆进行区间划分，探寻各地区经济增长、金融稳定平均值和中位数分布规律，分析地方政府债务杠杆与地方经济增长和金融稳定之间的关系，求解双目标下地方政府债务杠杆的最适区间。

（三）宏观债务杠杆对区域金融风险的作用效应研究

本书研究金融部门和政府部门债务杠杆对区域金融风险的作用效应。在针对金融部门宏观债务杠杆的研究中，基于杠杆周期理论、债务—通缩理论、金融加速器理论分析了宏观债务杠杆作用于金融风险的理论基础，从债务杠杆过高引发流动性风险、金融市场失衡导致风险集中暴露、实体经济受损诱发金融风险角度分析了债务杠杆影响区域金融风险的路径，进一步构建了区域金融风险指数，对金融部门债务杠杆和区域金融风险之间的空间相关性进行了检验，分析了金融部门债务杠杆对区域金融风险的空间溢出效应。在针对政府部门宏观债务杠杆的研究中，从地方政府部门资产负债的流动性、偿还性角度分析了地方政府部门资产负债结构对地方金融风险的影响。

（四）财政政策和货币政策对私人部门债务的调控效应

本书基于税收渠道、政府支出渠道、利率渠道、资产负债表渠道和债务通缩渠道分析财政政策和货币政策影响私人部门的主要渠道。实证检验了财政政策和货币政策对私人部门债务的调控效应，并通过各地区私人部门债务空间相关性检验，研究了财政政策和货币政策对私人部门债务的空间效应。

（五）货币政策和宏观审慎政策对宏观债务杠杆的调控效应

基于 DSGE 模型的基本理论，构建包含储蓄型家庭和借贷型家庭的代表性家庭部门、非金融企业部门、以商业银行为代表的金融部门以及制定宏观经济政策的中央银行部门的含有四个部门的封闭经济 DSGE 模型。可借贷的部门存在杠杆。本书建立各部门的目标函数和约束条件以及货币政策规则和宏观审慎政策规则，其中货币政策工具可为政策利率，宏观审慎工具可为资本充足率，实证研究了在外生冲击下货币政策单独作用、货币政策与宏观审慎政策共同作用下部门杠杆率以及其他经济变量的响应。

（六）基于债务杠杆的金融稳定测度

本书以经济体系中的政府、企业、家庭部门等市场主体和金融部门这一关键中介保持稳定而持续的信用关系作为金融稳定的重要界定和评估标准。通过编制账面、可流动、或有权益宏观资产负债表，获取了各部门反映短期、长期债务偿还能力和违约可能性的指标。运用全局主成分分析法构建了金融稳定指数，有效度量了中国 31 个省份各部门及综合金融稳定水平，为金融稳定评估提供了包含区域异质性、周期性和跨部门分析的综合研究框架。并采用最小生成树算法刻画了反映违约集聚程度的拓扑结构，识别系统重要性部门。就四部门金融稳定对经济增长的作用，以及金融稳定的相互传导进行了研究。

二、研究方法

（一）使用宏观资产负债表研究方法获取计算宏观债务杠杆的基础数据

对债务规模和债务偿付能力的研究需要大量基础数据支持。宏观资产负债表将经济体中的各个宏观经济部门视为整体，反映了一个国家及其各个部门资产、负债的总量和结构，能够准确反映经济主体的债务偿付能力，是基于微观视角的宏观分析方法，也是系统地管理宏观金融风险的重要工具。本书基于编制的各地区宏观资产负债表，并根据所得数据结果对地方政府债务风险进行评估，从全局角度把握地方政府资产与负债的情况。

（二）采用空间计量研究方法对区域间债务杠杆的作用效应以及政策调控效应进行分析

本书采用空间计量分析法对金融部门杠杆率影响金融风险进行实证分析，对财政政策和货币政策对私人部门债务的影响进行实证分析。采用空间自相关检验验证二者在全局和局域范围内的空间关系，运用 LM 检验、Wald 检验、豪斯曼检验以及 LR 检验进行模型筛选，采用时空双固定效应的空间杜宾模型进行回归估计，并采用效应检验最终验证二者的空间溢出效应。

（三）采用动态随机一般均衡模型研究宏观经济政策对债务杠杆的作用效应

本书综合运用 DSGE 建模、贝叶斯估计和脉冲响应模拟三种研究方法研究货币政策和宏观审慎政策对债务杠杆的作用效应。建立动态随机一般均衡理论模型，设定目标函数与约束条件，分析变量间的内在联系，求解最优一阶条件。实证检验运用贝叶斯估计和历史研究校准参数，利用 dynare 进行模拟，分析脉冲响应，研究在外生冲击下货币政策单独作用、货币政策与宏观审慎政策共同作用下部门杠杆率以及其他经济变量的响应。

（四）使用主成分分析法和熵值法对宏观经济数据进行降维

宏观经济及宏观资产负债表产生了大量的基础数据，本书根据数据特征使用主成分分析法和熵值法进行赋权，构建包含债务结构、违约风险以及各部门主要特征变量的指标体系，求解区域金融稳定和金融风险指数，对金融稳定和金融风险进行评估。

第四节　主要工作与创新

一、主要工作

第一，构建宏观债务杠杆测度指标体系。通过编制中国 31 个省份政府部门、金融部门、企业部门、家庭部门宏观账面资产负债表和宏观或有权益资产负债表，测度了政府部门、金融部门、企业部门和家庭部门债务杠杆水平，从资产负债规模、资产负债结构、变化趋势、地区差异性等方面对各地区各部门债务风险展开分析。

第二，构建包括债务收入比和资产负债率在内的地方政府部门债务杠杆指标，通过对债务杠杆进行区间划分，探寻各地区经济增长、金融稳定平均值和中位数分布规律，分析地方政府债务杠杆与地方经济增长和金融稳定之间的关系，求解双目标下地方政府债务杠杆的最适区间。

第三，研究金融部门和政府部门债务杠杆对区域金融风险的作用效应。在针对金融部门宏观债务杠杆的研究中，分析了宏观债务杠杆作用于金融风险的理论基础以及路径，进一步构建了区域金融风险指数，对金融部门债务杠杆和区域金融风险之间的空间相关性进行了检验，分析了金融部门债务杠杆对区域金融风险的空间溢出效应。在针对政府部门宏观债务杠杆的研究中，从地方政府部门资产负债的流动性、偿还性角度分析了地方政府部门资产负债结构对地方金融风险的影响。

第四，财政政策和货币政策对私人部门债务调控效应研究。基于税收渠道、政府支出渠道、利率渠道、资产负债表渠道和债务通缩渠道分析财政政策和货币政策影响私人部门的主要渠道，研究各地区私人部门债务空间相关性，财政政策和货币政策对私人部门债务的空间效应，财政政策和货币政策对私人部门债务的空间溢出效应。

第五，货币政策和宏观审慎政策对债务杠杆的调控效应。建立动态随机一般均衡理论模型，设定目标函数与约束条件，分析变量间的内在联系，求解最优一阶条件。实证检验运用贝叶斯估计和历史研究校准参数，利用dynare进行模拟，分析脉冲响应，研究在外生冲击下货币政策单独作用、货币政策与宏观审慎政策共同作用下部门杠杆率以及其他经济变量的响应。

第六，金融稳定评估。通过编制账面、可流动、或有权益宏观资产负债表，获取了各部门反映短期、长期债务偿还能力和违约可能性的指标。运用全局主成分分析法构建了金融稳定指数，有效度量了中国31个省份各部门及综合金融稳定水平。采用最小生成树算法刻画了反映违约集聚程度的拓扑结构，识别系统重要性部门。就四部门金融稳定对经济增长的作用，以及金融稳定的相互传导进行了研究。

二、主要创新

第一，运用宏观资产负债表数据测度了我国31个省份宏观经济部门债务杠杆水平，为研究我国宏观债务杠杆调控和宏观经济政策效应提供了新的依据。现有研究大多关注总体或单一部门宏观杠杆率，较少有基于我国特定背景下根据债务积累的现实特征，从部门和区域结构均衡的视角进行研究，目前有关地区宏观资产负债表的编制工作缺乏一致的标准和依据，宏观资产负债表作为解决这一问题的关键工具还未扩展到区域层面。基于宏观资产负债表的编制结果，本书在研究广泛使用的债务收入比的基础上，加入了资产负债率指标，更为全面地衡量了政府债务的可持续性及偿债能力。

第二，在债务杠杆调控目标中综合考虑了经济增长和金融稳定。目前关于债务杠杆的研究均基于经济增长目标，没有系统地纳入其风险效应。政府债务会通过货币贬值、降低投资者信心、提升金融脆弱性来引发金融危机。而且，基于金融稳定政策调控模式的设计也是我国政府部门和相关学者关注的重点。本书求解了经济增长和金融稳定双目标下地方政府债务杠杆的最适区间，为地方政府债务规模的目标确定提供了理论依据。

第三，研究了我国宏观债务杠杆的空间特征以及纳入空间因素的作用效应和政策调控。现有研究多从单一区域或全国层面出发对宏观债务杠杆进行纵向研究，缺乏空间角度上的横向研究。私人部门债务水平在区域间存在明显的异质性，区域间债务增长的非均衡性也由于区域经济的异质性而突显。此外，由于地理位置邻近、产业结构相似等因素，私人部门债务水平在区域之间也具有明显的相关性，存在发生风险联动效应的隐患。本书使用空间计量学方法，对宏观债务杠杆对区域金融风险的作用效应以及财政政策和货币政策对私人部门债务调控效应和空间溢出进行研究，为研究区域层面宏观债务杠杆调控提供了新路径。

第四，综合分析了财政政策、货币政策和宏观审慎政策对宏观债务杠杆的协调调控作用。去杠杆的实现有赖于多种政策的协调配合，政府支出、债务、预算软约束、税收、利率都是作用并调节宏观债务杠杆的重要政策变量，不同变量的协调配合影响着调控效果。宏观审慎政策直接作用于信贷供给和信贷周期，也是调节宏观债务杠杆的重要政策。当前，针对去杠杆的 DSGE 模型研究，多是对总杠杆或者单一部门杠杆的研究，分部门的研究相对较少，且未考虑政策协调下多部门的去杠杆。本书将宏观审慎政策纳入政策体系，考虑以利率为代表的货币政策和以资本充足率为代表的宏观审慎政策协调作用下的变量反应，将借贷型家庭、非金融企业部门以及以银行为代表的金融部门都引入杠杆的限制，考虑货币政策与宏观审慎政策对多部门杠杆率的协调配合作用，验证政策搭配使用的必要性。

第五，构建了以区域宏观债务杠杆为主体的金融稳定评估体系。基于金融部门在实体经济中所承载的关键作用对金融稳定做出了内涵界定。本书认为，金融稳定是指金融部门具有抵抗大规模违约和流动性等冲击的韧性，经济体系中政府、企业、家庭主体和金融部门保持稳定而持续的信用关系，整个经济体系在金融部门的支持下处于稳定运行的状态。本书为金融稳定评估提供了包含区域异质性、周期性和跨部门分析的综合研究框架，基于金融稳定的周期性和系统性特征，分析了金融稳定的时间趋势，识别了系统重要性部门，描绘了中国金融稳定全貌。

第二章 政府部门债务杠杆测度

本章介绍了政府部门资产负债表编制的概念界定、编制现状、编制依据、基本框架和估算方法，并对全国 31 个省份 2007～2018 年政府资产负债表进行编制。在此基础上，从资产负债规模、资产负债结构以及相关指标的角度进行分析，对我国地方政府的债务风险进行识别和评估。

第一节 政府部门资产负债表编制

本节从相关概念入手，界定地方政府资产负债表的研究主体，明晰地方政府债务的含义及成因，考察我国地方政府资产负债表编制领域在当前阶段取得的成果，明确编制地方政府资产负债表的重要性和积极意义，为开展编制工作和相关研究奠定理论基础。

一、概念界定

（一）政府资产负债表

会计角度的资产负债表是衡量企业在一定时期内资产、负债和所有者权益变动情况的报表，基于"资产＝负债＋所有者权益"这一基本原理，将其包含的具体项目按照一定的标准进行分类排列后编制而成，用以表明企业在这段时间内所拥有的资产、所承担的义务以及所有者享有的权益，可以揭示企业的经营状况。

政府资产负债表则是将主体从公司变更为政府，按照特定标准划分其拥有的资产和负债并进行归纳和汇总，为衡量政府在某一时间的资产负债规模及其结构并进一步分析其抵御风险的能力提供了数据支撑。政府与企业不同，其规模更加庞大，所包含的具体科目更加烦琐，债权债务关系更加复杂，因而其编制过程比企业资产负债表要困难得多，不同的科目划分、不同的估算方法都可能会导致结果上的差异。

地方政府资产负债表则是研究更进一步精确化的产物，其将研究主体细化为我国的一级省级行政区，包括省、自治区、直辖市和特别行政区（受现实原因和数据来源限制，本次编制未涉及港、澳、台地区），通过对其拥有的各类资产和承担的各类负债进行分类汇总形成完整的表格，用以反映各省级行政区的财政状况和权益变化，全面反映地方政府的"家底"。

（二）地方政府债务

依据举债主体的不同，政府债务可分为中央政府债务和地方政府债务，本书所讨论的均为地方政府债务。其含义为：政府为弥补财政赤字，或满足其他履行职能的需要，通过向银行等机构借款或发行债券等方式借入款项，政府可能作为债务人承担偿还义务，也可能作为担保人替其他主体进行担保，只要最终需要由政府对债务进行偿付的，均属于地方政府债务。

地方政府债务风险指地方政府不能在规定时限内清偿其负有偿还义务的负债，并在此基础上产生种种可能的风险。不能及时偿债的原因可能是政府借债规模逾越了其本身的经济实力，与财政收支状况不相符；也可能是举债项目的预期收益不达标、项目管理不到位，造成的成本过高、收不抵支，从而导致债务拖欠，加重财政负担，进而产生风险。

二、编制现状

近年来，许多学者及研究团队对这一领域展开探索，编制中国国家及政府的资产负债表，陆续公布了其研究成果，其中，马骏、李扬、曹远征、汤林闽的研究成果产生了较大的影响。马骏运用估值法编制出了中国国家资产负债表、中央政府和地方政府资产负债表；李扬在 SNA 的基础上编制出中国政府主权资产负债表；曹远征在 1998 年编制出的政府资产负债表及历年资金流量表的基础上，通过推算的方式编制出国家资产负债表；汤林闽基于国内外会计准则及核算体系，构建了中国政府资产负债表理论框架，并编制出中国政府资产负债表。

随着《权责发生制政府综合财务报告制度改革方案》的发布，政府综合财务报告体系的建立被提上日程，作为披露政府财务信息、反映政府资产负债状况、考察政府经营管理成果的重要依据，地方政府资产负债表被给予了高度关注。海南省作为试点率先展开编制工作，依据权责发生制的要求对资产负债等要素进行细化，率先完成了 2016 年度省本级和 28 个市、县（区）的政府综合财务报告。尽管处于试点阶段，但海南省资产负债表编制的完成具有很高的借鉴意义，不仅提升了政府财务信息的透明度和有效性，还为其他省份开展编制工作提供了范本，同时也起到提醒作用——开展地方政府资产负债表编制工作刻不容缓。

编制地方政府资产负债表能够直观地反映地方政府在某一特定时点的资产负债和权益以及它们之间的相互联系，因而具有以下四个层面的意义。

第一，从国家层面来说，有助于完善国民经济核算，反映国民经济的运转情况。政府部门的资产和负债是我国国家资产负债表的重要组成部分，它能够有效反映一个地区经济运转情况，还能以科学量化的评估方式反映地区的资产负债情况，从而为产业结构调整、经济发展方向提供数据支持，因而是国民经济核算的重要组成部分。

第二，从政府自身层面来说，有助于提高地方政府风险应对能力，为政府决策提供量化依据。编制地方政府资产负债表，可以披露地方政府债务状况，衡量地方政府债务风险，及时识别可能出现的问题，对评估财政收支、应对债务风险、判断经济政策的合理性、分析风险形成机制，同时为政府的各项决策提供量化的依据。根据资产负债表明确政府的偿债能力，有助于地方政府根据收支情况合理举债，避免地方政府出现债务危机，这也是编制地方政府资产负债表的重要目的。

第三，从经济发展层面来说，有助于有效判断经济政策的合理性，评价宏观经济的运行。借助资产负债表对地方政府推行经济政策的运行效果进行分析、评估，对尚未实施的经济政策提供指导作用。对正在实施过程中的经济政策提供调整方向，及时有效地对下一步推行方向进行改善。

第四，从行政治理层面来说，有助于促进政府职能转变，推动政府治理体制的现代化进程。通过编制资产负债表，及时体现政府的财政运转情况，强化政府的管理能力和责任意识，提高政府管理的透明度。为地方政府的业绩考核提供更多可供参考的指标和数值，丰富我国的政府业绩考核体系。还有利于公众加强对政府的监督，形成规范的制度及财政关系，倒逼政府效率的提升，促进政府转变职能形成良好的作风，推动政府治理能力现代化，保证社会经济的平稳运行。

三、编制依据

本部分对地方政府资产负债表编制工作进行汇总，从会计制度和国民经济核算体系两个角度提出编制原则及理论依据，对地方政府资产和负债的概念、划分标准和核算范围进行界定，明确本次编制的基本框架，并对各科目的含义、估算方法及数据来源进行分析。

政府资产负债表能够反映政府资产负债状况，作为一份财务报表，其建立的过程应当基于恰当且有效的会计准则开展。与企业的情况不同，政府是一个庞大的体系，对于其资产和负债的划分也更为复杂，因而在编制的过程中，更要严格遵循相关的会计核算原则要求。要符合客观性原则，核算工作开展应当基于实际存在的各项业务，对政府资产负债状况进行真实、准确的反馈，相关数据的获取要确保来源可靠；要符合相关性原则，报表中记录的信息要符合国家的会计准则和制度规定，满足各方人员对于财务状况的了解需要，提供可以用来评估和预测政府运行状况的信息；要符合一致性原则，在做会计处理时要使前后各期保持一致，确保数据在时间上的连贯性，不得随意变更数据的处理方法；要符合可比性原则，各指标的核算口径应保持一致，便于横向纵向各方面对于政府资产负债状况进行比较分析；要符合谨慎性原则，在缺乏准确数据、考虑不够全面的情况下，保持谨慎态度，不能高估资产，也不应少估负债，合理地评估政府可能遇到的债务风险，从而作出正确的决策；要符合清晰性原则，所编制的政府资产负债表要清晰明了，便于各类不同受众的理解和使用，能够清楚地反映政府的经营发展状况；要坚持重要性原则，先要考虑到政府这一主体本身的特性及其庞大的规模，选择适宜的核算方法与程序，不能遗漏相关的重要信息。只有坚持以上原则，才能使所编制的报表始终保持合理、客观、准确。此外，还要结合中国国情，科目设置及数据估算符合中国的实际情况，与中国会计制度、统计改革相衔接，进行适当的平衡与取舍，保证报表整体上的质量。

政府资产负债表的编制以国民经济核算体系（SNA）为依据，该体系阐述了关于国民经济核算的相关概念，对核算的范畴进行了明确的界定，提供了核算的原理、方法，是世界各国普遍承认的重要准则，是在进行本国国民经济核算时所共同遵守的规范。与政府的财务报告相比较，SNA 拥有更为宏观的视角和更加全面的内容，在 SNA 的基础上编制政府资产负债表，能够反映社会再生产的过程，更加全面地展现经济运行结果，以更加清晰直观的方式体现政府部门的资产负债状况及其结构变化。同时，SNA 与我国政府资产负债表在主体的范围、核算理念与原则、资产负债的分类标准等许多方面具有相适性。此外，SNA 在国际范围内都发挥着重要作用，是国民经济核算领域的纲领性文件，以此为参考可以与国际接轨，使所编制的资产负债表更具有普适性。因此，本书基于 SNA 视角开展了我国政府资产负债表的编制。

四、基本框架

编制政府资产负债表，先要明确对政府这一主体的界定。不同于其他国家，中国的政府在范围的划分上较为复杂，规模和涉及领域也更大，拥有的资产和承担的负债也更多，因而对政府的界定，不仅要参考核算体系的划分，还要结合中国的现实情况，使政府范围划分符合国情。一般认为，政府部门包括政府各级行政机关、政党组织及其派出机构，以及各种行政单位、从事生产经营活动的事业单位、行政事业编制的社会团体等，还包括国有企业。但目前，就国有企业是否应该纳入政府资产负债表的讨论还存在较大分歧。虽然在我国的会计标准中，国有企业不包括在政府会计主体内，但我国国有企业产值在 GDP 中占有很大的比重，若不包含国有企业显然不能完整地、全面地反映政府资产，应当予以加入。

编制政府资产负债表不是要全面地清点政府的资产与债务，不是所有的资产与负债都要反映在报表上。因此，本书构建政府资产负债表项目的思路是，结合现有的研究成果并参考相关政策法规，根据对于政府范围的界定，在理清资产和负债的定义及类别划分的基础上，筛选应当纳入资产和负债的项目，并在研究各项目的概念定义以及数据的可得性后，对相关指标进行取舍，最终归纳整理出本次编制的基本框架（见表2.1）。

表2.1　　　　　　　　　地方政府资产负债表基本框架

资产		负债	
金融资产	广义政府存款	直接负债	直接显性负债
	国有企业股权		直接隐性负债
	预算单位金融资产	或有负债	或有显性负债
非金融资产	资源性资产		或有隐性负债
	公共基础设施资产	资产净值	
	预算单位固定资产		

资产是由某一主体享有或支配的资源，该资源通常是在过去的业务往来或其他事项中产生的，且能够在未来产生现金流入或其他效益。货币资金、设备原料等物质资源是企业运营、产品加工、生产开发等活动的必需品，这些资源都属于资产，而专利、商标等不具有实物形态却能带来经济利益的同样属于资产的范畴。大部分学者及机构都认同政府资产核算的是政府拥有控制权、享有处置支配权力并且能够带来收益的经济资产，所以耐用消费品、人力资源以及没有所有者的自然资源等内容不在政府资产的考虑范围内。

按照不同的分类标准，资产主要有以下几种分类：按期限长短的不同，可以分为流动资产和长期资产；按形态的不同，可以分为有形资产和无形资产。对政府资产的划分目前有很多不同意见，有的学者分为财力性资产和服务性资产，有的从资金来源进行分类，还有的分为流动资产和非流动资产，目前认同度比较高的划分标准是将政府资产分为金融资产和非金融资产，本次编制也将在这一基础上开展，其中金融资产包括广义政府存款、国有企业股权和预算单位金融资产，非金融资产包括资源性资产、公共基础设施资产和预算单位固定资产。

负债是由于过去的交易或事项所引起的现有债务，需要在将来以支付资金或提供劳务的方式加以清偿，从而引起的未来经济利益流出。向银行等金融机构借入的资金，在生产经营活动中的各项支出或应付给其他单位的款项，接受投资者投入资金而应给予其的利润，以及应交纳的税金和各种费用等，都属于负债。具体来说，政府负债是指政府因过去交易或事项形成的现有债务，这一债务的清偿会导致未来政府服务潜能降低或经济利益流出。不同于对政府资产划分的争议，广大学者对于政府负债形成了相对统一的认识。因此，根据已有的研究及理论框架，依据哈娜（Hana）提出的财政风险矩阵，本书将政府负债分为直接显性负债、直接隐性负债、或有显性负债和或有隐性负债。

五、估算方法

（1）广义政府存款。"政府存款"是各级政府以现金或其他流动性较强的资产等形式持有的资产，通常包括税收、国有企业利润、国有股份股息和发行政府债券取得的收入等，其持有目的是日常的需求，如进行支付、投资。政府存款包括财政性存款和机关团体存款，财政性存款是指财政部门存放在金融机构的财政资金，包括财政库款、财政过渡存款、待结算财政款项、国库定期存款、预算资金存款以及专用基金存款；机关团体存款指机关法人、事业法人、军队、武警部队、团体法人存放在银行业金融机构的定活期存款以及上述单位委托银行业金融机构开展委托业务沉淀在银行的货币资金，包括社保基金和上述机关团体在财政收支之外的自收自支行为产生的商业银行存款。

从 2015 年起，中国人民银行《金融机构人民币信贷收支表》开始将"财政性存款""机关团体存款"合并为"政府存款"。因此，2015 年后的广义政府存款数据可从中国人民银行各省的中心支行公布的信贷收支表获取，2015 年以前的数据采用估算的方法，通过加总全国的财政性存款和机关团体存款获得全国的政府存款数据，以式（2.1）中各省本外币存款占比，乘以全国的政府存款进行估算。

$$各省本外币存款占比 = \frac{各省本外币存款余额}{国家本外币存款余额} \tag{2.1}$$

（2）国有企业股权。国有企业股权是通过对国有资产投资而占有的对应股份，其股东通常是国家承认的主体，因其享有企业的股份而对企业的利润享有分配权及其他相应的权利。我国国有企业在经济运行中占有举足轻重的地位，在国内生产总值中所占的比重高达30%，因此，国有企业股权是政府资产中的重要部分。本书中国有企业股权数据来源于《中国会计年鉴》，以式（2.2）中国有企业中的国有资产部分占比，乘以地方国有企业所有者权益，得到各省份的国有企业的国有股权数据。

$$\frac{国有企业中的}{国有资产占比} = \frac{地方国有企业国有资产总额}{地方国有企业资产} \qquad (2.2)$$

（3）预算单位金融资产。预算单位通常不以营利为主要目的，是指那些支出依靠财政预算拨款而其收入需要全部上缴财政的具有服务性质的政府部门。本书中预算单位金融资产数据来源于《中国会计年鉴》，通过地方预算单位总资产减去地方预算单位固定资产获得，地方预算单位总资产通过计算得出。

$$地方预算单位总资产 = \frac{地方预算单位固定资产}{全国预算单位固定资产} \times 全国预算单位资产总额$$

$$(2.3)$$

（4）资源性资产。政府拥有丰富的自然资源，这些资源具有不菲的价值，因而是我国地方政府的主要收入来源之一，但资源性资产的统计与估算存在较大的困难。由于我国国土面积广，资源种类繁多，不同地区不同资源的价值也存在较大差异，且存在一些由于各种原因未被统计过的资源，因而在资源的选取、资产的估值和数据的获取上都存在一定的难度，评估过程缺乏基础支撑，所以本次编制的资源性资产仅选取土地资产和能源资产，对于动植物资产、文物资产等其他资产，由于其客观上不具有可变现性，市场价值也不确定，估值十分困难，因而不考虑计入政府资产负债表内。

土地蕴藏着巨大的价值，是政府经济收入来源的重要部分。如果不把土地纳入核算范围，所得的政府资产负债表将会低估政府资产，很大程度上会破坏所得结果的全面性和完整性，所以将土地资产纳入政府资产。土地资产的估算参考世界银行的研究思路，沿用李扬团队的方法，以国家统计局公布的各省份"农林牧渔业总产值"代替，采用40%的租金率，选择25年折现期，将折现率定为4%。

　　能源是社会发展的重要支柱，是时代进步的物质基础，无论何种类型的生产活动都离不开能源。我国地大物博，能源储备丰富，许多省份的经济发展对能源资源的依赖程度较高，能源是其资产中的重要部分，因而不应将其从政府资产负债表中剔除，但考虑到数据的可得性和估算的难易程度，本次编制中能源资产仅考虑煤炭、石油和天然气资产的价值，对于森林资产、水资产等资源，由于其难以统计、不易变现的特点，暂时不予考虑。能源资产的数据，由于煤炭、石油、天然气的采储量缺乏公开的全国性数据，同时缺少可以用于估值的单位价格，因而采用各省份统计年鉴中规模以上工业企业主要指标表中的煤炭开采和洗选业以及石油和天然气开采业的资产进行代替。

　　（5）公共基础设施资产。公共基础设施为公众提供公共服务，是社会发展中不可缺少的一部分，如道路、桥梁、农田水利等，大部分是在政府投入的资金支持下得以建设和使用，而政府资产的重要作用之一就是提供公共服务。因此，虽然其无法变现，且不能增加政府的未来偿债能力，但考虑到实际情况以及现实意义，应当将其纳入政府资产负债表的范围。

　　本书中公共基础设施资产的数据来源于《中国城乡建设统计年鉴》全国城市市政公用设施建设固定资产投资表和全国县城市政公用设施建设固定资产投资表，参考李扬团队的估算方法，通过加总城市市政公用设施建设固定资产投资本年完成额和县城市政公用设施建设固定资产投资本年完成额，获得各省公共基础设施资产投资的估计值，然后乘以式（2.4）中资本形成比例，获得各省份的公共基础设施资产的估算数据。

$$资本形成比例 = \frac{资本形成总额}{全社会固定资产投资} \tag{2.4}$$

　　（6）预算单位固定资产。本书中预算单位固定资产数据来源于《中国会计年鉴》地方预算单位主要指标排序表。

　　（7）直接显性负债。直接显性负债是法律规定的政府无论在何种情形下都应对其负责的债务，政府始终对其承担偿付责任。直接显性负债选取各省的政府性债务余额，包括一般债务和专项债务。由于缺少2015年以前的数据，故采用比例估算，比例为已知年份的政府性债务余额占地方政府在央行存款的平均值。

$$\text{地方政府在央行存款} = \frac{\text{各地一般预算收入}}{\text{全国财政收入}} \times \text{各地本外币存款余额}$$

$$(2.5)$$

（8）直接隐性负债。直接隐性负债是在必然存在的、后果可预见的，是基于公众和政府道义而产生并始终存在的负债，并非法律规定的政府责任，在当前情况下并不在政府财政开支中体现，但在其他事件触发或政策推动下很大程度上会转化为政府负债，由隐性变为显性并产生相应的风险。直接隐性负债用社会保险基金的养老金缺口计算，由于政府对此负有偿付责任，从理论上来说应该计入政府负债，且是由养老金缺口导致的省级政府隐性负债，本书中直接隐性负债数据选取国家统计局公布的基本养老保险基金收入和支出的差值。

（9）或有显性负债。或有显性负债是只有在法律和相关政策规定的某些限定条件下，政府才必须承担的债务，因为政府在这些情形下需要负责兜底工作。例如，根据法律规定或合同要求，政府负责担保的项目一旦被担保人出现违约无法按期偿还债务，政府则承担连带责任。本书中或有显性负债以政府对金融部门及企业部门担保加总求得。

（10）或有隐性负债。或有隐性负债是政府会在债务出现风险或面临危机的情况下需要对其进行干预处理的负债，政府对该类型负债没有法定的偿还义务，仅从维护社会秩序及公众效益的视角出发。或有隐性负债具有较强的隐蔽性，容易产生风险。本书中或有隐性负债以不良资产计算，主要考虑的是地方银行金融机构，通过各省份的本外币贷款余额乘以不良贷款率计算得出，本外币贷款余额来源于各省份的金融运行报告。

第二节　政府部门债务杠杆测度

基于本章第一节政府部门宏观资产负债表编制方法和相关数据资料，

本书编制了我国 31 个省份 2007～2018 年资产负债表。在所编撰资产负债表得到的数据基础上，本节对地方政府债务风险进行研究，分别从资产负债规模、资产负债结构、债务风险等角度进行切入。其中，资产负债表中规模、排名、增长速度数据均为作者自行计算结果。相关图表均为作者根据所得数据自行绘制。

为从整体上把握我国地方政府资产负债状况及债务风险，本次分析按照地理区域将编制的 31 个省份分为华北地区（北京市、天津市、河北省、山西省、内蒙古自治区）、东北地区（辽宁省、吉林省、黑龙江省）、华东地区（上海市、江苏省、浙江省、安徽省、福建省、江西省、山东省）、华中地区（河南省、湖北省、湖南省）、华南地区（广东省、广西壮族自治区、海南省）、西南地区（重庆市、四川省、贵州省、云南省、西藏自治区）、西北地区（陕西省、甘肃省、青海省、宁夏回族自治区、新疆维吾尔自治区），从地区的角度衡量我国不同地区间的债务风险差异情况。

一、资产负债规模

2007～2018 年，全国各省份资产及负债总量规模总体上均保持了快速增长。华北地区的总资产从 2.78 万亿元增长到 16.33 万亿元，增长了 5.9 倍，年均增长率为 17.70%，北京的资产规模最大，到 2018 年达 6 万亿元以上，是天津的 3.8 倍；金融资产与非金融资产的增长保持了相同的趋势，但金融资产的增长规模大于非金融资产，两者的年均增长率分别为 21.00% 和 13.13%，受内蒙古等省份资源性资产减少的影响，2015 年非金融资产出现负增长，使得该年资产增长率较低。负债规模从 1.38 万亿元增长到 3.126 万亿元，增长了 2.26 倍，年均增长 8.57%，但在 2014 年出现了负增长，原因在于北京、山西等省份的负债规模显著下降。从各省份来看，北京从 2008 年起不断增长，到 2013 年达到最高值 0.83 万亿元后有显著下降，河北则基本保持增长态势，近年来负债规模快速扩张，2018 年达 0.95 万亿元，是华北地区中负债规模最大的省份。表 2.2 为不同区域资产负债表规模均值的排名，图 2.1 为华北地区资产负债规模趋势。

表 2.2 全国各省份资产负债均值排名

区域	省份	资产账面值排名	负债账面值排名	区域	省份	资产账面值排名	负债账面值排名
华北地区	北京	4	9	华中地区	湖北	14	10
	天津	22	26		湖南	17	6
	河北	10	11	华南地区	广东	1	1
	山西	8	21		广西	23	17
	内蒙古	15	13		海南	30	28
东北地区	辽宁	12	5	西南地区	重庆	21	15
	吉林	26	23		四川	7	7
	黑龙江	16	22		贵州	25	8
华东地区	上海	6	20		云南	19	12
	江苏	2	2		西藏	31	31
	浙江	5	4	西北地区	陕西	11	18
	安徽	13	16		甘肃	27	27
	福建	18	19		青海	29	29
	江西	24	24		宁夏	28	30
	山东	3	3		新疆	20	25
华中地区	河南	9	14				

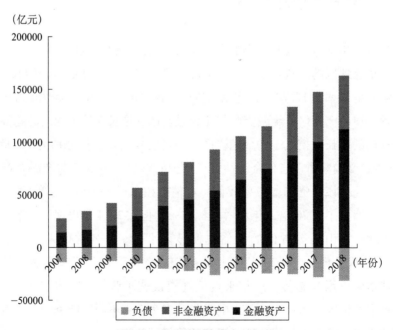

图 2.1 华北地区资产负债规模

东北地区的总资产同样保持增长趋势，但其资产规模是各地区中最小的，在研究时间范围内从 1.46 万亿元增加到 6.07 万亿元，增长了 4.2 倍，年均增长 14.06%，吉林是东北地区中资产规模最小的，其 11 年间的资产均值仅为辽宁的 44%，而辽宁和黑龙江则相差不大；金融资产从 0.62 万亿元增长至 4.24 万亿元，增长了 6.8 倍，非金融资产从 0.84 万亿元增长至 1.83 万亿元，增长了 2.2 倍，明显低于金融资产的增长规模，且在 2016 年辽宁受资源性资产及预算单位固定资产下降的影响出现了负增长。负债规模增长相对平稳，年均增长率为 8.71%，在 11 年内增长了 2.3 倍，且在 2014～2016 年内出现小规模下降，原因在于该时间段内直接隐性负债均为负值，即社会保险基金的养老金缺口为负，与其他两省相比，辽宁的负债规模更大，到 2018 年已达 1 万亿元以上，其均值是另外两省的 2 倍多，负债规模扩张速度较快。图 2.2 为东北地区资产负债规模趋势。

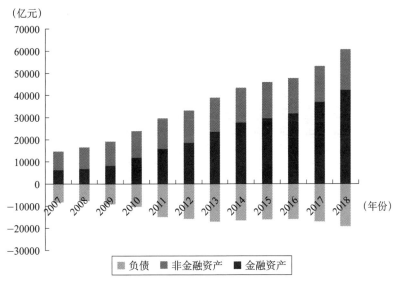

图 2.2 东北地区资产负债规模

华东地区的资产保持了较为稳定的增长态势，平均增长率为 16.60%，2007～2018 年总资产由 5.01 万亿元增长到 26.61 万亿元，增长了 5.3 倍，在各地区中规模最为庞大。其中江苏的资产规模最大，从 2010 年起就达到了 2 万亿元以上，远超其他省份，山东的资产同样庞大，其均值为 2.95 万亿元，与江苏不相上下，而江西虽资产规模较小，但保持了相对稳定的快速增长，江西和安徽的年均增长均为 18%，是华东地区最高的。金融资产的规模在这一时间内显著扩大，从 2.89 万亿元增长至 21.09 万亿元，增长了 7.3 倍，而非金融资产仅由 2.12 万亿元增长至 5.53 万亿元，年均增长率为 9.16%。负债的变动趋势与资产基本一致，保持了平稳增长，由 1.7 万亿元增加到 6.71 万亿元，扩大了 3.9 倍，年均增长 13.47%。与资产情况相似，江苏的负债规模同样是最高的，其次是山东，两省在 2018 年的负债规模分别达到 1.53 万亿元和 1.41 万亿元，江西虽规模最小，但依旧保持了快速的增长。图 2.3 为华东地区资产负债规模趋势。

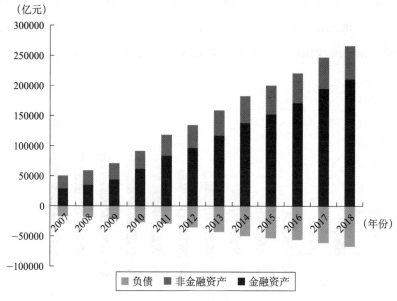

图 2.3 华东地区资产负债规模

华中地区的资产规模同样保持平稳增长，从 1.68 万亿元增加到 8.08 万亿元，是期初规模的 4.8 倍，平均年增长率为 15.50%，河南的资产规模最大，早在 2009 年就已达万亿规模以上，湖南和湖北则水平相当，资产规模与增长率变动都十分相似；金融资产和非金融资产的增长趋势与之保持了相似的趋势，但非金融资产的规模明显低于金融资产，其增长速度也显著低于金融资产，年均增长仅为金融资产的 44%。负债的增长率存在一定波动，2012 年以前保持了大幅的快速增长，2013 年起增速放缓，且在 2016 年下降了 15.37%，但总体上保持增长趋势，从 2007 年的 0.89 万亿元增长到 2018 年的 2.52 万亿元，增长了 2.8 倍。从各省份的角度看，湖南的负债规模是三省中最大的，最大值出现在 2014 年，达到 1.25 万亿元，随后略有下降，但仍保持在较高水平，湖北情况类似，其负债规模也出现了先增后降的情况。图 2.4 为华中地区资产负债规模趋势。

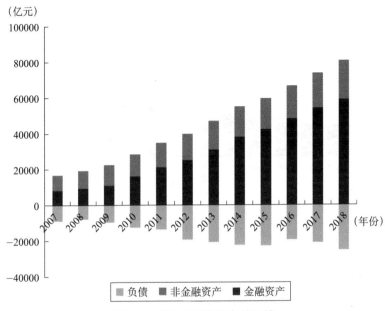

图 2.4　华中地区资产负债规模

华南地区的资产规模从 1.86 万亿元增长至 9.90 万亿元，是期初的 5.3 倍，年均增长 16.63%，广东以绝对规模的资产领跑，不仅在华南地区，在全国范围内也是资产最多的省份，到 2018 年已达 7.55 万亿元，而同年海南省的资产仅为 0.54 万亿元，地区间的差距十分明显；金融资产和非金融资产的增长趋势与总资产十分相似，但非金融资产的规模较低，在总资产中占比较小，平均增长率为 10.20%，低于金融资产年均 19.25% 的增幅。负债规模总体上涨，从 0.76 万亿元增长至 2.19 万亿元，增长了 2.9 倍，与总资产情况相同，广东同样是全国负债规模最高的省份，其均值是广西的 2.3 倍，海南省的 7.5 倍，2007~2018 年华南地区负债的变化趋势存在一定波动，许多年份都出现小幅下降的情况，其中 2011 年下降幅度最大，为

12.64%，该年内广东和海南两个省份的直接显性负债均在下降，即政府性债务余额减少。图 2.5 为华南地区资产负债规模趋势。

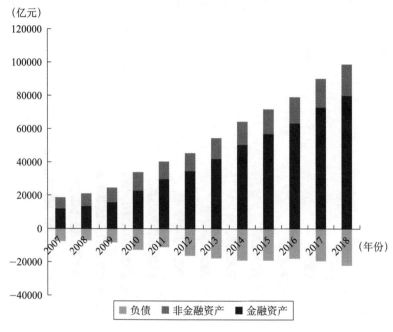

图 2.5　华南地区资产负债规模

西南地区的资产规模在 2007～2018 年内保持了较快的增长，从 1.48 万亿元增长至 10.86 万亿元，扩大了 7.4 倍，平均增长率为 20.18%，是年均增长幅度最大的地区，四川是西南地区资产规模最大的省份，贵州则是资产规模增长最快的省份，西藏年均资产 0.22 万亿元，远远落后于其他省份，是全国资产排名最低的省份，但其年均增长水平却高于其他省份，展现出巨大的发展潜力；金融资产的年均增长更是高达 24.08%，从 0.85 万亿元增至 8.63 万亿元，是期初的十倍多，非金融资产也保持了稳定的增长，但其规模与增幅均明显低于金融资产。负债规模从 0.70 万亿元增长到 3.39 万亿元，年均增长 16.44%，总体上保持平稳，但在 2011 年出现了 63.89%的大幅增长，主要原因在于该年重庆的政府性债务余额大幅增长。各地区的负债情况与资产类似，同样是四川最高，西藏最低，西藏在 2018 年负债规模仅为 167 亿元，是四川的 1.5%，与其他地区存在明显的差距。图 2.6 为西南地区资产负债规模趋势。

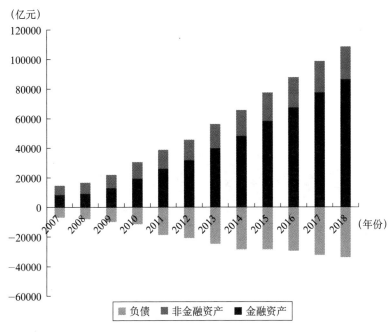

图 2.6　西南地区资产负债规模

西北地区的资产规模从 1.32 万亿元增长至 8.03 万亿元，增长了 6.1 倍，年均增长 18.00%，年均资产规模最大的是陕西，2007～2018 年其资产均值为 1.63 万亿元，最低的是青海，为 0.29 万亿元，青海和新疆保持了较高的资产增长率，近年来的资产扩张势头良好；金融资产从 0.52 万亿元增长到 4.70 万亿元，年均增长 22.61%，增速较快，非金融资产保持了相似的增长态势，期末的规模较期初扩大了 3.6 倍，且其在总资产中所占比重相对较大，2007～2012 年甚至超过了金融资产。而西北地区的负债规模相对较小，远低于其他地区水平，2007 年仅为 0.46 万亿元，但其增速相对较快，年均增长 14.26%，到 2018 年负债规模已增长到 1.81 万亿元，是 2007 年的 4 倍，其中青海和宁夏的平均增长率在西北地区最高，分别为 17.40% 和 19.00%。图 2.7 为西北地区资产负债规模趋势。

从资产负债规模的角度看，我国地方政府资产规模庞大且保持逐年增长的态势，华东地区以绝对优势领先于其他地区，几乎在全国总资产中占 1/3，充分体现了沿海地区领先的经济发展水平，其中江苏、山东、浙江、

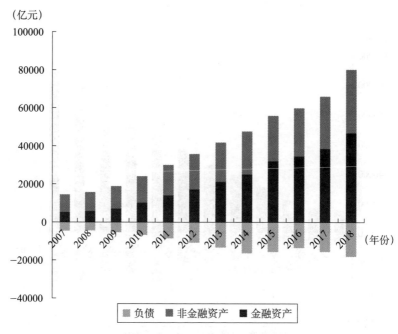

图 2.7 西北地区资产负债规模

上海的资产规模在地区中占比较大，其次是华北地区，北京的资产规模同样名列前茅，华南地区虽处中游位置，但广东的资产规模却是全国范围内最高的，西南地区则是资产增长速度最快的，其增长率领先于其他地区，贵州、重庆等地均保持了快速的增长，东北地区的资产规模相对较小，近年来的增长也较为缓慢，缺乏经济发展潜力；负债规模与资产情况相似，华东地区在拥有雄厚资产的同时也产生了大规模的负债，西南地区的负债同样保持快速扩张，但西藏的负债规模很小，与其他省份存在较大差距，东北地区虽整体水平不高，但辽宁的负债规模却很大。总体上看，资产负债规模与经济发展水平正相关，东部沿海地区发达的经济使其拥有大量的资产，同时也借入大量债务，内陆地区发展稍显落后，也体现在其相对较小的资产负债规模上，同时地区间的差异也十分显著，规模最大的省份与最小的省份间存在巨大的差距，因此，我国也积极推动西部开发及东北振兴，从战略角度刺激当地经济发展。值得注意的是，辽宁和重庆的负债增速超过了资产，有必要对两地的债务扩张进行关注。

二、资产负债结构

为了更加清晰地分析政府部门资产负债结构是否合理，本书分别对资产结构和负债结构进行了梳理。从金融资产与非金融资产在总资产中的占比来看，金融资产的比重明显大于非金融资产，且增长规模更大、速度更快，体现了各地区政府部门资产的金融化程度快速提升，也体现出政府持有资产的流动性提高。从金融资产的结构来看，广义政府存款始终占有相当大的比重，且扩张趋势明显，可以体现出政府不断提高的资金支配能力，而在国有企业股权与预算单位金融资产方面，不同地区间存在一定差异。

华北地区的国有企业股权和预算单位金融资产增长趋势基本一致，年均增长分别为20.26%和17.24%，两者在规模上也十分相似；广义政府存款的增长相对较快，年平均水平为24.07%，在2010年更是较上年增长了0.73万亿元，增长率高达73.16%。图2.8为华北地区金融资产结构趋势。

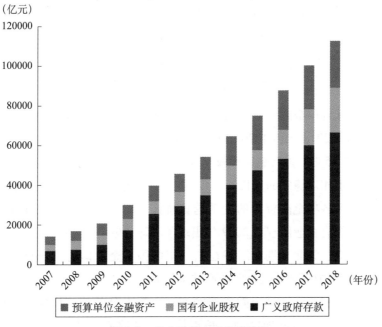

图2.8 华北地区金融资产结构

东北地区广义政府存款的增长基本保持平稳，年均增长 21.19%，但其规模相对较小，在金融资产中所占的比重也相对较低；国有企业股权则增长较快，年均增长率达 31.44%，从 2013 年起进入快速增长阶段，规模明显扩大；预算单位金融资产的规模与增长保持了相对稳定的状态。图 2.9 为东北地区金融资产结构趋势。

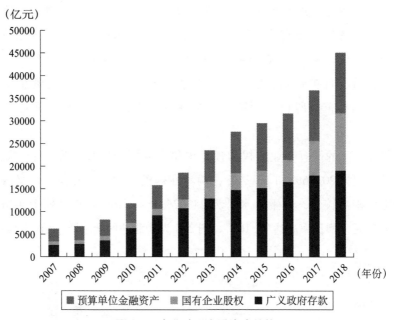

图 2.9　东北地区金融资产结构

华东地区各项金融资产显著高于其他地区，规模最为庞大，广义政府存款在 2007 ~ 2018 年由 1.26 万亿元增长至 10.88 万亿元，扩大了 8.6 倍，年均增长 23.15%，国有企业股权与预算单位金融资产的变动趋势与其基本一致，保持了相对稳定的增长。图 2.10 为华东地区金融资产结构趋势。

华中地区各项金融资产的变动趋势总体平稳，与其他地区具有较高的相似性，但国有企业股权在 2009 年出现了下降，较上一年降低了 440 亿元，这是由于河南、湖北和湖南三省在这一年内国有企业国有资产总额均有所下降。图 2.11 为华中地区金融资产结构趋势。

华南地区和西南地区金融资产的变动趋势十分相似，均保持了相对稳定的增长状态，但西南地区的增长更快，广义政府存款、国有企业股权、

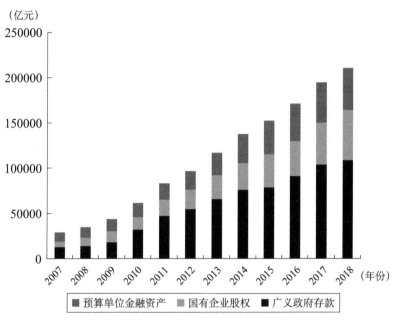

图 2.10 华东地区金融资产结构

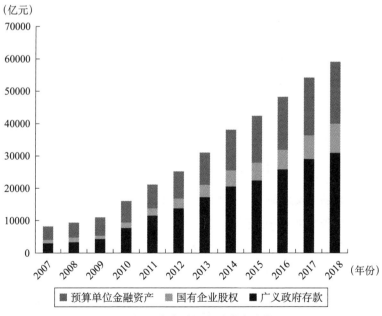

图 2.11 华中地区金融资产结构

预算单位金融资产的年均增长分别为 27.77%、29.27%、16.68%，高于华南地区的 22.47%、20.61%、14.64%；从 2016 年起，西南地区的国有企业股权快速扩张，维持在 25% 左右的增长水平，其规模与期初相比扩大了 14.7 倍，而华南地区的国有企业股权在研究时间范围内仅增长了 7.7 倍；西南地区的广义政府存款扩张了 13.1 倍，高于华南地区的 8.2 倍，但其存款规模却更低，华南地区从 2007～2018 年由 0.52 万亿元增长至 4.24 万亿元，西南地区仅从 0.30 万亿元增长至 3.87 万亿元。图 2.12、图 2.13 为华南和西南地区金融资产结构趋势。

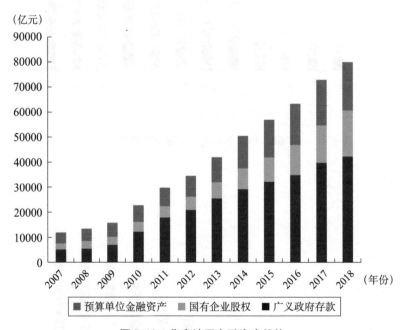

图 2.12 华南地区金融资产结构

西北地区的广义政府存款虽保持了增长态势，但从 2015 年起增长速度不断下降，增长率维持在较低水平，年均增长 26.03%；国有企业股权从 0.12 万亿元增长至 0.87 万亿元，增长了 7 倍，平均增长率为 20.16%，但期间内存在一定程度波动，2014 年和 2016 年就曾出现小幅下降；预算单位金融资产扩张较为明显，增长率呈上升趋势，年均增长 22.10%，是平均增长最高的地区，2018 年达 1.88 万亿元，是 2007 年的 8.7 倍。图 2.14 为西北地区金融资产结构趋势。

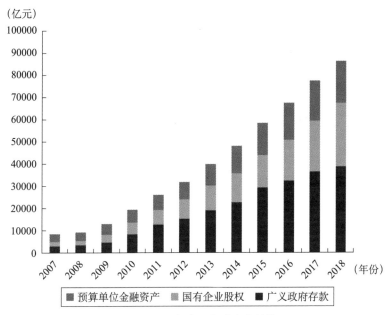

图 2.13　西南地区金融资产结构

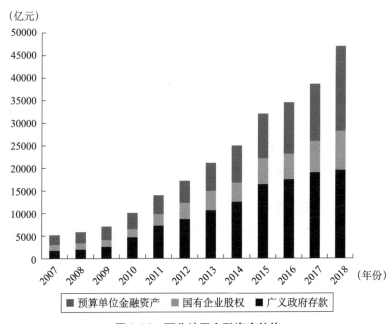

图 2.14　西北地区金融资产结构

从非金融资产的结构看，不同地区呈现不同特点。如图 2.15 所示，华北地区由于拥有山西、内蒙古等资源大省，资源性资产在非金融资产中一直占有绝对比重，但从 2013 年起增长趋缓，甚至出现小幅下降；而所占比重较小的公共基础设施资产同样呈明显的下降趋势，2013～2016 年连续四年负增长，2015 年更是较上年下降了 23.64%，其规模在 11 年内仅由 0.12 万亿元增长至 0.23 万亿元，增长不足两倍；预算单位固定资产则保持了相对稳定，规模稳步增长。图 2.15 为华北地区非金融资产结构趋势。

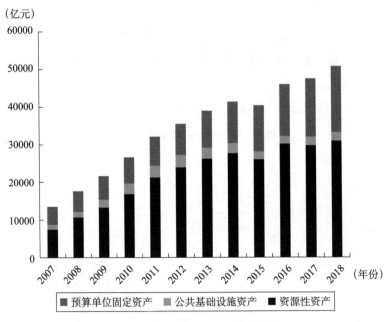

（亿元）

图 2.15　华北地区非金融资产结构

东北地区前期资源性资产占比较大，但从 2014 年起开始减少，多次出现下降情况，其增长率也维持在较低水平，年均增长 4.96%，2017 年起预算单位固定资产已超过其规模，成为非金融资产中比重最大的部分；而占比最小的公共基础设施资产规模同样不断下降，2012 年起连续多年负增长，2018 年的规模仅为 2007 年的 1.5 倍，年均增长率为 5.63%。总体上看，东北地区非金融资产增长缓慢，规模维持在相对稳定的状态。图 2.16 为东北地区非金融资产结构趋势。

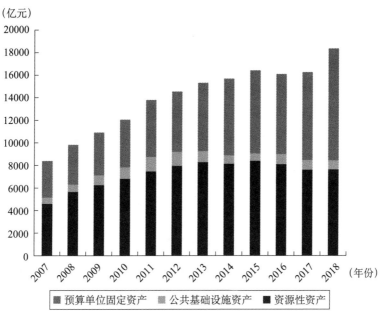

（亿元）

图 2.16　东北地区非金融资产结构

华东地区预算单位固定资产始终占有较大比重，保持了稳定的增长趋势，从 1.19 万亿元增长至 3.444 万亿元，增长了 2.9 倍，年均增长 10.20%；资源性资产从 2016 年起开始逐年下降，2018 年与 2015 年相比，规模减少了 0.21 万亿元；公共基础设施资产的增长呈倒 "U" 型，一直到 2014 年其规模都在不断下降，2015 年起开始回升，到 2018 年规模达到 0.63 万亿元，是期初的 2.1 倍。图 2.17 为华东地区非金融资产结构趋势。

华中地区占比最大的是预算单位固定资产，从 2007 年的 0.48 万亿元增长到 2018 年的 1.41 万亿元，增长了 2.9 倍，增长趋势也保持相对平稳，维持在 10% 左右的增长水平；公共基础设施资产比重较小，到 2018 年仅为 0.24 万亿元，是 2007 年的 3.2 倍；资源性资产在规模上没有明显增长，与期初相比仅增长了 0.22 万亿元，最大值出现在 2014 年，此后不断下降，增长率整体呈下降趋势。图 2.18 为华中地区非金融资产结构趋势。

华南地区的预算单位固定资产占有绝对比重，2007～2018 年从 0.50 万亿元增长至 1.43 万亿元，年均增长 9.97%，资源性资产同样保持了年均 10.45% 的稳定增长；公共基础设施资产规模较小，但在 2010 年出现了高达

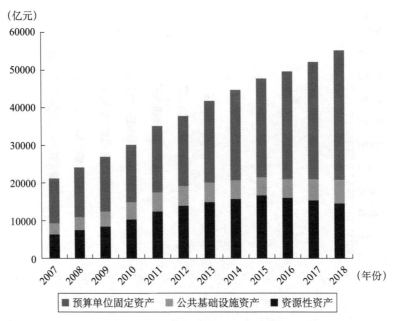

图 2.17　华东地区非金融资产结构

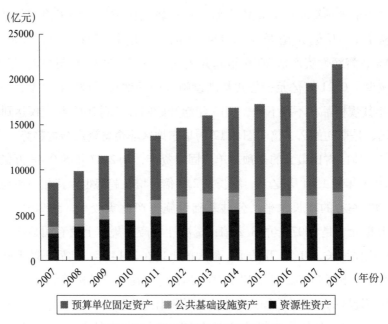

图 2.18　华中地区非金融资产结构

120%的增长，这是由广东省在该年度内城市市政公用设施建设固定资产投资大幅增加所致，在下一年度则回归正常水平，此后的五年内略有下降，总体上保持增长，年均增长率为10.00%。图2.19为华南地区非金融资产结构趋势。

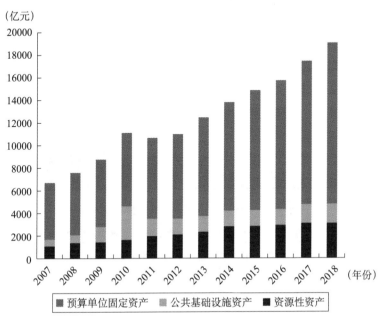

图2.19 华南地区非金融资产结构

西南地区的非金融资产中占比较大的是预算单位固定资产，其规模由0.41万亿元增长至1.40万亿元，年均增长11.88%；资源性资产呈先增后减趋势，2015年前平稳增长，从0.16万亿元增长至0.69万亿元，但从2016年起不断下降，到2018年已减少了764亿元；占比最少的公共基础设施资产总体上逐年增长，年均增长率为11.07%。图2.20为西南地区非金融资产结构趋势。

西北地区占比最大的是资源性资产，在非金融资产中始终保持绝对比重，但其增长呈逐渐降低的趋势，2015年起增长率维持在较低水平，而预算单位固定资产则增长强劲，始终保持较高速度的增长，2018年更是增长了0.5万亿元，增长率高达57.28%，规模与资源性资产的差距不断减小；公共基础设施资产的规模较小且增长缓慢，与期初相比变化不大。图2.21为西北地区非金融资产结构趋势。

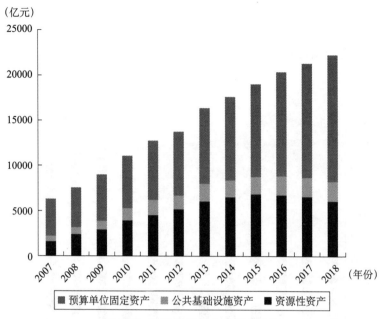

图 2.20 西南地区非金融资产结构

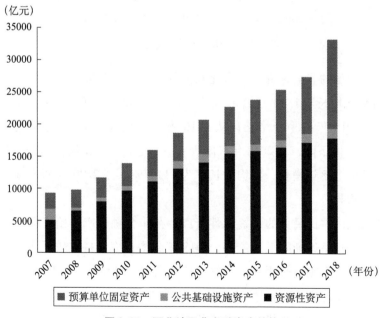

图 2.21 西北地区非金融资产结构

综上所述，从负债结构看，各地区具有较高的相似性，直接显性负债始终占有绝对比重，其规模远超其他负债，可见政府性债务余额是政府负债的主要部分，除华东地区和西南地区保持逐年平稳增长的态势外，其他地区均在 2014～2016 年这一阶段有明显的下降，华北地区在 2014 年直接显性负债规模减少了 0.41 万亿元，较上年降低 17.18%，华中地区在 2016 年直接显性负债减少了 0.37 万亿元，降低了 17.35%；隐性负债及或有负债占比很小，对债务风险的影响不大，但值得注意的是，近年来各地的或有隐性负债规模都有所扩大，即不良资产规模扩张，如在 2015 年，多地或有隐性负债规模显著增长，西南地区较上一年增长了 877 亿元，增长率高达 106%，西北地区同样增长了 68.75%，政府部门应当关注地方银行等金融机构的安全性。

从资产负债结构的角度，各地区的金融资产的比重均明显大于非金融资产，且扩张的规模更快。金融资产由广义政府存款、国有企业股权和预算单位金融资产构成，其中广义政府存款始终占据较大比重，华东地区的规模最大，江苏为其中之最；预算单位金融资产在金融资产中所占比例最大的是华中地区，在华北地区的比例最小；国有企业股权的规模普遍偏小，其平均水平最低的是东北地区，在金融资产中占比最小的是华中地区。非金融资产由资源性资产、公共基础设施资产和预算单位固定资产构成，其中公共基础设施资产占比很小，规模最小的是东北地区；资源性资产占比较大的是华东地区和西北地区，山西、内蒙古等省份具有丰富的资源，因而其资源性资产规模较大；预算单位固定资产占比较大的是华南地区和西南地区，其中广东的规模最大。金融资产比重的提高体现了各地区不断提升的资产金融化程度，政府部门资产的流动性在不断加强，大规模的政府存款展示了政府部门殷实的家底，具备足够的存款以抵御潜在的风险，而非金融资产的不同构成更是展现了我国各地区的发展潜力。负债的结构各地区间差异不大，均维持了直接显性负债的绝对占比，即政府性债务是政府部门的主要负债。

三、债务杠杆测度

11 年间，各地区的所有者权益规模均稳步提高，具备足够的抵御风险能力。其中，西南地区增长幅度最大，从 0.78 万亿元增长至 7.48 万亿元，规模扩大了 9.6 倍，年均增长 23.55%，华北地区和华中地区同样保持了较高的增速，年均增长都在 20% 以上，权益规模最小的华中地区 2018 年的政府所有者权益为 5.55 万亿元，与期初相比扩大了 7 倍，而规模最大的华东地区，2018 年已达 19.90 万亿元，是 2007 年的 6 倍，展示出殷实的政府家底。

为了更直观地评估政府债务风险，选取资产负债率（政府负债/政府资产）（见表2.3）和债务负担率（政府债务/当年地方政府GDP）（见表2.4）两个指标进行分析。

表2.3 各省份资产负债率均值及排名

地区	省份	资产负债率均值（%）	资产负债率均值排名	地区	省份	资产负债率均值（%）	资产负债率均值排名
华北区	北京	28.44	21	华中区	湖北	41.38	9
	天津	26.75	23		湖南	59.94	2
	河北	28.32	22	华南区	广东	25.86	26
	山西	18.85	29		广西	44.33	7
	内蒙古	36.86	11		海南	49.48	4
东北区	辽宁	47.63	5	西南区	重庆	45.96	6
	吉林	52.85	3		四川	31.70	16
	黑龙江	29.74	19		贵州	62.63	1
华东区	上海	16.28	30		云南	43.53	8
	江苏	26.69	24		西藏	3.27	31
	浙江	32.98	14	西北区	陕西	24.76	27
	安徽	30.92	17		甘肃	41.06	10
	福建	32.07	15		青海	34.49	12
	江西	30.35	18		宁夏	33.66	13
	山东	29.22	20		新疆	23.69	28
华中区	河南	26.30	25				

表2.4   各省份债务负担率均值及排名

地区	省份	债务负担率均值（%）	债务负担率均值排名	地区	省份	债务负担率均值（%）	债务负担率均值排名
华北区	北京	31.23	13	华中区	湖北	22.14	20
	天津	20.91	22		湖南	31.76	11
	河北	18.53	24	华南区	广东	15.67	27
	山西	30.35	15		广西	30.40	14
	内蒙古	31.96	10		海南	41.40	6
东北区	辽宁	33.78	8	西南区	重庆	38.19	7
	吉林	31.46	12		四川	24.58	18
	黑龙江	26.96	16		贵州	62.18	1
华东区	上海	15.26	29		云南	43.03	4
	江苏	15.17	30		西藏	7.66	31
	浙江	21.33	21	西北区	陕西	26.90	17
	安徽	24.31	19		甘肃	44.35	3
	福建	17.29	25		青海	50.77	2
	江西	19.16	23		宁夏	41.80	5
	山东	16.36	26		新疆	32.16	9
华中区	河南	15.48	28				

如图2.22所示，华北地区的资产负债率保持在50%以下，且呈下降趋势，从2014年起维持在20%左右的水平，除内蒙古均值为36.86%，排名第11位相对较高外，其余省份的资产负债率均处于较低水平，排名总体靠后。因此，华北地区资产足以覆盖负债，不存在较大风险；债务负担率保持相对稳定，平均水平为25%，内蒙古和北京的均值排名分别为第10位和第13位，是华北地区债务负担率较高的两个省份，其债务负担率均为31%左右，其余省份在全国范围内处于中等水平。总体上看，华北地区地方政府的偿债能力可以得到保障。

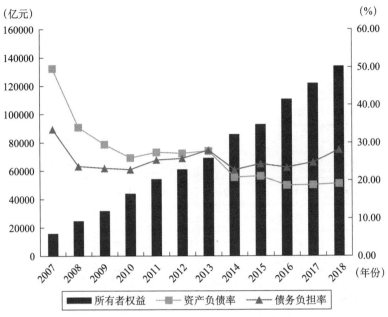

图 2.22 华北地区所有者权益及债务指标

如图 2.23 所示，东北地区的资产负债率是各地区中最高的，2007 年和 2011 年都在 50% 以上，前期水平相对较高，从 2015 年起开始下降，到 2018 年降至 31.73%，政府潜在债务风险得到了有效的控制，但辽宁和吉林均值分别为 47.63% 和 52.85%，排名分别为第 5 位和第 3 位，在全国范围内属前列，尤其是辽宁，其资产负债率一直保持在相对较高的位置，应当关注其潜在的债务风险；债务负担率基本保持平稳，在 2018 年有小幅回升，为 40.46%，总体水平维持在 30% 左右，同样，辽宁 33.78% 的平均水平在全国排名第 8 位，是东三省中最高的。东北地区虽然在各地区中处于相对较高的水平，但政府仍旧具备基本的偿债能力。

如图 2.24 所示，华东地区的资产负债率相对较低，保持在 35% 以下的水平，且呈下降趋势，各省份的资产负债率均值也都位于较低水平，最高的浙江和福建均值为 32%，在全国内排名分别为第 14 位和第 15 位，同时华东地区的所有者权益规模十分庞大，可见政府具有强大的财力足以应对潜在的风险；债务负担率是各地区中平均水平最低的，增长趋势保持了基本稳定，平均水平维持在 17% 左右，各省份的债务负担率均值同样较低，在全国排名中都处于靠后位置，可见发生债务风险的可能性较低。

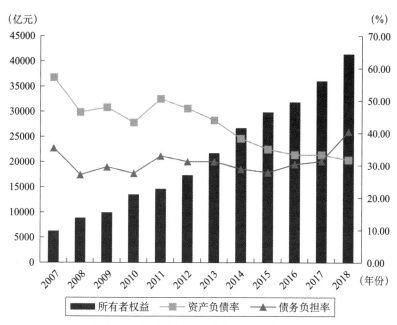

图 2.23　东北地区所有者权益及债务指标

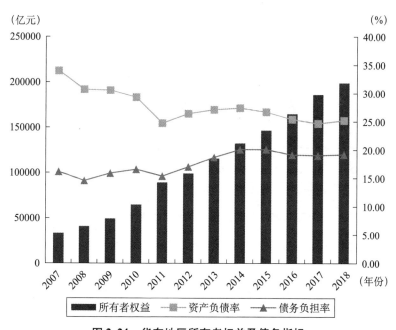

图 2.24　华东地区所有者权益及债务指标

如图2.25所示，华中地区资产负债率总体上水平较高，除2016年和2017年为28%外，其余年份均在30%以上，11年内平均水平为40%，总体上呈降低趋势，在2012年小幅回升后保持下降，湖南和湖北两省的资产负债率均值较高，湖北省41.38%，排名第9位，而湖南省的均值高达59.94%，排名第2位，尽管从2016年起有所降低，但2015年之前其资产负债率始终保持在58%以上的较高水平，其负债扩张的规模与速度较突出，政府需关注潜在的风险；债务负担率相对稳定，整体水平在20%上下波动，从省份来看，河南和湖北的均值较低，排名靠后，湖南仍旧相对靠前，其债务负担率均值为31.76%，在全国范围内排名第11位，总体上看，近几年有显著降低，政府应继续加强债务方面的管控以避免风险积累。

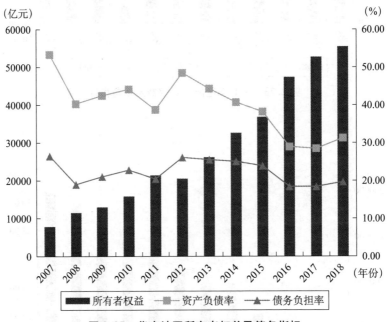

图2.25 华中地区所有者权益及债务指标

如图2.26所示，华南地区的资产负债率明显地下降，从2007年的40.73%下降至2018年的22.16%，2016年起维持在22%左右的水平上，但广西和海南两地的资产负债率较高，广西11年内的均值为44.44%，排名第7位，海南的均值为49.48%，排名第4位。与地区整体水平变动趋势相同，两地的资产负债率从2016年起有明显回落，可见当地政府关注到了这一问题并采取了相关措施；债务负担率的变动趋势没有明显的起伏，整体保持在 19% 的水平上，但海南的均值相对较高，其 41.40% 的均值在全国排名第 6 位，并且在近几年有上升的趋势，说明海南的债务扩张速度与地方 GDP 增速相比较快，海南近年来有不错的发展，但仍需关注政府的债务安全。

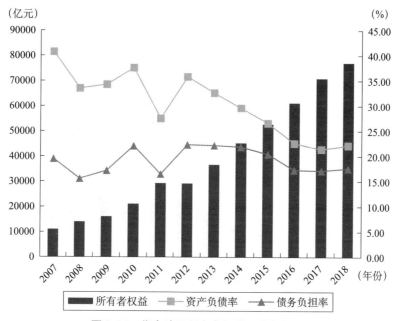

图 2.26 华南地区所有者权益及债务指标

如图 2.27 所示，西南地区的资产负债率较高，2007~2018 年始终保持在 30%~50% 的范围内，平均水平为 41.06%，仅次于东北地区，其中，贵州、重庆、云南三地的资产负债率较高，尤其是贵州，均值高达 63.63%，是全国各省份中排名最高的，在 2014 年曾出现 82.03% 的高值，研究期间保持了相对稳定，尽管近几年略有下降，但仍处于较高水平，贵州近年来取得了明显的发展，但其债务问题应当引起关注。重庆和云南分别为 45.96% 和 43.53%，排名第 6 位和第 8 位，重庆从 2015 年起有明显的降低，保持在 25% 左右的水平，较前期相比政府偿债能力有显著提升。债务负担率在 2011~2015 年有显著提升，达到 40% 以上，其中，贵州、重庆、云南三地的债务负担率数值同样较高，贵州以 62.18% 排名全国第 1 位，在 2014~

2016年出现高值，原因是这一时间段内贵州的负债规模有显著提升，重庆在2011~2013年出现了高值，但在后期逐渐降低，稳定在23%左右，云南则相对稳定，围绕其均值43%小幅波动，地区总体债务负担率在2014年后超过了资产负债率的值，是由于在资产负债规模的数值估算上存在一定程度的高估。总体上看，西南地区与其他地区相比债务风险略高，尤其应当重点关注贵州、重庆、云南三地。

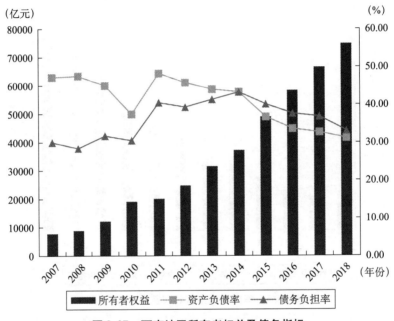

图2.27　西南地区所有者权益及债务指标

如图2.28所示，西北地区资产负债率的变化幅度不大，总体维持在20%~35%的范围内，从2008年起逐渐上升至2014年的34.16%后开始下降，2016年开始保持相对稳定的状态，基本稳定在23%左右，西北地区内资产负债率最高的是甘肃，其均值为41.06%，全国排名第10位，青海和宁夏分别为34.49%和33.66%，排名第12位和第13位，陕西和新疆则排名靠后，属于较低水平。债务负担率的变动趋势与资产负债率相似，2008~2014年不断上升，后有所下降，2014年出现了最高值41.99%，且在2016年后的三年内仍有小幅上升的趋势，从各省份情况来看，甘肃、青海、宁夏、新疆四地的债务负担率均处于较高水平，在全国排名前10位的省份中西北地区占有四席，最高值为青海的 50.77%，排名第 2 位；甘肃为 44.35%，排名第 3 位，宁夏为 41.80%，排名第 5 位；新疆为 32.16%，排名第 9 位，可见西北地区的债务负担率整体偏高，当地的经济规模承载政府债务的压力较大，地方政府存在一定的债务违约风险。与其他地区不同的是，从 2009 年起，西北地区债务负担率超过了资产负债率，因本次编制在指标选取及数据估算上存在一定误差，可能会导致对资产的统计出现高估，使得资产规模高于当地 GDP 规模，从而导致债务负担率较大。

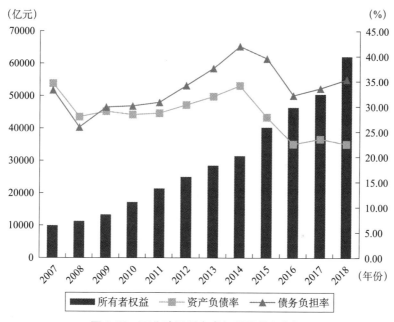

图 2.28　西北地区所有者权益及债务指标

综上所述，从所有者权益和相关风险指标来看，各地区的权益保持了稳定的增长态势，规模最大的同样是华东地区。资产负债率各地区总体上都呈降低趋势，东北地区和西南地区平均水平较高，贵州、湖南和吉林的数值偏高，说明政府部门的资金来源于债务的比例较大，一旦产生风险，资金链断裂，政府财政资金的偿债能力不足，容易造成系统性风险，因此，应对指标较高的地区及省份的政府债务加强管理，对潜在的风险保持警觉。各地区的债务负担率基本保持稳定，西南地区和西北地区略有上涨，同时也是数值较高的两个地区，贵州、青海和甘肃是债务负担率最高的三个省份，其政府债务占当地生产总值的比重较大，一方面体现了当地的经济发展水平还有待提高，另一方面说明了政府债务对当地经济发展的影响较大，政府部门的债务承受能力相对较弱，应当对其债务扩张的规模与速度给予关注。

四、债务风险分析

（一）或有权益资产负债表编制原则及理论依据

或有权益资产负债表基于期权定价理论，将部门股权的市场价值看作一个看涨期权，而将部门的违约担保看作是一个看跌期权。部门资产的市场价值 A_m 等于该部门债务的市场价值 D_m 和股权的市场价值 J_m，其中债务市值 D_m 是无风险债务减去债务担保的差额。

计算或有权益资产负债表的资产市场价值和资产波动率如下：

$$\begin{cases} J_m = N(d_1)\, A_m - \overline{DB}\, e^{-rT} N(d_2) \\ J_m\, \sigma_J = A_m\, \sigma_A N(d_1) \end{cases} \tag{2.6}$$

其中，

$$d_1 = \frac{\ln(A_m / \overline{DB}) + (r + \sigma_A^2/2)\,T}{\sigma_A \sqrt{T}} \tag{2.7}$$

$$d_2 = \sigma_A \sqrt{T} \tag{2.8}$$

$$\sigma_J = \sqrt{\tau} \times \sqrt{\mathrm{Var}\left(\ln\left(\frac{J_m(t+1)}{J_m(t)}\right)\right)} = \sqrt{\tau}$$

$$\times \sqrt{\frac{1}{n-1}\left[\ln\left(\frac{J_m(t+1)}{J_m(t)}\right) - \frac{1}{n}\sum_{t-1}^{n}\ln\left(\frac{J_m(t+1)}{J_m(t)}\right)\right]^2}$$

$$\tag{2.9}$$

其中，σ_A 为资产波动率，σ_J 为股权波动率，$\overline{DB}$ 为部门违约点，即无风险债务，r 为无风险利率，T 为剩余偿债期限，一般以年为单位，N(d) 为标准正态分布的累积概率分布函数，J_m 为上市企业部门的日收盘价，n 为上市企业部门样本容量，τ 为期限内交易日的天数。

违约担保可以看作资产价值的看跌期权，根据平价关系得到违约担保的价值为：

$$G = \overline{DB}e^{-rT}N(d_2) - A_mN(-d_1) \tag{2.10}$$

（二）科目设置、数据来源及估算方法

（1）权益市值。政府部门权益的市场价值利用国债市场进行估算，通过对权益账面价值按比例处理后得到：

$$权益市值 = \frac{全国国债市场价值}{全国国债账面价值} \times 权益账面价值 \tag{2.11}$$

（2）违约点。违约点选取政府部门总负债的账面价值。

（3）权益市值波动率。权益市值波动率为 91 天国债回购利率的波动率。

（4）无风险利率。无风险利率选取一年期存款利率。

（5）资产市值。资产市值通过式（2.6）计算可得。

（6）债务市值。债务市值为资产市值与股权市值的差额。

（7）资产负债率。

$$资产负债率 = \frac{总负债账面价值}{总资产账面价值} \tag{2.12}$$

（8）或有资产负债率。

$$或有资产负债率 = \frac{债务市场价值}{资产市场价值} \tag{2.13}$$

（9）违约距离。

$$DD = (A_m - \overline{DB})/A_m\sigma_A \tag{2.14}$$

其中，DD 为违约距离，A_m 为资产市值，$\overline{DB}$ 为违约点，σ_A 为资产波动率。

（10）违约概率。

$$PD = N(-d_2) \tag{2.15}$$

其中，PD 为违约概率，N(d) 为标准正态分布的累积概率分布函数。

（三）资产市值与债务市值

如表 2.5 所示，从排名的角度看，除了山西、上海、湖南、贵州以外，其他省份的资产市值、债务市值的排名大致具有一致性。山西和上海均为资产市值排名靠前、负债市值排名靠后，湖南和贵州则相反。经济发展水

平高的北京、广东、山东、浙江、江苏各项排名依旧靠前，青海、西藏、宁夏、甘肃、海南排名靠后，根据行政划分区域来看，排名靠前的区域除北京外多为华东和华北地区，排名靠后的区域则集中于西南和西北地区，区域差异十分明显。

表2.5　　　　　各省份政府部门资产市值及负债市值均值排名

地区	省份	资产市值均值排名	负债市值均值排名	地区	省份	资产市值均值排名	负债市值均值排名
华北区	北京	3	9	华中区	湖北	15	13
	天津	24	25		湖南	16	7
	河北	9	10	华南区	广东	1	1
	山西	8	23		广西	23	16
	内蒙古	14	12		海南	29	28
东北区	辽宁	10	5	西南区	重庆	21	19
	吉林	26	22		四川	7	6
	黑龙江	17	21		贵州	22	8
华东区	上海	6	20		云南	18	11
	江苏	2	2		西藏	31	31
	浙江	5	4	西北区	陕西	11	17
	安徽	12	15		甘肃	27	27
	福建	19	18		青海	30	30
	江西	25	24		宁夏	28	29
	山东	4	3		新疆	20	26
华中区	河南	13	14				

（四）或有资产负债率

如图2.29所示，政府部门或有资产负债率受市场因素影响较大，与账面资产负债率水平有较大差异。不同于账面比率始终维持在30% ~ 40%的水平，样本期间内各省份的或有比率均值从2007年开始下降，2012年达到低点，随后开始升高，2014 年又开始下降，并于 2015 年达到最低点，之后逐渐上升向账面资产负债率水平靠拢。

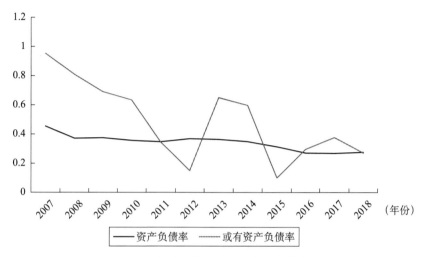

图 2.29　政府部门资产负债率和或有资产负债率年均值对比

　　如图 2.30 所示，政府部门各省份的或有资产负债率排名情况和账面资产负债率的排名基本一致，账面资产负债率普遍低于或有资产负债率。其中辽宁、吉林、湖南、海南、贵州的或有资产负债率和账面资产负债率相对较大，但两者差距较小。

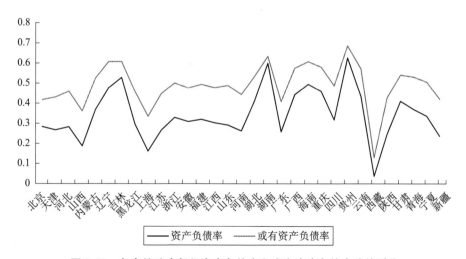

图 2.30　各省份政府部门资产负债率和或有资产负债率均值对比

第三节　小　　结

　　本章在编制的全国 31 个省份 2007～2018 年政府资产负债表的基础上，从资产负债规模、结构以及相关指标的角度进行分析，从而对地方政府的债务风险进行识别和评估。从资产负债规模的角度看，我国地方政府资产规模庞大且保持逐年增长的态势，华东地区以绝对优势领先于其他地区，广东的资产规模在全国范围内最高，西南地区增长速度最快。总体上看，资产负债规模与经济发展水平正相关，东部沿海地区发达的经济使其拥有大量的资产，同时也借入大量债务。从资产负债结构的角度看，各地区的金融资产比重均明显大于非金融资产，且扩张的规模更快。资产负债率各地区总体上都呈降低趋势，东北地区和西南地区平均水平较高，贵州、湖南和吉林的数值偏高。总体上看，我国地方政府的资产雄厚，负债规模适度，债务风险处于可控范围内。从债务风险分析的角度看，除个别省份以外，其他省份的资产市值、债务市值的排名大致具有一致性。排名靠前的区域除北京外多为华东和华北地区，排名靠后的区域则集中于西南和西北地区，区域差异十分明显。政府部门各省份的或有资产负债率排名情况和账面资产负债率的排名基本一致，账面资产负债率普遍低于或有资产负债率。

第三章　金融部门债务杠杆测度

本章介绍了金融部门资产负债表编制的概念界定、编制现状、编制依据、基本框架和估算方法，并对全国31个省份2007~2018年金融资产负债表进行编制。在此基础上，从资产负债规模、资产负债结构以及相关指标的角度进行分析，对我国金融部门的债务风险进行识别和评估。

第一节　金融部门资产负债表编制

一、编制现状

区别于其他部门的杠杆，金融杠杆通常是用来描述金融业对其他部门的贷款状况，其他部门的贷款即为金融部门的资产，常采用信贷/GDP衡量，去金融杠杆本质上就是去其他部门的贷款杠杆。但为了研究方便，我们从资产负债表的角度入手，通过比较资产负债率来考察金融部门的杠杆状况，进而通过对或有权益下的违约概率及违约距离来判断市场中金融部门的违约风险大小。

在分析一国或地区的部门债务状况及杠杆率时，资产负债表无疑是重要的基础工具。早在1936年，就有美国学者提出把企业资产负债表编制技术应用于国民经济的构想。自1975年开始，英国国家资产负债表正式由官方发布。目前，各国在编制国家资产负债表时使用最多的方法是由联合国和世界银行等国际组织联合推出的《国民经济核算体系2008》（SNA2008）。

对于国内现有的金融部门资产负债表的编制，目前存在两种方向：第一类是全局式的研究，对于全国宏观分部门的资产负债表编制；第二类是针对某个地区的单一金融部门资产负债表编制。

目前，国内有三个代表性非官方团队正在从事宏观资产负债表的编制和研究工作，分别是马骏团队、曹远征团队和李扬团队，具体成果包括马骏团队的《中国国家资产负债表研究》、曹远征团队的《问计国家资产负债表》、李扬团队的《中国国家资产负债表 2013——理论、方法与风险评估》《中国国家资产负债表 2015——杠杆调整与风险管理》《中国国家资产负债表 2018》等。三大团队都形成了较为系统的宏观资产负债表理论体系，并为后续相关研究的开展提供了重要的技术支撑和丰富的研究视角。

李扬团队在《中国国家资产负债表 2018》一书中编制了 1952～2016 年金融机构部门资产负债表，以 1993 年为分割线，编制了现代金融制度确立前后两种状态下的金融机构部门资产负债表。这次编制的估算将企业资产负债表在 SNA 体系下转化为国家资产负债表，从大类上把金融机构划分为商业银行、非银行金融机构和中央银行三个部分进行梳理，同时将该部门各项资产具体地划分为金融资产与非金融资产。

赵建斌（2019）从理论层面综合构建了金融业的统计分析框架，根据国际货币基金组织（IMF）和我国金融统计的实际情况，将现有金融业综合统计核心指标简化归并，设计了以资产负债表为中心的一系列相关财务报表。该资产负债表将资产划分为货币黄金和特别提款权、现金、交易性黄金、存款、债务证券、贷款、股权及投资基金份额、金融衍生产品、自营外汇、应收及预付款、委托代理、其他金融资产、非金融资产共 13 类，将负债划分为流通中货币、存款、债务证券、贷款、金融衍生产品、保险技术准备金、减值准备、自营外汇、应收及预付款、委托代理、其他金融负债共 11 类，为资产负债表的具体编制工作提供了一定的理论基础。

由于系统地建立详细的各地区分部门资产负债表较为困难，因而学者们通常选择某特定地区作为切入案例来进行金融部门资产负债表编制。

王立荣（2019）以北京市为样本编制金融部门账面资产负债表，将总资产和总负债分别按照流动性划分为流动资产与长期资产以及流动负债与长期负债，从期限错配的角度对北京市的金融风险做出了分析与建议。

耿建新（2020）以河北省正定县为调研区域，在《货币与金融统计手册及编制指南2016》（Monetary and Financial Statistics Manual and Compilation Guide 2016）这一国际标准下，研究了该县级金融部门资产负债表的构建及其编制流程，为全国和地方金融部门资产负债表的编制与运用工作提供了一种基于会计视角的研究思路，使用市场价格与名义价值作为计价原则来统计资产与负债的价值，重视不同来源、级次报表间数据的往来关系与勾稽关系，尽可能减少计算结果的偏差。

总体上看，对于金融部门的资产负债表编制工作主要在于理论上的进展以及实际的数据统计，又由于编制具体资产负债表的工作烦琐且任务量巨大，因而对于统计编制表格数据的研究工作并不多见，尚未有团队对分地区各部门的资产负债表进行详细的编制。

二、编制依据

在编制金融部门的账面资产负债表的过程中，由于数据的来源较为复杂，因此要注意说明清楚数据的来源与估算途径，尽可能做到口径统一，对于无法统一的口径要予以说明。

本次编制中金融部门的账面资产主要以金融资产为主，将银行类金融机构的资产总额作为当年金融部门的金融资产，其账面负债为金融机构总负债余额。编制以联合国向世界各国发布的国民经济核算体系或称国民账户体系SNA2008为理论基础开展。

三、基本框架

对于资产负债表而言，编制的主体应为资产科目、负债科目以及所有者权益三类，如表3.1所示。本次编制，我们对金融部门总资产的划分有两种方式：一是按照资产的流动性将其分为流动资产与长期资产，其中流动资产包括短期贷款、票据融资及其他，长期资产包括中长期贷款及其他；二是按照持有资产所使用的计价币种将其分为本币资产与外币资产。金融部门的总负债按照负债的计价货币分为本币负债和外币负债。金融部门的所有者权益为总资产与总负债之差。

表3.1　　　　　　　　　　金融部门资产负债表基本框架

资产		负债
流动资产	短期贷款	
	票据融资	
长期资产	中长期贷款	权益

四、估算方法

本小节将对金融部门的宏观账面资产负债表中所涉及科目中的数据，进行来源与估算方法的汇总。部分数据从各个地区的金融运行报告、中国人民银行官网及各省分行官网等官方数据披露机构。部分数据在官方机构的年份披露不全，对此我们在增长率估计、平均占比估计等多种可供选择的估算方式之中，选择相对最为合适的方式来确定缺失数据。部分科目的设置，其数据是依据其他科目进行估测和计算的，公式的设定也将在本小节给出。

总资产：数据来源于中国人民银行官网上发布的《中国区域金融运行报告》以及各省份的年度金融运行报告，我们将报告中当年银行类金融机构情况中的"资产总额"合计作为金融部门的账面总资产。

流动资产：以短期贷款和票据融资占贷款余额的比例作为金融部门的短期资产占总资产的比，即：

$$流动资产 = \frac{(短期贷款 + 票据融资)}{本外币贷款余额} \times 总资产 \qquad (3.1)$$

其中，短期贷款、票据融资、本外币存款余额全部来自中国人民银行官网披露的各省份年度金融运行报告的附录二，选择12月数据作为当年的最终数据。

长期资产：长期资产为总资产与流动资产之差，即

$$长期资产 = 总资产 - 流动资产 \qquad (3.2)$$

其中，包括的中长期贷款的数据来源与流动资产中的短期融资、票据融资相同。

本币资产：以人民币贷款余额占本外币贷款余额的比例作为本币资产

占比，即：

$$本币资产 = \frac{人民币贷款余额}{本外币贷款余额} \times 总资产 \tag{3.3}$$

其中，人民币贷款余额的数据也来源于各省份的年度金融运行报告的附录二。

外币资产：以外币贷款余额占本外币贷款余额的比例作为外币资产占比，即：

$$外币资产 = \frac{外币贷款余额}{本外币贷款余额} \times 总资产 \tag{3.4}$$

由于外币贷款余额在金融运行报告中的计价货币是美元，为了统一货币口径，有：

$$外币贷款余额 = 本外币贷款余额 - 人民币贷款余额 \tag{3.5}$$

总负债：部分地区的金融部门总负债可以在中央人民银行各地分行官网中找到相关数据，这里只有山西数据可被全部获取，其他 30 个省份均有需估算的数据。具体的估算方式有两种：对于连续 5 年及以上有已知数据存在的地区，其数据缺失的年份采用就近已知 5 年的总负债占总资产的平均比例估算；对于未在地区分行官网找到数据（或者可找到的披露数据低于连续 5 年）的省份，缺失年份数据用该地当年金融部门总资产占当年全国总资产的比例作为该地当年金融部门总负债占当年全国银行业总负债的比来估算，即：

$$地区金融总负债 = \frac{该地金融总资产}{全国银行业总资产} \times 全国银行业总负债 \tag{3.6}$$

其中，全国银行业总资产与全国银行业总负债数据来源于中国人民银行官网。

（1）存在连续 5 年及以上已知数据的省份（14 个）：

天津 2007～2014 年的金融部门总负债在中国人民银行天津市分行官网中未披露，选用 2011～2015 年天津总负债占总资产的平均比例，分别与 2007～2014 年的总资产相乘，即可估算出对应年份的总负债，以下地区同理；辽宁缺失 2007～2013 年数据，用 2014～2018 年的平均比例估算；吉林缺失 2007～2013 年数据，用 2014～2018 年的平均比例估算；黑龙江缺失 2007～2013 年数据，用 2014～2018 年的平均比例估算；江苏缺失 2007～2013 年及 2019 年数据，用 2014～2018 年的平均比例估算；浙江缺失 2007～

2009 年及 2018 年、2019 年数据，用 2010 ~ 2014 年的平均比例估算 2007 ~ 2009 年，用 2013 ~ 2017 的平均比例估算 2018 年、2019 年；福建缺失 2007 ~ 2010 年及 2018 年、2019 年数据，用 2011 ~ 2015 年的平均比例估算 2007 ~ 2010 年，用 2013 ~ 2017 的平均比例估算 2018 年、2019 年；山东缺失 2007 年数据，用 2008 ~ 2012 年的平均比例估算；河南缺失 2007 ~ 2011 年数据，用 2012 ~ 2016 年的平均比例估算；湖南缺失 2007 ~ 2009 年、2015 年及 2017 ~ 2019 年数据，用 2010 ~ 2014 年的平均比例估算；广东缺失 2007 ~ 2009 年数据，用 2010 ~ 2014 年的平均比例估算；贵州缺失 2007 ~ 2010 年及 2012 年、2018 年数据，用 2013 ~ 2017 年的平均比例估算；云南缺失 2007 ~ 2010 年数据，用 2011 ~ 2015 年的平均比例估算；甘肃缺失 2007 ~ 2011 年数据，用 2012 ~ 2016 年的平均比例估算。

（2）不存在连续 5 年及以上已知数据的省份（16 个）：

北京、河北、内蒙古、上海、安徽、湖北、重庆、青海、宁夏的金融部门总负债均未在该地区的人民银行分行中找到披露数据，则各地区每年的金融总负债都需用该地区金融总资产与全国银行业总资产之比再乘以全国银行业总负债来估算；江西缺失 2007 ~ 2018 年数据，广西缺少 2007 ~ 2014 年及 2018 年、2019 年数据，海南缺失 2007 ~ 2015 年及 2019 年数据，四川缺失 2007 ~ 2012 年及 2016 ~ 2018 年数据，西藏缺失 2007 ~ 2013 年及 2018 年、2019 年数据，陕西缺失 2007 ~ 2017 年数据，新疆缺失 2007 ~ 2017 年数据。

负债包括为本币负债与外币负债的和。类似于本币资产，本币负债是以人民币存款余额占本外币存款余额的比例作为本币负债占比，即：

$$本币负债 = \frac{人民币存款余额}{本外币存款余额} \times 总负债 \qquad (3.7)$$

其中，人民币存款余额、本外币存款余额的数据也来源于各省份的年度金融运行报告的附录二。

同样地，有：

$$外币负债 = \frac{外币存款余额}{本外币存款余额} \times 总资产 \qquad (3.8)$$

$$外币存款余额 = 本外币存款余额 - 人民币存款余额 \qquad (3.9)$$

第二节 金融部门债务杠杆测度

一、资产负债规模

金融体系的运作对地区经济发展起到了极大的推动作用，但同时也要警惕金融杠杆过高导致金融风险加剧，进而会引起系统性风险的可能。因此，本节根据金融部门宏观账面资产负债表的数据结果对全国 31 个省份金融部门 2007～2019 年的总资产及其增长率、总负债及其增长率、资产负债率以及流动资产占比进行分析。

（一）金融部门总资产

总体上看，2007～2019 年，各地区金融部门的总资产呈增长的趋势。广东、北京两地的金融部门总资产明显高于其他区域，紧随其后的是江苏、上海、浙江及山东，位于最末的是西南地区的西藏、西北地区的宁夏以及华南地区的海南，如图 3.1 所示。显然，各地区金融部门的资产状况与其经济发展水平有一定的联系，GDP 高的地区，金融业发展较好，金融部门的总资产相对于经济发展弱的地区规模更大。

从各地区 GDP 数据来看，广东、江苏、山东、浙江位于全国前列，其经济水平与金融发展较好，金融机构发放的贷款较多，总资产也就更高。而北京、上海作为直辖市，地区生产总值体量相对于省级来说会小，但由于北京、上海是国家中心城市，其金融繁荣，金融发展远超其他地区，资金流量大且流速快，金融部门总资产也相应较高。

图 3.2 是 2007～2019 年各地区金融部门总资产的增长状况，总体上金融部门总资产随时间推移呈上涨趋势。从表 3.2 中可以看出，总体增长率最高的五个地区依次是西藏、贵州、江西、重庆、安徽；最低的五个区域依次是上海、广东、黑龙江、山西、辽宁。上海、广东作为国内金融发展最好的两个地区之二，其 12 年来的增长幅度却排在最后，原因可能是发展起点本身较高，2007 年时上海、广东金融资产的规模体量已经相对较大了。西藏在

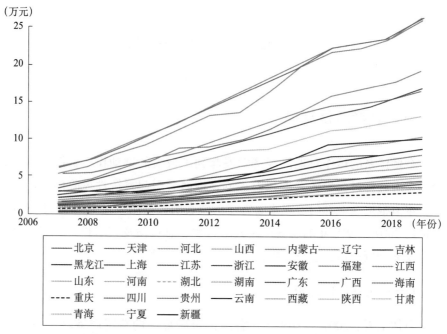

（万元）

图 3.1　2007～2019 年各地区每年金融部门总资产情况

12 年间资产的增长率高达 1000.30%，原因可能是西藏地处我国西南位置，地域特殊，交通运输不便，与其他地区交流较少，经济发展规模始终处于低位，12 年来随着交通系统的完善和互联网的普及与发展，西藏内外交流越来越便捷，由此带来的巨大变化使得西藏金融部门的总资产达到极高的增长率。

　　从表 3.2 可看出，金融部门总资产增长率低的地区更多是东南沿海地区以及东北地区。东南沿海地区整体的经济发展水平都较高，在 2007 年就已经位于前列；而东北地区的经济增长主要依靠当地资源，近年来资源枯竭以及人口外流，导致地区发展缓慢。金融部门总资产增长率高的地区更多为地理位置不是很好的中西部地区，早年的交通运输不便使其经济发展缓慢，金融总资产在 2007 年时水平较低，之后随着交通体系的完善，多数地区都制定了较为合适的发展战略，大力发展旅游产业，地区经济发展从而带动其金融业的发展，金融总资产因此快速上涨。贵州是典型的以环境友好的"绿色贵州"作为发展战略，良性的可持续使得贵州近些年异军突起；而地处华北地区的山西同东北地区一样也是典型的资源依赖型省份，但在发展过程中转型困难，金融业也因此受到限制，总资产上涨缓慢。

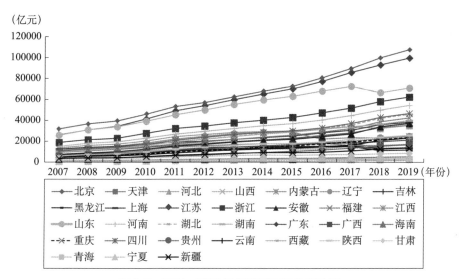

（亿元）

图例：
北京　天津　河北　山西　内蒙古　辽宁　吉林
黑龙江　上海　江苏　浙江　安徽　福建　江西
山东　河南　湖北　湖南　广东　广西　海南
重庆　四川　贵州　云南　西藏　陕西　甘肃
青海　宁夏　新疆

图 3.2　2007～2019 年各地区每年生产总值

表 3.2　　　　　　　　　2007～2019 年 12 年间总资产的增长率

地区	12 年间总资产的增长率（%）
上海	217.34
广东	327.79
黑龙江	333.31
山西	344.81
辽宁	349.93
吉林	363.09
云南	385.51
山东	394.49
浙江	395.99
天津	399.10
北京	409.50
江苏	421.17
河北	436.97
河南	472.68

地区	12 年间总资产的增长率（%）
陕西	474.94
湖南	489.12
湖北	494.81
内蒙古	501.43
四川	508.47
新疆	509.11
海南	513.52
青海	521.29
宁夏	531.43
广西	533.76
甘肃	545.79
福建	578.39
安徽	579.87
重庆	615.30
江西	660.10
贵州	813.46
西藏	1000.30

就增长速度而言，金融部门总资产的增长速度大致呈现出下降的趋势，如图 3.3 所示。对于大多数地区，受限于 GDP 增速下降，金融部门的总资产增速放缓，部分地区在 2018 年与 2019 年甚至出现了负增长，原因可能是由于自 2008 年全球金融危机后，保证金融部门的稳定性始终是政府及央行需要重点关注和解决的问题，金融部门在逐步去杠杆的过程中，其发展速度也会受到一定的影响。

（二）金融部门总负债

总体上看，2007~2019 年，各地区金融部门的总负债也呈增长的趋势。与总资产状况类似，广东、北京两地的金融部门总负债也明显高于其他区域，紧随其后的是江苏、浙江、上海及山东，位于最末的是西南地区的西

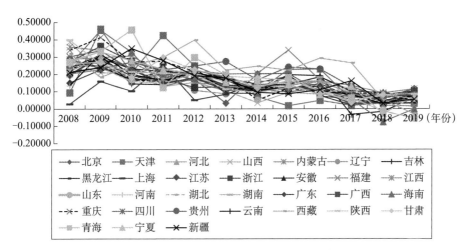

图3.3　各地区每年金融部门总资产增长率

藏、西北地区的宁夏以及华南地区的海南，如图3.4所示。各地区金融部门总负债的逐年增长是适应于地区金融增长及金融部门资产增长的，在对总负债缺失数据进行估算时，我们也默认总负债随着金融发展和总资产的增长一起变化。

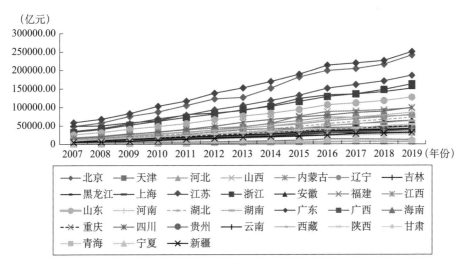

图3.4　2007～2019年各地区每年金融部门总负债情况

从增长率的角度看，金融部门总负债的增长速度与总资产的增长速度大致上保持一致，总体上呈现出下降的趋势，如图3.5所示，说明我国各地区的金融去杠杆产生了一定的效果。在图 3.5 中，可以明显地看到辽宁在 2017 年金融部门总负债出现了大幅下降的情况，这是因为人民银行辽宁省分行的官网对 2017 年、2018 年、2019 年金融部门总负债的披露口径发生了变化，在负债总计中不再包括大连，辽宁 2017 年之后的负债数据与之前年份的数据不具有可比性。

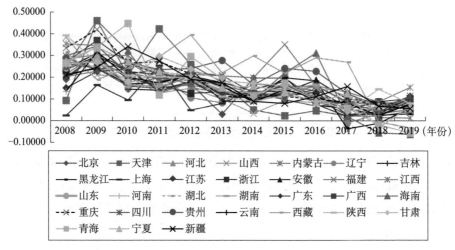

图 3.5　2007～2019 年各地区每年金融部门总负债增长率

二、资产负债结构

对于金融部门资产结构而言，各省份的金融部门流动资产占比总体上较为稳定，呈现出轻微下降的趋势，但地区间流动资产占比差异较大，如图 3.6 所示。吉林 2016 年的流动资产占比骤降归因于当年金融运行报告中披露的短期贷款出现的大幅下降。

为进一步比较各省份间金融部门的资产结构差异，对样本期间内各地区流动资产占比均值进行排序，如表 3.3 所示。通过对比可以看出，分别排名第 1 位、第 2 位的浙江、山东金融部门流动资产占比超过 50%，其后的黑龙江、河南、江苏占比也在 45% 以上；排名最后五位的地区分别是西藏、江西、贵州、海南和广西，其流动资产占比均低于 25%。过高的流动资产占比可能意味着因资产流动性过强而影响到资产的收益水平。较低的流动

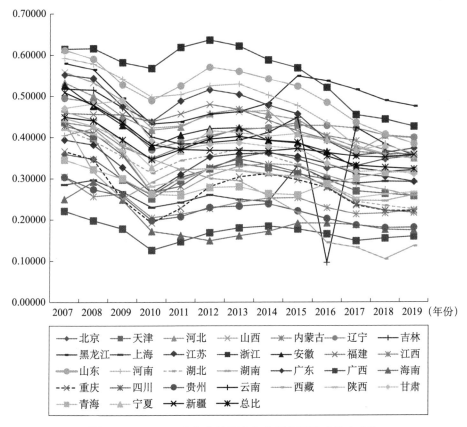

图3.6 2007~2019年各地区每年金融部门流动资产占比

资产占比可能意味着资产流动性不足，长期资产过高，发放的长期贷款较多，风险性较高。因此，需要权衡好流动性、风险及收益间的关系。

三、债务杠杆测度

（一）资产负债率

2007~2019年我国金融部门资产负债率整体上变化幅度很小，全国总资产负债率相差不超过2个百分点，如图3.7所示，这是由于金融部门账面资产的增长和账面负债的增长高度重合，两者增长具有同步性，使得账面资产负债率这一数值变化不大。

表 3. 3　　　　各地区金融部门流动资产占比 2007～2019 年均值排名

区域	省份	流动资产占比均值（%）	排名	区域	省份	流动资产占比均值（%）	排名
华北区	北京	33.17	17	华中区	湖北	32.58	19
	天津	31.26	22		湖南	32.70	18
	河北	43.34	7	华南区	广东	33.47	16
	山西	44.44	6		广西	17.01	31
	内蒙古	39.71	12		海南	19.47	30
东北区	辽宁	42.38	9	西南区	重庆	27.19	26
	吉林	39.94	10		四川	30.97	23
	黑龙江	49.84	3		贵州	22.46	29
华东区	上海	27.53	25		云南	31.96	20
	江苏	45.66	5		西藏	24.71	27
	浙江	55.83	1	西北区	陕西	31.55	21
	安徽	39.74	11		甘肃	38.53	15
	福建	42.68	8		青海	29.17	24
	江西	23.87	28		宁夏	39.28	13
	山东	51.18	2		新疆	39.08	14
华中区	河南	46.11	4				

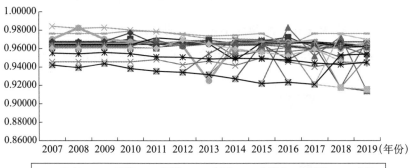

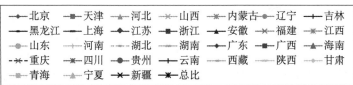

图 3.7　2007～2019 年各地区每年金融部门资产负债率

　　由于金融机构资产负债具有特殊性，因而负债占资产比重较大，各省份金融部门的资产负债率都在90%以上。对各省份2007～2019年的资产负债率均值进行排名，如表3.4所示。在对于北京、河北、内蒙古、安徽、湖北、重庆、青海、宁夏八个地区的负债估算中，由于全部年份数据的不可获得，故采用全国金融业的总负债与总资产之比作为各地区的资产负债占比，因而这八个地区的资产负债率保持一致。在金融部门资产负债率均值的排名中，湖南资产负债率最高，山西紧随其后，排名最末的是上海。资产负债率高意味着地区金融部门的净资产占比低，自有资本需要进一步提升。

表3.4　　　　　各地区金融部门资产负债率2007～2019年均值排名

区域	省份	资产负债率均值（%）	排名	区域	省份	资产负债率均值（%）	排名
华北区	北京	93.02	23	华中区	湖北	93.02	23
	天津	96.01	12		湖南	97.54	1
	河北	93.02	23	华南区	广东	96.63	5
	山西	97.34	2		广西	93.84	19
	内蒙古	93.02	23		海南	94.12	17
东北区	辽宁	93.81	20	西南区	重庆	93.02	23
	吉林	96.44	8		四川	94.28	16
	黑龙江	96.64	4		贵州	96.24	11
华东区	上海	93.02	31		云南	96.43	10
	江苏	96.60	6		西藏	94.40	15
	浙江	96.66	3	西北区	陕西	93.88	18
	安徽	93.02	23		甘肃	95.80	13
	福建	94.51	14		青海	93.02	23
	江西	93.28	22		宁夏	93.02	23
	山东	96.44	9		新疆	93.58	21
华中区	河南	96.51	7				

（二）债务收入比

如图 3.8 所示，除北京、上海和西藏外，2007～2019 年其他省份金融部门的债务收入比整体上呈上升趋势，但变动幅度很小。债务收入比的大小取决于该地区总负债与 GDP 的差距的大小，若负债与 GDP 的差距较大，则债务收入比相对凸显。其中，北京金融部门的债务收入比最为突出，样本期内均位于全国最高水平，且与其他省份差距很大。北京市的债务总额和 GDP 总额均呈逐年上升趋势，样本期内 GDP 均值排名第 13 位，负债总额排名第 2 位，两者差距较大，因而债务收入比最大。与北京市情况类似，上海样本期内 GDP 均值排名第 10 位，负债总额排名第 4 位，债务收入比也相对较大，仅次于北京。西藏的债务收入比在 2007～2011 年基本位于全国平均水平，2011 年之后开始增加，与其他省份差距较大。

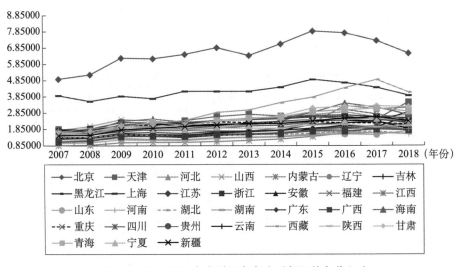

图 3.8 2007～2019 年各地区每年金融部门债务收入比

四、债务风险分析

（一）或有权益资产负债表编制

由于资产市场价值存在波动，我们通过编制包含市场信息的或有权益资产负债表来增强资产负债表在实际市场中的可用性。对于金融部门或有权益资产负债表的编制，是将其视作一个整体，以上接近于公司财务资产负债表的思考方式，将金融部门看作一个看涨期权或看跌期权来分析。基本模型如下：

金融部门资产市场价值等于负债市场价值与权益市场价值之和，即：

$$A_m(t) = D_m(t) + J_m(t) \tag{3.10}$$

其中，$A_m(t)$ 为金融部门资产的市场价值，$J_m(t)$ 为金融部门权益的市场价值，$D_m(t)$ 为金融部门负债的市场价值，即无风险债务与债务担保的差额。

根据默顿（Merton，1974）的研究，构建如下方程组，以计算资产的市场价值和资产的波动率：

$$\begin{cases} J_m = N(d_1)A_m - \overline{DB}e^{-rT}N(d_2) \\ J_m\sigma_J = A_m\sigma_A N(d_1) \end{cases}$$

$$d_1 = \frac{\ln(A_m/\overline{DB}) + (r + \sigma_A^2/2)T}{\sigma_A\sqrt{T}}, \tag{3.11}$$

$$d_2 = d_1 - \sigma_A\sqrt{T}$$

其中，σ_A 为资产价值的标准差，σ_J 为股权价值的标准差，$\overline{DB}$ 为部门违约点，r 为无风险利率，T 为剩余偿债期限（年），N（d）为标准正态分布的累积概率分布函数，J_m 为上市企业部门的日收盘价，n 为上市企业部门样本容量，τ 为一年交易日的天数。

违约距离：

$$DD = (A_m - \overline{DB})/A_m\sigma_A \tag{3.12}$$

违约概率：

$$PD = N(-d_2) \tag{3.13}$$

违约担保可以看作资产价值的看跌期权，根据平价关系得到违约担保的价值为：

$$G = \overline{DB}e^{-rT}[N(d_2)] - A_m[N(-d_1)] \tag{3.14}$$

（二）科目设置、估算方法与数据来源

金融部门或有权益资产负债表的科目设置为资产市值、债务市值和权

益市值，如表 3.5 所示。

表 3.5　　　　　　　　金融部门或有权益资产负债表的科目设置

科目	
资产市值	债务市值
	权益市值

此外，为了便于对或有权益资产负债表的分析，在编制的表格中加入了违约距离、违约概率、违约担保价值，其中违约担保价值用于政府部分宏观账面资产负债表中或有显性负债的计算。

在编制过程中，我们以地区金融部门账面的存款总额作为违约点，用全国 24 家上市金融机构的权益市值和权益市值波动率经过套算得到金融部门或有权益市场价值，以全国金融部门的权益市值波动率作为地区金融部门的权益市值波动率，无风险利率使用一年期存款利率。地区金融部门的权益市场价值为：

$$J_m(t) = \frac{j_m(t)}{j_b(t)} \times J_b(t) \tag{3.15}$$

其中，$J_m(t)$ 为地区金融部门权益市场价值，$J_b(t)$ 为地区金融部门权益账面价值，$j_m(t)$ 为套算上市金融机构的权益市场价值，即全国 24 家上市金融机构每年的权益市值总和，$j_b(t)$ 为套算上市金融机构的权益账面价值，即上市金融机构的权益面值总和。以上所有数据均来自万德（Wind）数据库。

根据编制的理论依据中的方程，我们可以利用已知数据求解资产市值及其波动率，进而得到违约距离、违约概率和违约担保价值。金融部门与市场有着紧密的联系，为了能将市场信息反映于资产负债表中，本书利用期权理论编制了金融部门的或有资产负债表，用以反映市场变化对金融部门的风险影响。对各省份的年度数据进行平均，可以得到全国金融部门的平均水平，从而便于进行相关指标的时间维度比较以及各地区数据水平的评价，如表 3.6 所示。

表3.6　　　　　　　金融部门各项或有资产负债表指标年均值

年份	资产市值均值（亿元）	债务市值均值（亿元）	股权市值均值（亿元）	资产负债率均值（%）	或有资产负债率均值（%）	违约距离均值	违约概率均值（%）
2007	17372.78	11958.35	5414.43	95.30	68.99	2.03	2.15
2008	15623.56	14339.01	1284.55	95.16	91.51	1.38	12.05
2009	20953.53	18655.02	2298.51	95.37	88.72	2.04	2.35
2010	24357.25	22322.28	2034.97	95.11	91.13	2.17	2.24
2011	27115.47	25020.30	2095.17	94.93	92.08	3.91	2.95
2012	30965.31	28753.32	2211.98	94.85	92.58	3.12	3.02
2013	34824.46	32787.42	2037.04	94.64	93.93	2.34	6.79
2014	38720.23	35760.33	2959.91	94.67	91.97	1.97	5.02
2015	45415.99	42645.94	2770.06	94.69	93.55	2.36	2.33
2016	50544.84	47711.94	2832.90	94.66	94.23	3.37	0.33
2017	54722.96	51161.45	3561.51	94.36	93.26	8.84	0.00
2018	57659.21	54586.43	3072.78	94.18	94.41	2.83	1.07

（三）资产市值、债务市值、股权市值

各省份金融部门的资产市值在2008年受金融危机影响都有明显下降，但资产和债务的市值整体上表现为上升趋势，如图3.9所示。具体来看，经济发达地区的金融市值整体高于经济发展欠佳的地区，不同地区的资产市值差距较大如图3.10、图3.11所示，这点与账面资产负债表的表现一致。

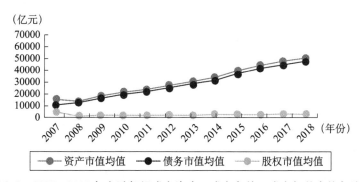

图3.9　2007~2018年金融部门或有资产、或有负债、或有权益市值年均值

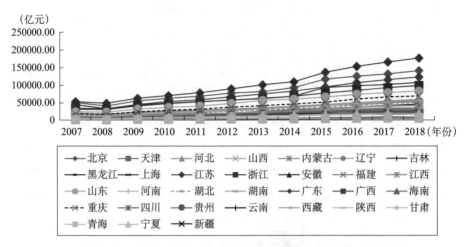

图 3.10　2007～2018 年各地区每年金融部门或有资产情况

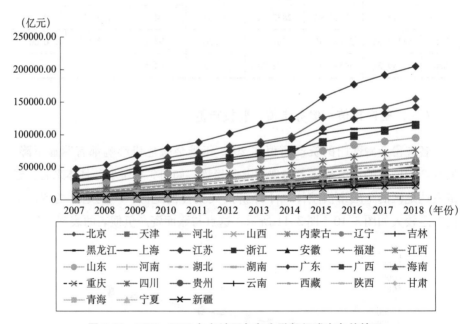

图 3.11　2007～2018 年各地区每年金融部门或有负债情况

从排名的角度看（如表 3.7 所示），资产市值、债务市值、股权市值的排名具有一致性，经济发展水平高的北京、广东、上海、浙江、江苏各项排名依旧靠前，青海、西藏、宁夏排名靠后。根据行政划分区域来看，排名靠前的区域除北京外多为东南部地区，排名靠后的区域则集中于西部地区，区域差异十分明显。

表 3.7　　　　　　　各地区金融部门资产、债务、股权市值排名

区域	省份	资产市值排名	债务市值排名	股权市值排名	区域	省份	资产市值排名	债务市值排名	股权市值排名
华北区	北京	2	2	1	华中区	湖北	11	11	10
	天津	18	18	18		湖南	14	13	23
	河北	8	8	6	华南区	广东	1	1	3
	山西	16	16	24		广西	21	21	19
	内蒙古	23	23	17		海南	28	28	28
东北区	辽宁	9	9	8	西南区	重庆	17	17	14
	吉林	24	24	25		四川	7	7	5
	黑龙江	22	22	22		贵州	26	25	27
华东区	上海	4	4	2		云南	20	19	21
	江苏	3	3	4		西藏	31	31	31
	浙江	5	5	7	西北区	陕西	15	15	13
	安徽	13	14	12		甘肃	27	27	26
	福建	12	12	9		青海	30	30	30
	江西	19	20	15		宁夏	29	29	29
	山东	6	6	11		新疆	25	26	20
华中区	河南	10	10	16					

（四）或有资产负债率

或有资产负债率受市场因素影响较大，与账面资产负债率水平有较大差异。不同于账面比率始终维持在90%以上的水平，样本期间内各省份的或有比率在2007年处于最低点，2008年后迅速升高恢复至较高水平，之后逐渐向账面资产负债率水平靠拢，如图3.12所示。

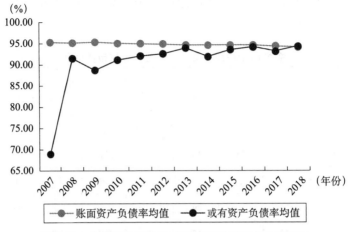

图 3.12　金融部门账面与或有资产负债率年均值对比

（五）违约距离、违约概率

违约距离、违约概率反映了金融部门的违约风险，是风险评价的重要指标，违约距离越小、违约概率越大，则违约风险越高。从图 3.13 可以看到，违约距离与违约概率是彼强我弱的关系，尤其是在 2008 年，金融部门的违约距离最小，违约概率最高。

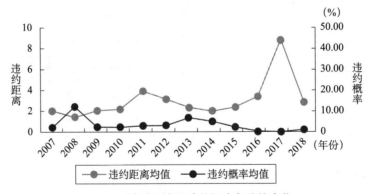

图 3.13　违约距离和违约概率年均值变化

如图 3.14 和图 3.15 所示，具体来看，在所有地区中，山西、湖南、山东整体的违约距离较小、违约概率较高，在 2008 年时山西、山东的违约距离理论值为负，违约概率分别高达 67.68%、69.45%，违约风险高。

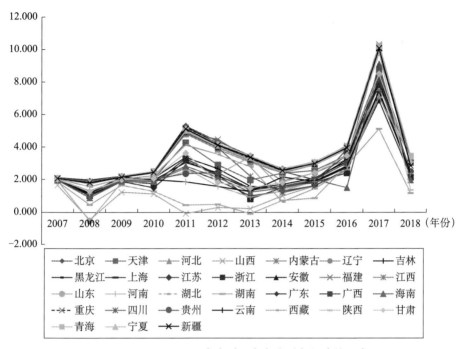

图 3.14　2007～2018 年各地区每年金融部门违约距离

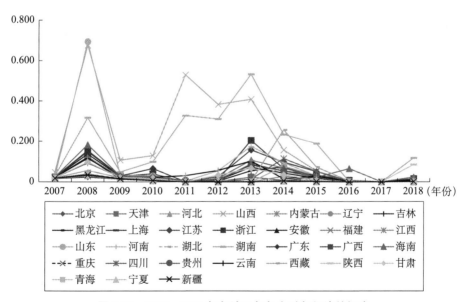

图 3.15　2007～2018 年各地区每年金融部门违约概率

第三节 小 结

本章在编制的全国 31 个省份 2007～2018 年金融部门资产负债表的基础上，从资产负债规模、结构以及相关指标的角度进行分析，从而对金融部门的债务风险进行识别和评估。

根据账面资产负债表总体来看，2007～2019 年各地区金融部门的总资产和总负债均呈增长的趋势。从增长率的角度看，金融部门总负债的增长速度与总资产的增长速度大致上保持一致，总体上呈现出下降的趋势。金融部门总资产增长率低的地区更多是东南沿海地区和东北地区。从资产负债结构角度来看，各省份的金融部门流动资产占比总体上较为稳定，呈现出轻微下降的趋势，但地区间流动资产占比差异较大。

根据或有资产负债表总体来看，各省份金融部门的资产和债务的市值整体上表现为上升趋势。从排名的角度看，资产市值、债务市值、股权市值的排名具有一致性。根据行政划分区域来看，排名靠前的区域除北京外多为东南部地区，排名靠后的区域则集中于西部地区，区域差异十分明显。或有资产负债率受市场因素影响较大，与账面资产负债率水平有较大差异。不同于账面比率始终维持在 90% 以上的水平。违约距离与违约概率呈现彼强我弱的关系，尤其是在 2008 年，金融部门的违约距离最小，违约概率最高。

第四章　企业部门债务杠杆测度

本章介绍了企业部门资产负债表编制的概念界定、编制现状、编制依据、基本框架和估算方法，并对全国 31 个省份 2007~2018 年企业资产负债表进行编制。在此基础上，从资产负债规模、资产负债结构以及相关指标的角度进行分析，对我国企业部门的债务风险进行识别和评估。

第一节　企业部门资产负债表编制

一、编制现状

我国国家资产负债表编制的理论基础是联合国向世界各国发布的国民经济核算体系，也称为国民账户体系（System of National Accounts，SNA），最新版本为 2008 年版，以下简称 SNA2008。SNA2008 将非金融企业部门分类为公共非金融企业（Public Non-financial Corporations）、国家私营非金融企业（National Private Non-financial Corporations）、外国控制的非金融企业（Foreign Controlled Non-financial Corporations）。MFSMCG2016 则将非金融企业分为了公营和其他，其他非金融企业包括了本国私营和国外控制两类非金融企业。

在国民经济核算中，常将资产按照金融性分为金融资产、非金融资产，负债则与金融资产相对应，指的是金融负债，如货币、黄金、通货等。而在企业会计资产负债核算中，作为国民资产核算中的企业部门的资料来源，资产负债的分类侧重于流动性，分为流动资产、长期资产、流动负债、长期负债。综合考虑"会计""统计"两个角度，对企业资产负债表进行补充修订，将符合国民资产负债核算要求的资产负债分类项目和企业会计核算的资产负债分类项目，在宏观企业资产负债表中同时列示（杨文雪，2005），如表4.1所示。

表4.1　　　　　　国民经济核算、企业会计核算分类项目列示

资产	负债和所有者权益
一、按流动性分类的资产总额	一、按流动性分类的负债总额
（一）流动资产	（一）流动负债
（二）长期资产	（二）长期负债
二、按金融性分类的资产总额	二、金融负债总额
（一）金融性资产	三、所有者权益总额
（二）非金融性资产	四、净值总额
合计	合计

我国三个国家资产负债表编制团队：德意志银行大中华区首席经济学家马骏牵头的复旦大学研究团队、中国银行首席经济学家曹远征牵头的中国银行团队，以及中国社科院学部委员李扬牵头的中国社科院团队，在2012年开始对国家资产负债表进行了编制，并公布了他们对我国各部门资产负债表的测算结果，其中也包括对非金融企业部门的测算。这使得我国各部门的资产负债问题研究有了基本的参考，学术界也更为关注对各部门资产负债问题的研究。国家资产负债表中有对非金融企业部门的资产负债表编制，三个团队对非金融企业部门资产负债表的编制给出了较为具体的科目设置与数据估算，主要分为资产类项目、负债类项目和所有者权益类项目。综合其他学者所提出的估算方法，非金融企业部门资产负债表中对资产负债的估算方法有以下几种。

（一）估值法

马骏（2012）采用估值法估算了企业部门资产和负债。根据国家统计部门发布的工业、房地产业、商业和建筑业规模以上企业的行业GDP占比估算其他行业资产。总负债和表中各项资产与负债占比则利用非金融上市公司财务数据进行估算，将上市公司资产负债表进行加总，计算其表中各项资产与负债的占比，根据这些占比与总资产规模推算企业资产负债表中的各项资产与负债。具体过程为假设全部工业、房地产、商业和建筑业企业资产规模为规模以上工业企业的 1.1 倍，根据 GDP 占比推出其他行业相对四个行业的比重，并假定其他行业贡献同等产值仅需四个行业资产的1/2，非金融资产以及金融资产数据则根据非金融上市公司财务数据显示的各项占比进行推算。这一方法充分考虑了价格变动因素，可以缩小其编制的非金融企业资产负债表数据与真实数据之间的误差。但是各年资产负债表的波动可能会比较大。

（二）直接法

直接法与估值法有相似之处，李扬等（2015）将其都归为直接法。首先，假设我国全部工业、房地产业、建筑业和批发零售业的资产是这四大行业规模以上企业资产的 1.2 倍，测算出这四大行业历年的资产。其次，把这四大行业之外的其他行业划分为交通运输、其他第三产业和住宿餐饮业，计算可得数据年份的其他行业的资产与当年行业 GDP 比值分别和四大行业的资产与 GDP 比值的比例关系，根据这些比例和其他年份的 GDP 增加值就可以计算出这些其他行业其他年份的资产。最后，可以把四大行业和其他行业的资产加总起来，得到我国非金融企业部门的资产数据。而根据我国非金融企业上市公司的资产负债率，就可以计算出我国非金融企业的负债数据。但上市公司的资产负债率整体水平要高于其他企业，使用上市公司的资产负债率水平估算整个企业部门的负债，会高估整个非金融企业部门的负债。该方法因为缺乏全面的数据而采用了一些主观假设，从而导致编制数据与实际存在差异。

（三）间接法

间接估算的理论基础基于国民经济核算体系，采用存量资产的价值重估方式，具体计算公式为：

$$\text{非金融企业的当期资产总额} = \text{上期总资产} \times (0.5 + 0.5 \times \text{固定资产价格指数})$$

$$+ \text{当期资本形成总额} + \text{当期其他非金融资产获得减处置} + \text{当期资金运用合计}$$

$$(4.1)$$

$$\begin{aligned}\text{非金融企业的}\atop\text{当期负债总额} = \text{上期总负债} + {\text{本期资金}\atop\text{来源合计}} &+ \text{本期净金融投资（金融表）}\\ &- \text{本期净金融投资（实物表）}\end{aligned} \tag{4.2}$$

式（4.1）和式（4.2）中的各项数据分别由国家统计局编制的实物交易资金流量表和中国人民银行编制的金融交易资金流量表共同决定。其中资产方等式假设金融资产和非金融资产各占总资产的1/2，且只有非金融资产需要进行价格调整，这一假设较为主观局限，会影响资产结构分析的有效性。而且历年我国资金流量表的数据统计结果相对粗糙、跳跃性较大，对于资产数据的估算有较大影响。

（四）推测法

曹远征（2012）结合存量与流量数据，在国家统计局每年发布的非金融企业存量数据的基础上，加入了流量数据的变化。这种方法能形成资产负债表时间序列数据，但因不能将价格变动因素纳入其中，测算的非金融企业资产负债表结果会与实际的数据形成较大的偏差。

（五）占比法

王桂虎（2017）使用可获得的经济体的资产负债数据，通过比例关系估算出整体非金融企业的资产负债数据。根据式（4.3）和式（4.4）可估算出非金融企业资产以及负债数据：

$$\text{非金融企业资产} = \frac{\text{非金融国有企业资产}}{(\text{国有企业 GDP}/\text{全部企业 GDP})} \tag{4.3}$$

$$\text{非金融企业负债} = \text{公有经济负债} \times \left(1 + \frac{\text{非公有经济比重}}{\text{公有经济比重}}\right) \tag{4.4}$$

但这一方法所估算的数据同样采用了较为刻板的主观假设，影响数据的准确性。

非金融企业部门资产负债表的构建原则是要满足使用需要。多数学者使用企业资产负债表的目的是通过建立资产负债表与风险之间的联系来分析企业部门的风险。克鲁格曼（Krugman，1999）提出的金融危机资产负债表模型，反映的就是资产负债表的变化给企业部门带来的风险。企业部门资产负债表的脆弱性是货币危机发生的重要因素（Eijffinger and Goderis，2007），当企业存在货币错配问题时，汇率的波动带来了资产负债表的变化，影响了资产负债表的质量，从而使得公司风险变化。邢勇和谭本艳（2011）通过动态面板数据模型证明了该模型对于我国非金融企业也是适用的，当人民币发生贬值时，企业的债务型货币错配会导致企业资产负债表恶化，筹资成本提高，投资产出下降，影响企业的运行发展。也有学者认为，企业资产负债表的货币错配问题会对主权信用风险有显著影响（Du and Schreger，2014）。相较于资产方，学者们更多关注负债方所带来的风险问题。企业负债有着税盾、财务杠杆的作用，通过负债企业可以达到最佳金融结构和实现市场价值最大。但这并不意味着高负债对于企业全然有利，负债形成了企业的财务风险，而且本金集中支付时，企业所面临的财务风险更大（张文魁，2000），且企业负债率的整体下降和企业经营性风险的上升、有形资产比例的下降以及盈利能力的提高的显著变化是一致的（钟宁桦等，2016）。对于企业部门的风险担忧多集中于对非金融企业整体债务杠杆水平的探究和去杠杆的效果研究（许一涌，2014；陆岷峰和葛和平，2016；刘一楠，2016；纪敏等，2017；陈卫东和熊启跃，2017；刘贯春等，2018），现有研究从多种角度剖析我国企业部门债务杠杆率高的原因，为企业部门去杠杆提供了许多方法建议。但也有学者认为，我国企业部门杠杆率水平与其他国家相比并不算高，不存在较大的杠杆压力（陈卫东和熊启跃，2017）。

通常情况下，我们所能获得的非金融企业的资产和负债的数据是账面价值，而非市场价值，要获得能反映非金融企业资产和负债的真实数据是比较困难的（Bernanke，2008）。因此，账面资产负债表对风险的动态变化的呈现是有限的。将能够结合市场数据的分析方法应用到资产负债表框架之中，对于风险分析能够起到补充作用。或有权益分析法构建的或有权益资产负债表正是相对成熟的能够反映市场价值变化的资产负债表。格雷等（Gray et al.，2006）运用或有权益分析方法（CCA）提出并编制国家企业部门、家庭部门、金融部门、公共部门共四部门的或有权益资产负债表，其中，单个企业的债务利用企业资产的或有权益进行估值。叶永刚和刘春霞（2008）利用上市公司的数据来编制非金融企业部门资产负债表和或有权益表，从而对信用风险进行研究。苟文均等（2016）以及刘磊等（2019）同样使用 CCA 模型分析四部门债务杠杆与风险传染问题，指出非金融企业部门债务杠杆攀升较快且绝对水平较高，是引发我国系统性风险的主要风险点。

现有的非金融企业部门资产负债表因数据的可获得性较差，无法准确将全部非金融企业资产负债信息列示，因此多为估算。仅使用账面信息还存在无法将市场信息充分反映在资产负债表的缺陷，鉴于资产负债表的使用目的是分析资产负债表质量和部门的风险特征，或有资产负债表的补充作用能更好地展示市场的动态变化。因此，本书对非金融企业部门的账面资产负债表和或有权益资产负债表均进行了列示和分析，旨在全面揭示我国非金融企业部门风险在地域和时间维度上的差别。

二、编制依据

在编制非金融企业部门账面资产负债表时，我们遵循以下原则。首先，数字真实。数字选取上尽量选择公开可获得的数据，最小化估算的比重，确保数据的真实有效。其次，计算准确。在需要进行计算时，坚持有据可依，力求数据的准确性。最后，内容完整。企业资产负债表的要素包括资产、负债和所有者权益，在确保前两个原则不被破坏的前提下，编制过程中进一步细化科目。

基于上述原则，在非金融企业部门划分上有所调整。根据我国的统计实践和社会经济结构，非金融企业指的是全社会所有提供货物生产和服务的各类型企业，如农业企业、制造业企业、建筑企业以及除金融业之外的服务企业等。但并非所有行业数据都有省际层面的披露，因而选取数据公开且在所有行业中 GDP 贡献较大的行业数据代表非金融企业部门，即工业、建筑业、批发零售业、餐饮住宿业。如图 4.1 所示，工业部门 GDP 比重较大，对非金融企业部门数据影响较大。

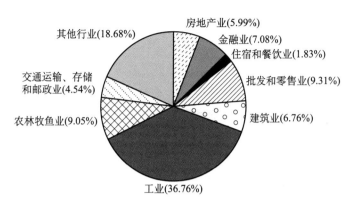

图 4.1　分行业 2007~2017 年 GDP 增加值的均值构成

三、基本框架

非金融企业部门指的是除去金融部门已包括的企业的合集，微观层面的单个企业的资产负债表编制已经十分完善，宏观层面的非金融企业部门资产负债表不论是从定义还是从编制方式来看，都接近于多个企业资产负债表的合并表。

在设置非金融企业部门的会计科目时，遵循以下原则：结合会计对象特征；满足信息使用者需要；统一性和灵活性相结合；会计科目简明、适用。在科目设置方面，本书充分考虑不同企业类型会计科目具有较大差异，且具体科目数据可得性较差。为确保数据的可比性及有效性，根据具有公开数据的会计要素进行科目的确定，故将非金融企业部门的资产分为流动资产和长期资产，负债和权益账户下未设置下级科目，如表 4.2 所示。

表 4.2　　　　　　　　非金融企业部门资产负债表基本框架

资产	负债
流动资产	
长期资产	权益

四、估算方法

企业资产指企业过去的交易或者事项形成的、由企业拥有或者控制的、预期会给企业带来经济利益的资源。资产一般按流动性分为流动资产和非流动资产。其中流动资产可分为货币资金、交易性金融资产、应收票据、应收账款、预付款项、其他应收款、存货等；非流动资产可分为长期股权投资、固定资产、无形资产及其他非流动资产等，在此我们将其作为长期资产。非金融部门企业的资产根据国家统计局官方网站披露的会计"资产负债表"中"资产总计"项目的期末余额数填示。

流动资产。企业资产满足以下条件之一应归为流动资产：①预计在一个正常营业周期中变现、出售或耗用，主要包括存货、应收账款等；②主要为交易目的而持有；③预计在资产负债表日起一年内（含一年）变现；④自资产负债日起一年内，交换其他资产或清偿负债的能力不受限制的现金或现金等价物。流动资产包括货币资金、应收票据、应收账款、存货等项目。非金融部门企业的流动资产根据国家统计局官方网站披露的会计"资产负债表"中"流动资产合计"项目的期末余额数填示。

长期资产。长期资产是指变现期或耗用期在一年或超过一年的一个营业周期以上的资产，相当于非流动资产，指经济寿命大于一年，在未来很可能为企业带来经济效益流入的资产。其包括长期投资、固定资产、无形资产、递延资产和其他长期资产，具体为：①长期投资。长期投资是指将资金投入不准备在一年内变现的资产，包括长期股权投资、长期债权投资和其他投资。②固定资产。固定资产是指使用期限超过一年，单位价值在规定的标准以上，并在使用过程中保持原来物质形态的资产，包括房屋及建筑物、机器设备、运输设备、工具器具等。③无形资产。无形资产是指特定主体控制的，不具有实物形态，包括专利权、非专利技术、商标权、计算机软件、土地使用权等。④递延资产。递延资产是指不能全部计入当年损益，在以后分期摊销的除固定资产和无形资产以外的其他费用支出，包括开办费、租入固定资产的改良以及大修费用支出等。⑤其他资产。公司的其他资产是指除流动资产、长期投资、固定资产、无形资产、递延资产以外的长期资产。本书中非金融企业部门的长期资产即资产与流动资产的差额，长期资产的数据未有公开披露，但资产与流动资产皆为可获得数据，据此可计算得到长期资产的数据。

负债是企业过去的交易或者事项形成的，可能会造成经济利益流出企业的现时义务，包括流动负债、长期负债，但细分科目的数据多不可得，估算偏误较大，故不再下设科目列示。非金融企业部门的负债根据国家统计局披露为会计"资产负债表"中"负债合计"项目的期末余额数填报。

所有者权益是企业资产扣除负债后由所有者享有的剩余权益。公司的所有者权益又称股东权益，包括实收资本、资本公积、盈余公积、未分配利润等。所有者权益根据国家统计局披露为会计"资产负债表"中"所有者权益合计"项目的期末余额数填报。当个别行业权益数值未公示时，依据会计恒等式：资产＝负债＋所有者权益，准确计算所有者权益数值。

在计算各科目数据时，用 $COR_{AccountingSubject_k}$（以下简称 COR_{AS_k}）代表非金融企业部门资产、负债、所有者权益等资产负债表中所涉及的科目 k。

$$COR_{AS_k} = \sum_{j=1}^{m} COR_{AS_{kj}} = \sum_{j=1}^{m} \sum_{i=1}^{n} COR_{AS_{kji}}, (j = 1,2,\cdots,m; i = 1,2,\cdots,n)$$

$$(4.5)$$

其中，i（i＝1，2，…，n）代表单个企业 i，j（j＝1，2，…，m）代表某一行业 j。对于式（4.5）的解释如下：同一行业 j 中单个公司 i 的资产负债表中科目 k 的数值相加，可以构成单个行业 j 的资产负债数据，同理，多个非金融行业的资产负债数据相加就能够得到整个非金融企业部门的资产负债表科目数据。直观来看，如图4.2所示，非金融企业部门科目数值的计算从公司层面到行业层面，最终得到部门层面的数据。

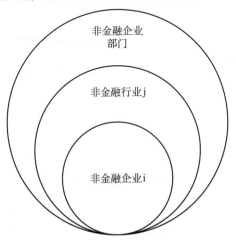

图4.2　企业、行业、部门集合关系

在本书中，非金融企业部门主要包括规模以上工业、限额以上餐饮住宿业、限额以上批发零售业以及所有的建筑业企业。资产负债表中的数据主要来源于国家统计局，其中各行业长期资产和工业权益数据未有披露，分别根据式（4.6）和式（4.7）进行计算：

$$长期资产 = 总资产 - 流动资产 \qquad (4.6)$$

$$权益 = 资产 - 负债 \qquad (4.7)$$

至此，各省份非金融企业部门资产负债表列示的样本区间内所需要的各项数据均可获得。

第二节　企业部门债务杠杆测度

根据资产负债表所透露的信息分析企业的风险特征是非金融企业部门资产负债表的主要用途，在各省份非金融企业部门资产负债表构建完成后，可以通过时间、空间两大维度分析资产负债表数据，由此发现我国各省份非金融企业部门的风险特征和规律。

一、资产负债规模

各省份资产负债表列示区间为 2007～2018 年，在此期间各省份的总资产均值和总负债均值的规模在全国排名具有高度一致性，如表 4.3 所示，且区域性差异十分明显，东部地区的非金融企业部门资产、负债规模整体水平明显高于西部地区，且同一行政划分区域内的非金融企业部门资产、负债规模水平也是参差不齐，同处于华南地区的广东和海南的资产负债水平分别为 31 个省份的第 1 位和第 30 位，差距较大。其中，样本期间内非金融企业部门账面资产、负债规模均值排名前 5 位的分别是广东、江苏、山东、浙江和北京，其中前 4 位的省份均属于沿海地区，拥有连接海陆的港口。均值排名后 5 位的分别为西藏、海南、青海、宁夏、甘肃。除海南外，西藏、青海、宁夏和甘肃均处于西部地区。相较之下，海南四面环海，其企业发展却远不如其他沿海城市，甚至低于部分西北地区，可见海陆的衔接作用能为企业发展提供巨大的优势。由此可知，企业部门的发展存在较大的地域差异，东部沿海地区的企业部门规模要高于西部地区。

表4.3 我国31个省份企业部门资产、负债规模排名

区域	省份	资产账面值排名	负债账面值排名	区域	省份	资产账面值排名	负债账面值排名
华北区	北京	5	5	华中区	湖北	11	12
	天津	14	13		湖南	18	18
	河北	10	10	华南区	广东	1	1
	山西	13	11		广西	25	22
	内蒙古	17	17		海南	30	30
东北区	辽宁	8	7	西南区	重庆	20	20
	吉林	23	25		四川	9	8
	黑龙江	24	23		贵州	26	26
华东区	上海	6	6		云南	19	19
	江苏	2	2		西藏	31	31
	浙江	4	4	西北区	陕西	16	16
	安徽	15	15		甘肃	27	27
	福建	12	14		青海	29	29
	江西	21	24		宁夏	28	28
	山东	3	3		新疆	22	21
华中区	河南	7	9				

各省份资产和负债的变化趋势大体一致，因而需要从时间维度分析我国非金融企业部门资产、负债情况，我国31个省份的资产、负债相关数据的年均值变化如图4.3所示，可以看出，资产和负债的增长率几乎重合，变化一致，具有极高的同步性，2008～2013年，非金融企业部门资产和负债增长较快，在金融危机爆发的年份非金融企业部门的账面资产和负债增长表现也尤为突出，其中，2008年为非金融企业部门资产、负债增长速度为样本期间最高。直到2014年非金融企业部门账面资产和债务开启了"刹车式"增长，增长率在2014年开始持续下降，国家发展和改革委员会表示，

2014 年是我国企业债券偿债高峰，加上去杠杆的政策推进，非金融企业的账面资产和负债增长率在 2014 年下降，2015 年甚至下降到了个位数，在此之后，资产和负债的增长持续放缓且增长率保持在较低水平。

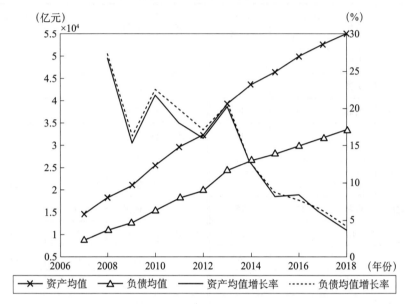

图 4.3　非金融企业部门资产、负债趋势变化

二、资产负债结构

从债务偿还问题中的流动性角度出发，资产中的流动性资产才是债务顺利偿还的保证。当企业的流动性资产大于债务时，企业是不会发生违约情况的；当企业的流动性资产小于债务时，可能会因为无法及时偿还债务而造成违约，影响企业的持续经营。流动资产/总负债反映了企业流动资产对负债的覆盖情况，流动资产的快速变现特征能够使得企业有能力迅速偿还债务，因此，流动资产与总负债的比值能够体现企业偿还债务的能力，比值越高，企业及时偿还债务能力越强。上海、福建、浙江、江苏、广东非金融企业部门近几年保持流动资产/总负债比率超过 100%，部门整体偿债能力强。山西、内蒙古、甘肃、青海、西藏、宁夏流动资产/总负债比率常年居于 75% 以下，部门偿债能力相对较弱。

　　样本期间我国31个省份非金融企业部门流动资产/总负债比率年均值都大于80%，也就是说，我国非金融企业部门整体上流动资产所能够覆盖的债务量超过80%的水平。根据近几年的数据来看，流动资产/总负债的值由2015年的82.89%上升到2018年的87.66%，如图4.4所示，我国非金融企业部门流动资产对总负债的覆盖率虽上升幅度有限，但存在继续上升的趋势，我国非金融企业部门的资产流动性相对稳定且短期偿债能力强。

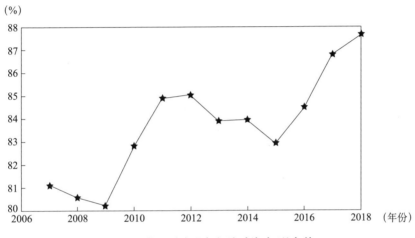

图4.4　非金融企业部门流动资产/总负债

三、债务杠杆测度

　　通过2007～2018年非金融企业部门资产负债率的逐年变化情况来看，我国非金融企业部门资产负债率虽然在逐年增加，但变化幅度很小，2007年与2018年全国非金融企业部门资产负债率均值相差甚至不超过3个百分点，这与非金融企业部门账面资产增长和账面负债增长的高度重合性有关，账面资产和账面负债增长的同步性，使得账面资产负债率这一数值变化不大。在31个省份中，山西账面资产负债率水平为全国最高，西藏账面资产负债率水平最低，从图4.5来看，山西和西藏与全国平均水平相去甚远，表现较为突出。

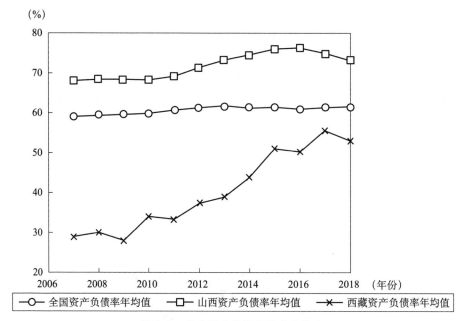

图4.5 非金融企业部门资产负债率

除西藏以外,我国各省份非金融企业部门自2007年以来,资产负债率均居于50%及以上。西藏非金融企业部门资产负债率在样本期间处于全国较低水平,在2015年才达到50%。将各省份样本期间的资产负债率均值进行排名,如表4.4所示,通过比较发现,山西资产负债率均值最高,超过70%,西藏资产负债率均值最低,仅为40.35%,资产负债率水平极值之间相差较大。企业资产负债率代表了企业部门的资本结构,是反映企业偿债能力的重要指标,也是债权人较为看重的信用指标之一。资产负债率大于50%,对于企业来说,意味着企业资产一半以上是由负债资金支撑,资产负债率高,企业债务风险越大。我国大部分省份资产负债率保持在70%以下,青海仅在2015年企业部门资产负债率达到70.53%,其他样本时间内资产负债率也低于70%,而山西在2012年企业部门资产负债率超过了70%之后,资产负债率水平一直保持在70%以上。山西非金融企业资产负债率在统计期间处于全国较高水平,且呈上升趋势,在2012年达到70%并不具有突发性,这意味着山西非金融企业部门负债相比于其他省份而言处于较高水平。

表 4.4 样本期间内非金融企业部门账面资产负债率地区排名

地区	省份	资产负债率均值（%）	排名	地区	省份	资产负债率均值	排名
华北区	北京	60.69	19	华中区	湖北	59.27	22
	天津	67.68	2		湖南	56.18	27
	河北	61.00	17	华南区	广东	61.10	16
	山西	71.82	1		广西	64.14	6
	内蒙古	62.87	8		海南	58.31	24
东北区	辽宁	62.51	9	西南区	重庆	63.57	7
	吉林	57.09	26		四川	61.97	13
	黑龙江	60.84	18		贵州	65.38	5
华东区	上海	60.06	20		云南	62.48	10
	江苏	59.05	23		西藏	40.35	31
	浙江	61.75	14	西北区	陕西	59.46	21
	安徽	61.51	15		甘肃	62.35	11
	福建	56.04	28		青海	65.53	4
	江西	55.36	29		宁夏	67.10	3
	山东	58.26	25		新疆	62.04	12
华中区	河南	54.58	30				

四、债务风险分析

（一）或有权益资产负债表编制原则和理论依据

非金融企业部门或有权益资产负债表编制时依照格雷等（Gary et al.，2006）的编制方法。将企业的负债看作是无违约价值和对企业的看跌期权的组合，把股东权益看作是对企业资产的看涨期权，部门作为企业的集合体同样能够使用或有权益的方法得到部门的或有权益资产负债表，如表 4.5 所示。

表 4.5 企业部门或有权益资产负债表的科目设置

资产	债务
企业资产	负债（无违约价值—看跌期权价值）
	权益（企业部门资产看涨期权价值）

(二) 科目设置和估算方法

依照格雷等（2006）的编制方法，本书所编制的企业部门或有权益资产负债表同样分为资产、负债、权益三个部分，具体为资产市值、债务市值和股权市值，如表4.6所示。

表4.6   或有权益资产负债表

科目	
资产市值	债务市值
	股权市值

表4.6中科目的数值并非直接数据可得，非金融企业部门股权市值是由各省份A股上市企业的相关数据剔除ST、ST*和金融企业后，将每年最后一天流通股股数乘股价得到各个企业的权益市值，加总可得各省份非金融企业部门每年的权益市值，可通过Wind数据库获取。资产市值需要通过或有权益分析法求得，债务市值则可利用三者之间的关系得到。以下为或有权益分析法的具体计算过程，其中的模型及其原理同样来自格雷等（2006）。

非金融企业部门的资产市场价值应等于负债市场价值与权益市场价值之和，即：

$$A_m(t) = D_m(t) + J_m(t) \tag{4.8}$$

其中，$A_m(t)$ 为资产市场价值，$J_m(t)$ 为权益市场价值，$D_m(t)$ 为负债市场价值，即无风险债务与债务担保的差额。

根据默顿（1974）的研究，构建如下方程组，以计算资产的市场价值和资产的波动率：

$$\begin{cases} J_m = N(d_1)A_m - \overline{DB}e^{-rT}N(d_2) \\ J_m\sigma_J = A_m\sigma_A N(d_1) \end{cases} \tag{4.9}$$

$$d_1 = \frac{\ln(A_m/\overline{DB}) + (r + \sigma_A^2/2)T}{\sigma_A\sqrt{T}} \tag{4.10}$$

$$d_2 = d_1 - \sigma_A\sqrt{T} \tag{4.11}$$

其中，σ_A 为资产价值的标准差，σ_J 为股权价值的标准差，$\overline{DB}$ 为部门违约点，违约点 $\overline{DB}$ 选取流动负债和1/2的长期负债的加总，数据来源于Wind数据库中每个上市公司的资产负债表。r为无风险利率，无风险利率选择使用全国 1 年期存款利率来表示。T 为剩余偿债期限（年），N（d）为标准正态分布的累积概率分布函数，J_m 为上市企业部门的日收盘价，n 为上市企业部门样本容量。

违约距离：

$$DD = \frac{A_m - \overline{DB}}{A_m \sigma_A} \qquad (4.12)$$

违约概率：

$$PD = N(-d_2) \qquad (4.13)$$

违约担保可以看作是资产价值的看跌期权，根据平价关系得到违约担保的价值为：

$$G = \overline{DB}e^{-rT}[N(d_2)] - A_m[N(-d_1)] \qquad (4.14)$$

权益市值波动率由企业部门的日股权波动率年化计算所得，计算公式为：

$$\sigma_J = \sqrt{\tau} \times \sqrt{var\left(\ln\left(\frac{S_{\tau+1}}{S_\tau}\right)\right)} \qquad (4.15)$$

其中，S_τ 为上市企业部门的每日股权市值，τ 为一年股市交易天数，本书按照 252 天计算。

通过 R 语言程序进行以上迭代计算可以获得各省份非金融企业部门或有权益资产负债表所需要的数据。

或有资产负债表将市场信息包含在列示的数据之中，更多地反映了市场变化对非金融企业部门的风险影响。将各省份的年度数据进行平均可以得到全国非金融企业部门的平均水平，如表 4.7 所示，表 4.7 有助于接下来进行相关指标的时间维度比较以及各地区数据水平的评价。

表 4.7　　　　　　　　　各项或有资产负债表指标年均值

年份	资产市值均值（亿元）	债务市值均值（亿元）	股权市值均值（亿元）	资产负债率均值（%）	或有资产负债率均值（%）	违约距离均值	违约概率均值（%）
2007	10805.85	1733.84	9072.01	59.05	18.82	1.73	5.71
2008	5422.09	2163.96	3258.13	59.27	40.88	1.71	5.15
2009	9459.53	2768.72	6690.80	59.72	27.79	2.67	0.91
2010	10807.83	3464.53	7343.29	59.85	27.91	3.23	0.20
2011	10079.56	4323.69	5755.87	60.55	38.63	4.18	0.15

年份	资产市值均值（亿元）	债务市值均值（亿元）	股权市值均值（亿元）	资产负债率均值（%）	或有资产负债率均值（%）	违约距离均值	违约概率均值（%）
2012	11189.30	5064.46	6124.84	61.10	40.77	3.46	0.08
2013	12422.31	5842.16	6580.15	61.71	42.30	3.76	0.03
2014	16427.48	6551.23	9876.25	61.25	36.36	5.79	0.00
2015	22754.16	7668.27	15085.89	61.41	30.62	2.18	2.06
2016	23636.89	9239.73	14397.16	61.01	34.21	3.22	0.43
2017	27178.36	10905.60	16272.75	61.33	35.87	6.89	0.02
2018	24787.40	12482.17	12305.23	61.60	46.01	5.58	0.08

（三）资产市值、债务市值、股权市值

如表4.8所示，我国31个省份资产市值、债务市值和股权市值的排名大体一致，差距不大，北京、广东、上海、浙江、江苏各项排名均靠前，较为特殊的是河南，虽然其资产市值与债务市值也排名靠前，但股权市值排名处于中间位置，广西、甘肃、青海、西藏、宁夏的各项排名靠后。根据行政划分区域来看，排名靠前的区域除北京外多为东南部地区，排名靠后的区域则集中于西部地区，区域差异十分明显。

资产和债务的市值表现与账面不同，如图4.6所示。相较于账面资产负债增长率所呈现的高度一致，非金融企业部门市值的增长情况呈现不同特征，资产市值的变化较为剧烈，增长率变动幅度较大，而债务市值则显得平稳且呈现出稳定增长的趋势。具体而言，受2008年金融危机影响，各省份非金融企业部门的资产市值都有明显下降，大部分省份在2009年资产价格就能够恢复到2007年水平，并保持增长的势头，但北京、天津、山西、辽宁、上海、江西、云南非金融企业部门在2013年开始才陆续恢复到2007年水平，并在此之后能够实现稳定增长，恢复期要相对长一些。2007年以来多数省份非金融企业部门的债务市值规模持续增长，个别地区在相关年份存在负债市值增长为负的情况，具体如下：2008年西藏，2015年海南、西藏，2016年内蒙古、广西、西藏、甘肃，2017年、2018年宁夏，值得注意的是，这些地区资产、债务市值排名都相对靠后，且其债务市值增长为负的状况也多出现在2015年及以后。

地区	省份	资产市值排名	债务市值排名	股权市值排名	地区	省份	资产市值排名	债务市值排名	股权市值排名
华北区	北京	1	1	1	华中区	湖北	13	13	10
	天津	14	15	13		湖南	17	18	16
	河北	10	8	15	华南区	广东	2	3	2
	山西	16	16	14		广西	27	26	27
	内蒙古	19	19	18		海南	24	21	25
东北区	辽宁	12	10	11	西南区	重庆	18	17	20
	吉林	26	25	24		四川	8	12	7
	黑龙江	25	22	26		贵州	20	28	17
华东区	上海	3	4	3		云南	21	20	23
	江苏	6	5	5		西藏	30	31	30
	浙江	5	6	4	西北区	陕西	22	23	21
	安徽	11	14	9		甘肃	28	27	28
	福建	9	11	8		青海	29	29	29
	江西	23	24	22		宁夏	31	30	31
	山东	7	7	6		新疆	15	9	19
华中区	河南	4	2	12					

表 4.8　　　　　　　各地区资产、债务、股权市值排名

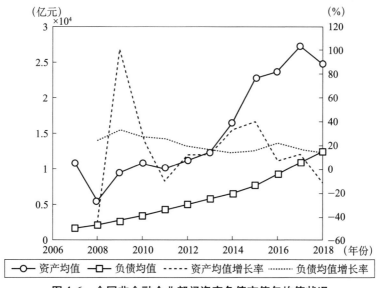

图 4.6　全国非金融企业部门资产负债市值年均值状况

（四）或有资产负债率

如表 4.9 所示，非金融企业部门或有资产负债率各省份的排名情况和账面资产负债率的排名相差较大，或有资产负债率排名靠前的五个地区分别是河南、河北、重庆、北京、辽宁，而这五个地区的账面资产负债率排名依次为：第 30 位、第 17 位、第 7 位、第 19 位、第 9 位，两者之间关联性并不大。其中，河南的或有资产负债率相较于其他地区尤为突出，样本均值达到 79.16%，与排名第 2 的河北的 43.37% 相差超过 35 个百分点。

表 4.9　　　　各地区资产负债率均值、或有资产负债率均值排名

地区	省份	资产负债率均值排名	或有资产负债率均值排名	地区	省份	资产负债率均值排名	或有资产负债率均值排名
华北区	北京	19	4	华中区	湖北	22	12
	天津	2	17		湖南	27	19
	河北	17	2	华南区	广东	16	21
	山西	1	13		广西	6	15
	内蒙古	8	14		海南	24	6
东北区	辽宁	9	5	西南区	重庆	7	3
	吉林	26	27		四川	13	29
	黑龙江	18	9		贵州	5	31
华东区	上海	20	10		云南	10	7
	江苏	23	25		西藏	31	30
	浙江	14	28	西北区	陕西	21	23
	安徽	15	24		甘肃	11	18
	福建	28	20		青海	4	22
	江西	29	26		宁夏	3	11
	山东	25	16		新疆	12	8
华中区	河南	30	1				

由图 4.7 所示，全国范围内非金融企业部门的账面资产负债率普遍高于或有资产负债率，但河南例外，在样本期间，其或有资产负债率一直高于账面资产负债率，且两者之间差距有扩大的趋势，2018 年该省非金融企业部门或有资产负债率与账面资产负债率之间的差接近 30 个百分点，与其他

省份相比可以发现，河南非金融企业部门股权市值相对较小，使得资产市值与股权市值之间的差值即债务市值较大，这造成了其或有资产负债率相对较高的问题。

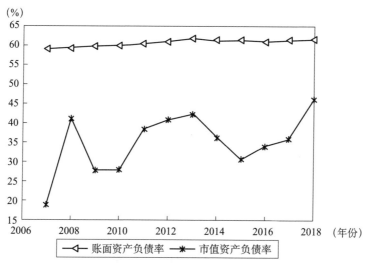

图 4.7　账面与市值资产负债率的比较

（五）违约距离、违约概率

违约距离、违约概率反映了部门的违约风险，是风险评价的重要指标，违约距离与违约概率呈负相关的关系，违约距离越小、违约概率越大，则违约风险越高。如图 4.8 所示，2007 年、2008 年和 2015 年非金融企业部门处于相对高风险的状态。2007 年、2008 年我国各省份的违约距离和违约概率普遍显示非金融企业部门违约风险处于较高水平，部分省份违约概率超过了 10%，这些地区为天津、福建、重庆、西藏、陕西、青海，其中，青海 2007 年的违约概率更是达到了 32.71%。这与随之而来的 2008 年席卷全球的金融危机时间相契合，可见这一指标具有前瞻性，可以作为企业部门的预警指标。2008 年的金融危机带来的全球经济下滑影响了企业的债务偿还能力，增加了违约风险，但这一负面冲击的影响在 2009 年得到了有效控制，超过 20 个省份违约概率下降到 1% 以下。除此以外，2015 年的非金融企业部门相较于附近年份违约距离较小，违约概率较大，非金融企业部门表露出在 2008 年金融危机之后的时期内相对较大的违约风险。

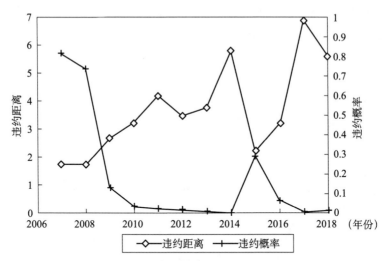

图 4.8　违约距离和违约概率年均值变化

第三节　小　结

　　本章在编制的全国 31 个省份 2007～2018 年企业部门资产负债表的基础上，从资产负债规模、结构以及相关指标的角度进行分析，从而对企业部门的债务风险进行识别和评估。根据账面资产负债表总体来看，我国非金融企业部门资产负债规模在 2014 年后增速减慢，资产负债率水平和流动资产对负债的覆盖水平较为稳定。相比之下，东部沿海地区的非金融企业部门资产负债表质量较高，西部地区账面资产负债表质量较差，西部地区非金融企业部门资产、负债账面规模小，资产负债率高，且流动资产对负债的覆盖率低。相较于账面资产负债表，非金融企业部门或有资产负债表对市场变化的敏感度更高，2007 年、2008 年、2015 年非金融企业部门明显处于高风险水平，具体表现为违约概率高、违约距离小，但 2008 年明显的资产市值下降的情况未在 2015 年出现，2015 年非金融企业部门的风险并未对资产价值造成冲击。在样本期间，大多数地区非金融企业部门的或有资产负债率要低于账面资产负债率，且或有资产负债率的变化受到市场变化的影响，具有比账面资产负债率更强的波动性。

第五章　家庭部门债务杠杆测度

本章介绍了家庭部门资产负债表编制的概念界定、编制现状、编制依据、基本框架和估算方法，并对全国 31 个省份 2007～2018 年家庭资产负债表进行编制。在此基础上，从资产负债规模、资产负债结构以及相关指标的角度进行分析，对我国家庭部门的债务风险进行识别和评估。

第一节　家庭部门资产负债表编制

一、编制现状

一直以来，我国家庭部门都以高储蓄率著称，家庭部门宏观杠杆率远低于世界平均水平。但近年来，我国以利率市场化为核心内容的金融自由化明显提速，影子银行和互联网金融等金融产业的创新迅猛发展，为居民举债进行消费和投资创造了便捷的条件，房地产业迅速发展，国家推动居民消费以及供给侧改革过程中企业杠杆率向家庭部门转移，由此导致家庭部门负债水平不断攀升，宏观杠杆率也不断增高，加剧了家庭部门的金融风险。国际货币基金组织研究认为，居民债务与 GDP 的比值低于 10% 时，该国债务的增加将有利于经济增长，比值超过 30% 时，该国中期经济增长会受到影响，比值超过 65% 会影响到金融稳定。2018 年 1 月，中国银行业监督管理委员会召开了全国银行业监督工作会议，提出要努力控制居民杠杆率的增长速度，包括严格控制中国高速增长的居民杠杆率，防范居民消费贷款的违规使用、个人信用卡的透支使用，并流入股市和楼市，防止风险进一步提高。表5.1为中国商务支援（CNBS）统计的2007～2019年我国家庭部门宏观杠杆率数据。由表5.1可知，2019年，我国家庭部门宏观杠杆率为55.8%，高于30%低于65%，表明我国家庭部门中期经济增长会受到影响，但暂时不会影响金融稳定。

表5.1　　　　　　　**2007～2019年家庭部门宏观杠杆率**　　　　单位：%

年份	家庭部门宏观杠杆率
2007	18.8
2008	17.9
2009	23.5
2010	27.3
2011	27.9
2012	30.0
2013	33.5
2014	36.0
2015	39.2
2016	44.7
2017	48.7
2018	52.1
2019	55.8

　　以上分析针对的是我国家庭部门宏观杠杆率，中国幅员辽阔，各地区间自然资源、社会经济发展水平差距很大，住户量也各不相同；北京、上海住户量大；新疆、西藏地域辽阔，住户分散，居民结构复杂。因此，本书使用宏观资产负债表的方法全面分析中国各个地区家庭部门宏观杠杆率情况和风险状况。通过观察各个地区家庭部门的资产负债表可以了解居民的财务状况、资产配置和融资情况，进而分析居民消费、储蓄和投资行为及其对经济金融发展的影响。

　　家庭部门的宏观资产负债表主要包括家庭部门账面资产负债表和家庭部门或有权益资产负债表。家庭部门账面资产负债表反映家庭部门在某一时点的资产、负债的总量及结构状况，属于存量核算，是一国国民经济核算的重要内容。家庭部门或有权益资产负债表是以市场数据为基础的，得出资产市值、债务市值和权益市值，考虑了市场风险。编制宏观资产负债表时，我们将宏观主体等同为微观企业，将特定时点上的资产和负债进行分类加总，得到反映该经济体总量的报表。

家庭部门账面资产负债表编制的理论基础是联合国向世界各国发布的国民经济核算体系，特别是 SNA2008。SNA2008 对家庭部门核算方法进行了详细论述，这对丰富我国家庭部门的核算理论具有重要的指导意义。根据 SNA2008 可知，资产是一种价值储备，代表经济所有者在一定时间内通过持有或使用某实体所产生的一次性或连续性经济利益；负债是债务人有义务向债权人提供一次性支付或连续性支付，在现代社会中，由于经济利益是通过支付来实现交换的，所以负债仅指金融负债。

基于 SNA2008，家庭部门账面资产负债表的基本框架为总资产、总负债和净资产。总资产分为金融资产和非金融资产，总负债指金融负债，总资产与总负债之差即净资产，如表 5.2 所示。

表 5.2　　　基于 SNA2008 的家庭部门账面资产负债表的基本框架

资产	负债和所有者权益
金融资产	金融负债
非金融资产	净资产

李杨团队在《国家资产负债表 2018》中编制了 1993～2016 年的国家家庭部门资产负债表。对 SNA2008 的核心框架进行了调整，具体调整体现在金融资产部分。金融资产包括通货、存款、保险准备金、证券投资基金份额、股票及股权、债券和贷款资产。其中，通货指居民的现金持有，假设 1993 年时居民持有的现金是 80%，再用历年资金流量表的增量来估算之后各年规模。存款包括银行存款、非保本理财和公积金存款三部分。居民持有的保险总规模假设为保监会年报中保险总规模的 70%。证券投资基金主要包括公募基金、私募基金、信托产品、券商资管产品、基金专户等。股权的总规模为全部金融企业和非金融企业的所有者权利加总，根据估算，2016 年居民持有非金融企业股权占比为 20.3%，居民持有金融机构的股权占比为 17.1%。居民持有的债券规模以 1998 年统计局估算的国家资产负债表数据为基期，之后各期变动由流量表决定。居民持有的贷款资产是指居

民内部的借贷关系，不通过金融中介，主要是小额贷款和 P2P；非金融资产主要是指固定资产，具体包括城镇住房、农村住房、汽车资产、农村居民生产性固定资产；总负债主要指贷款，具体包括消费性贷款余额和经营性贷款余额，在此基础上补充了公积金贷款、P2P 贷款和小额贷款三项。

刘向耘（2009）运用有关统计数据成功编制了 2004～2007 年的国家家庭部门资产负债表。在此基础上，对居民资产负债表的风险及配置效率进行了分析。认为我国家庭部门的金融稳健性较强，但资产结构单一、资金配置效率较低。金融资产包括本币通货、存款、证券、证券投资基金份额、证券客户保证金、保险准备金、结算资金；实物资产包括农村房产和城市房产、私人拥有机动车、农村生产性固定资产。具体而言，城市房地产余额采用盯市法确定，即城市人口 × 城市人均住房面积 × 商品房全国平均售价；农村房地产余额采用成本法确定，即农村人口 × 农村人均住房面积 × 农村房屋价值。私人拥有机动车余额以平均折旧法确定为过去 10 年汽车销售额的折余价值的 76%，即具体的计算公式为：（当年汽车销售额 + 前一年汽车销售额 ×90% + 前二年汽车销售额 ×80% + 前三年汽车销售额 ×70% + 前四年汽车销售额 ×60% + 前五年汽车销售额 ×50% + 前六年汽车销售额 × 40% + 前七年汽车销售额 ×30% + 前八年汽车销售额 ×20% + 前九年汽车销售额 ×10%）×76%；总负债即金融负债，主要指的是贷款，包括短期贷款和中长期贷款。

高睿（2018）借鉴近年来宏观资产负债表领域的研究成果，尝试整理、汇编了 1991～2013 年国家家庭部门资产负债表和 2002～2015 年的地区家庭部门资产负债表，并使用改进的未定权益分析法测算国家层面和地区层面的金融风险水平。编制过程主要由两个步骤组成：第一步是根据李扬、刘向耘、马骏等已公布的数据及统计年鉴、统计局已有数据确定基期存量数据；第二步在基期数据的基础上，结合历年家庭部门非金融资产形成净值流量数据，在基期存量数据上叠加流量数据。金融资产直接选用《中国金融稳定报告》的数据，公布了 2004～2010 年家庭部门金融资产数据，对于未公布数据的年份，分别以 2004 年和 2010 年为基期，结合历年家庭部门在金融交易领域的资金运用项，向前、向后推算出 1991～2013 年的金融资产价值；非金融资产定义为城乡居民房地产、汽车、耐用消费品和农村生产性固定资产四项的集合；总负债主要以贷款为主，其中长期负债和短期负债分别定义为家庭部门的长期贷款和短期贷款。中国人民银行发布的《金融机构信贷收支表》公布了 2004~2013 年家庭部门长短期贷款数据。对于未公布数据的年份，以 2004 年为基期，结合历年家庭部门在金融交易领域的资金来源项向前推算得出，并假设 1991~2003 年家庭部门短期贷款和长期贷款的比例为 1：2。

刘敏（2014）通过数据调研和实地调查，运用存量数据和流量数据构建了 2008~2013 年湖北省通山县经济体系部门与整体的宏观资产负债表，包括部门账面资产负债表和或有权益资产负债表、宏观资产负债表矩阵以及县域整体的资产负债表。金融资产主要由储蓄存款、库存现金和保险、债券、股票、基金等金融产品组成；实物资产主要由居民住房价值、居民耐用消费品价值和居民生产性固定资产组成。具体而言，居民持有房产自身的价值加上房屋装修后的附带价值，家户住房用地价值不计入总房产的计算之中，并以实际价格进行估价。居民耐用消费品的统计范围包括家户自用的汽车，居民耐用消费品价值测算的主要因素包括居民户数和户平耐用消费品价值，还需要计提折旧。居民生产性固定资产主要计量农户的役畜、产品畜、农林牧渔业机械以及工业、运输机械的设备现值，居民生产性固定资产价值测算的主要因素包括户均农业机械等生产性资产价值和农村居民户数，也需要计提折旧。总负债主要包括个人消费贷款和其他贷款，其中住房贷款和汽车贷款是主要负债来源。

郑小娟（2013）在研究欧洲国家债务危机的风险传导中谈到国外的家庭部门资产负债表，目前，美国、加拿大等国都进行编制完善的家庭部门资产负债表，欧洲国家较少关注家庭部门资产负债表，多以失业率、居民的收支比、存贷比等来反映家庭部门风险。郑小娟并非基于 SNA2008 将家庭部门账面资产负债表的基本框架为总资产、总负债和净资产。而将家庭部门资产负债表分为资产方和权益方，资产方包括金融资产和实物资产，金融资产包括库存现金、储蓄存款和持有的股票、债券等，实物资产以房产为主，权益方包括贷款和净资产。

由上述编制现状可知，刘向耘（2009）的家庭部门金融资产项包括本币通货、存款、证券、证券投资基金份额、证券客户保证金、保险准备金、结算资金。李扬（2018）的家庭部门金融资产项和刘向耘（2009）相比，减少了证券客户保证金和资金结算，增加了股票及股权、债券和贷款资产。刘敏（2014）的家庭部门金融资产项主要由储蓄存款、库存现金和保险、债券、股票、基金等金融产品组成。郑小娟（2013）仅将现金、储蓄、股票、债券等纳入家庭部门的金融资产项。

刘向耘（2009）和李扬（2018）将家庭部门非金融资产项都定义为房地产、汽车和农村生产性固定资产三项的集合，高睿（2018）的家庭部门非金融资产项在房地产、汽车和农村生产性固定资产三项之外，加入了耐用消费品。刘敏（2014）的家庭部门非金融资产项则包含居民住房价值、居民耐用消费品价值和居民生产性固定资产，未包含汽车。马骏（2012）仅将房地产和耐用消费品两项列入家庭部门非金融资产项。郑小娟（2013）的实物资产项范围更加狭窄，仅包含房产。

刘向耘（2009）、高睿（2018）、刘敏（2014）、郑小娟（2013）和李扬（2018）的家庭部门负债项都是主要以贷款为主。其中刘向耘（2009）和高睿（2018）都将家庭部门负债项划分为短期贷款和中长期贷款。刘敏（2014）的家庭部门总负债项主要包括个人消费贷款和其他贷款，其中住房贷款和汽车贷款是主要负债来源。李扬（2018）的家庭部门负债项具体包括消费性贷款余额和经营性贷款余额，在此基础上补充了公积金贷款、P2P贷款和小额贷款三项。

由于家庭部门的个体数量庞大，分散程度高，数据收集和整理工作难度较大，关于家庭部门风险的研究较少，但该部门在国家整体资产中所占份额较大，而且家庭部门通过借贷与金融部门相联系，通过持有基础货币与政府部门相关联，这会使得家庭部门直接或间接影响国家整体的金融稳定性。通过编制宏观资产负债表可以更加直观地看到家庭部门的资产、负债情况及风险状况。由上述介绍可知，在我国，家庭部门资产负债表的编制仅有几个团队在研究，并且大部分是对全国整体的家庭部门或某一区域的家庭部门资产负债表进行研究，尚未出现省域层面的家庭部门宏观资产负债表，我国由于幅员辽阔，区域经济发展不平衡，金融资源分布也错综复杂，因此，省域层面的家庭部门资产负债表编制更加重要。综上所述，家庭部门在区域层面的理论及实证研究较少，大部分局限于定性分析或单指标简单分析。因此，本书创新性地对全国 31 个省份家庭部门宏观资产负债表进行编制，为全国区域家庭部门数据的可比作出贡献，为区域风险防范提供新的视角。

二、编制依据

（一）编制原则

微观资产负债表是反映企业在某一特定日期全部资产、负债和所有者权益情况的会计报表。家庭部门账面资产负债表是反映各地区家庭部门在年末的全部宏观资产、负债及所有者权益情况的报表，是各个地区资产、负债结构的具体体现。

家庭部门账面资产负债表编制的基本原则如下。

遵循会计平衡原则。具体包括所有者权益等于总资产减去总负债、实物资产加金融资产等于总资产、股票加储蓄存款等于金融资产、短期贷款加中长期贷款等于总贷款等。

数据真实可靠，正确无误。本书编制的家庭部门账面资产负债表中所用到的数据均来自各个地区的统计年鉴、国家统计局、中国人民银行官网、中国证券登记结算有限公司等，所有数据都是来源于官方披露。需要进行估算的数据也是根据已经披露的数据使用合理的估算方法得到。

内容完整。资产负债表都有统一的格式，都会有资产项、负债项。家庭部门账面资产负债表按照普通资产负债表的基本框架中的项目和内容按规定填列，填列齐全，不要遗漏。

说明清楚。家庭部门账面资产负债表因不同于普通微观企业的资产负债表，表中某些数据需要进行估算的需要说明清楚，例如，房产价值的估算方式需要有详细的文字说明。

（二）编制依据

家庭部门账面资产负债表编制的理论基础是联合国向世界各国发布的国民经济核算体系，特别是 SNA2008。宏观经济学中的四部门经济是指由厂商、居民户、政府和国外部门这四种经济单位所组成的经济。因此，居民户即家庭部门是宏观经济的重要组成部分。由现实情况可知,家庭部门主要持有的资产分为实物资产和金融资产。实物资产主要包括房产和汽车,由于汽车的数据在省际层面未能完整披露,汽车的重要性和普及性低于房产,因而选择房产代表家庭部门的实物资产。金融资产主要包括储蓄存款和居民持有的金融产品,居民的金融需求主要为财富保值和财富增长,根据居民持有金融资产的比例和居民的金融需求,选择储蓄存款和股票代表家庭部门的金融资产。由现实情况可知,家庭部门主要持有的负债为贷款,主要是住房贷款和一些消费性贷款,因而选择贷款代表家庭部门的负债。

三、基本框架

按照 SNA 编制宏观资产负债表一般形式,可以得到资产负债表的简表形式,包括资产、负债和净值。具体到家庭部门,需要根据家庭部门的实际情况在资产和负债下列出不同的细项如表 5.3 所示。具体而言,家庭部门账面资产负债表的科目设置为:家庭部门宏观账面资产负债表结构大致分为总资产、总负债和所有者权益。其中,总资产包括实物资产与金融资产,实物资产的估计在区域层面以房产为代表,金融资产主要包括居民的储蓄存款和居民持有的股票。总负债按照家庭部门的总贷款分类,分为短期贷款与中长期贷款。

表 5.3 家庭部门账面资产负债表基本框架

资产		负债
实物资产	房产	短期贷款
金融资产	储蓄存款	中长期贷款
	股票	资产净值

四、估算方法

本书编制的家庭部门账面资产负债表中所用到的数据均来源于各个地区的统计年鉴、国家统计局、中国人民银行官网、锐思数据库、中国证券登记结算有限公司等官方数据披露机构，需要进行估算的数据也是根据已经披露的数据使用合理的估算方法进行的估算。具体的估算方法和数据来源如下。

实物资产的估计在区域层面以居民的房产为代表。房地产价值为城市房地产价值加农村房地产价值。其中，城市房地产价值为住宅商品房本年销售价格、非农业人口、市区人均住房居住面积的乘积，农村房地产价值为农业人口、农村人均住房面积与农村房屋价值的乘积。其中，农村人口和城市人口数据来源于国家统计局数据中的人口列表。城镇住宅商品房本年销售价格数据来源于国家统计局数据中的固定资产投资和房地产列表。农村居民家庭住房价值数据来源于国家统计局数据中的人民生活列表，农村居民家庭住房价值在国家统计局只披露到 2012 年，2013～2018 年的农村居民家庭住房价值按一定比例①进行估算。2013～2018 年农村居民家庭住房价值为 2013～2018 年城镇住宅商品房本年销售价格乘以比例。城镇人均住房居住面积和农村人均住房居住面积数据来源于各地区统计年鉴中的城乡居民生活水平列表，其中使用城镇居民人均住宅建筑面积衡量城镇人均住房居住面积。

金融资产主要包括居民的储蓄存款和居民持有的股票。其中，储蓄存款为居民个人将属于其所有的人民币或者外币存入储蓄机构，储蓄机构开具存折或者存单作为凭证，个人凭存折或存单可以支取存款的本金和利息，储蓄机构依照规定支付存款本金和利息的活动。数据来源为各地区的金融运行报告。2007～2014 年使用储蓄存款衡量；2015～2018 年使用住户存款衡量储蓄存款。随着中国资本市场的逐渐开放，居民投资理财的意识逐渐增强，居民通过持有股票来持有金融资产的方式越来越多，股票成为居民资产配置的重要构成。但是，居民持有的股票数据难以直接获得，而又在资产负债表的编制中不可缺少。因此，本书假设股票为自然人投资者持股市值与各地开户占比的乘积。自然人投资者持股市值为股市总市值乘自然

---

① 比例＝（2008 年农村居民家庭住房价值比城镇住宅商品房本年销售价格＋2009 年农村居民家庭住房价值比城镇住宅商品房本年销售价格＋2010 年农村居民家庭住房价值比城镇住宅商品房本年销售价格＋2011 年农村居民家庭住房价值比城镇住宅商品房本年销售价格＋2012 年农村居民家庭住房价值比城镇住宅商品房本年销售价格）/5。

人持股比例均值。使用股票市价总值衡量股市总市值。对于一家上市公司来说，股票市价总值是指该公司在资本市场上的价值，计算公式为股票市场价格乘以发行的总股数。把所有上市公司的市值加总，就可得出整个股票市场的市价总值，数据来源于国家统计局数据中的股票市价总值列表。自然人持股比例来源于 Wind 数据库，通过 Wind 数据库可知 2007 年的自然人持股比例为 32.85%，2008 年的自然人持股比例为 29.93%，其他年份的自然人持股比例难以获得，因而自然人持股比例取 2007 年和 2008 年的均值四舍五入为 31%。各地区的开户占比为地区居民在深市与沪市的 A 股开户占比的加权平均，数据来源于中国证券登记结算有限公司的统计年报。由于数据披露的问题，2015 ~ 2018 年中国证券登记结算有限公司的统计年报中未披露居民在深市与沪市的 A 股开户占比，因而 2015 ~ 2018 年的开户占比为前五年的开户占比的加权平均。

总负债按照家庭部门的总贷款分类，分为短期贷款与中长期贷款。各个地区的数据披露进度不同，例如，山西对住户的贷款是从 2015 年期披露的，为了保证各个地区的数据来源相同，数据结果可比，本书使用国家住户贷款的短期与中长期贷款套算估计，套算的比例为各个地区人民币的个人消费性贷款与人民币的国家个人消费性贷款的比例。地区短期贷款为国家居民短期贷款与套算比例的乘积；地区中长期贷款为国家居民中长期贷款与套算比例的乘积。其中，国家居民贷款为国家居民短期贷款和国家居民中长期贷款之和。国家居民短期贷款为国家居民短期消费性贷款和国家居民短期经营性贷款之和。居民短期消费性贷款是指银行向个人客户发放的一年内有指定消费用途的本外币贷款业务，主要有个人住房、汽车、装修、一般助学贷款等消费性个人贷款。居民短期经营性贷款指银行向个人客户发放的一年内用于借款人流动资金周转、购置或更新经营设备、支付租赁经营场所租金、商用房装修等合法生产经营活动的贷款。国家居民中长期贷款为国家居民中长期消费性贷款和国家居民中长期经营性贷款之和。数据都来源于锐思宏观经济数据库。人民币口径的国家个人消费性贷款为银行向全国个人客户发放的有指定消费用途的本外币贷款业务，2007 ~ 2014 年的数据来源于锐思宏观经济数据库，2015 ~ 2018 年的数据来源于中国人民银行。人民币口径的地方个人消费性贷款数据来源于金融运行报告。

第二节　家庭部门债务杠杆测度

居民的生活水平与资金配置情况将直接关系到地方经济金融的稳定与持久发展。因此，本书根据以上家庭部门账面资产负债表的编制结果重点分析各个地区 2007～2018 年总资产、总负债、资产负债率、金融资产与实物资产的比例和股票与储蓄存款的比例的变化以及风险状况。

一、资产负债规模

（一）总资产规模

表 5.4 为 2018 年各省份家庭部门总资产规模。由表 5.4 可知，总资产规模体量最大的三个省份分别是浙江、江苏和广东；总资产规模体量最小的三个省份分别是西藏、青海和宁夏。其中，广东总资产规模最大，高达457143.32 亿元，原因是广东位于我国东南沿海，自然位置好，紧邻港澳台、东南亚，交通发达，陆水运条件都很好，外来人口多，劳动力充足廉价，国家政策重点照顾；西藏总资产规模最小，仅为 3978.88 亿元，原因是西藏位于我国西南边陲，坐落于青藏高域，海拔较高，不太适宜人类生产和生存，交通不便，物流成本较高，严酷的地理环境极大地制约着西藏的农业、交通、能源以及工商业经济的发展。总资产规模较小的地区多为西部地区，总资产规模中等的地区多为中部地区，总资产规模较大的地区更多为东部地区。2018 年，国内生产总值最小的地区为西藏，最大的地区为广东，国内生产总值衡量了一个地区经济状况和经济发展水平，可以间接衡量家庭部门的总资产状况。

表 5.4　　　　　　　**2018 年各省份家庭部门总资产规模**　　　　　　单位：亿元

省份	总资产规模
西藏	3978.88
青海	10104.35

续表

省份	总资产规模
宁夏	10602.27
海南	34404.54
新疆	36811.04
甘肃	45235.09
内蒙古	47954.13
贵州	48403.20
吉林	57194.35
黑龙江	72455.78
山西	77018.39
重庆	82756.28
天津	83716.75
广西	93202.75
陕西	96939.03
辽宁	104533.77
云南	114022.21
江西	119873.11
安徽	137812.62
湖南	143544.59
四川	154501.06
福建	166101.96
上海	168280.06
湖北	172860.93
河南	178396.64
河北	180585.25
山东	238233.86
北京	277982.16
浙江	344056.37
江苏	368783.37
广东	457143.32

（二）总资产增长率

表 5.5 为 2007～2018 年各省份家庭部门总资产增长率，家庭部门总资产逐年上涨。2007～2018 年总资产增长率最高的三个省份分别为安徽、陕西和云南；2007～2018 年总资产增长率最低的三个省份分别为广东、辽宁和上海。其中，广东总资产增长率最低，为 198.53%，原因是广东作为我国的南部沿海重要经济体，开放水平高，城市发展快，受国家政策照顾较多，居民收入水平高，2007 年的居民资产水平就位于全国前列；云南省总资产增长率最高，为 577.74%，原因是云南位于我国西南角，比较封闭，2007 年经济总体发展慢，12 年来随着云南省的旅游业等各项产业的大规模发展，居民收入增加，居民的总资产增长率最快。由表 5.5 可知，总资产增长率低的地区多为东南沿海地区和东北地区，东南沿海地区是由于 2007 年经济发展水平已经较高，位于前列；东北地区是由于其是资源型地区，近年来资源枯竭，人口外流，发展缓慢。总资产增长率高的地区多为地理位置较差的中西部地区，2007 年由于其地理位置较差，经济发展比较缓慢，10 年间由于交通运输的发展、地区特点的挖掘、旅游业的发展，提高了居民的收入水平，家庭部门资产快速上涨。

表 5.5　　　　　2007～2018 年各省份家庭部门总资产增长率　　　　　单位：%

省份	总资产增长率
广东	198.53
辽宁	200.50
上海	262.74
黑龙江	264.61
四川	289.35
吉林	298.20
山东	303.86
宁夏	308.07
福建	322.48
浙江	326.64
西藏	355.40
河南	372.81

省份	总资产增长率
内蒙古	373.24
江苏	377.72
天津	379.76
湖南	381.51
湖北	384.45
河北	394.84
新疆	416.83
北京	419.87
海南	419.91
广西	427.19
重庆	433.33
山西	433.48
青海	444.18
贵州	450.88
甘肃	451.04
江西	501.65
安徽	512.94
陕西	538.19
云南	577.74

(三) 总负债规模

表 5.6 为 2018 年各省份家庭部门总负债规模。由表 5.6 可知,总负债规模体量最大的三个省份分别是浙江、江苏和广东;总负债规模体量最小的三个省份分别是西藏、青海和宁夏。其中,广东总负债规模最大,高达66479.08 亿元;西藏总负债规模最小,仅有 413.68 亿元。原因是负债是用贷款水平来衡量的,贷款又与经济发展水平、金融发展程度、居民思想开放程度有关,广东经济发展水平快,金融发展程度更加完善,居民在借贷方面的思想上也更加开放,西藏则相反。由表 5.6 可知,总负债规模较小的地区多为西部地区,总负债规模中等的地区多为中部地区,总负债规模较大的地区多为东部地区。

表5.6　　　　　　　　2018年各省份家庭部门总负债规模　　　　　单位：亿元

省份	总负债规模
西藏	413.68
青海	564.12
宁夏	1298.20
海南	2438.73
甘肃	2768.53
新疆	2998.26
山西	4015.88
内蒙古	4094.59
黑龙江	4591.03
吉林	4879.36
贵州	5743.10
云南	6870.32
陕西	7964.34
天津	8961.79
辽宁	9537.19
广西	9987.11
江西	10515.11
湖南	11882.00
重庆	12646.75
湖北	14368.90
安徽	15310.96
河北	16189.27
四川	16591.16
河南	17214.85
北京	18585.79
福建	20467.75
山东	24099.87
上海	24987.56
浙江	37276.52
江苏	41847.78
广东	66479.08

（四）总负债增长率

表5.6为2007～2018年各省份家庭部门总负债增长率，家庭部门总负债逐年上涨。2007～2018年总负债增长率最高的三个省份分别为青海、湖南和河南；2007～2018年总负债增长率最低的三个省份分别为北京、上海和辽宁。其中，北京市总负债增长率最低，为366.08%，原因是北京作为我国的政治、经济、文化中心，金融发展水平比较完善，居民贷款规模在2007年就比较大；河南总负债增长率最高，为1913.12%，原因是河南是我国人口最多的省份，随着城市化的推进和金融发展水平的完善，居民通过贷款购买住房的情况不断增加，导致负债水平不断增长。由表5.7可知，总负债增长率低的地区多为经济发达地区和西部落后地区，经济发达地区是由于其2007年金融发展比较完善，城市化规模较高，贷款体量大；西部落后地区主要是由于其金融发展不完善，城市化规模低，居民更多从事农业生产，贷款额度低。总负债增长率高的地区多为城市化发展较快的中部地区，城市化推动农村居民进城就业，购买住房，房贷增加，负债增加。

表5.7　　　　　　　　2007～2018年各省份家庭部门总负债增长率　　　　　　单位：%

省份	总负债增长率
北京	366.08
上海	417.79
辽宁	497.05
浙江	545.02
西藏	578.12
云南	622.69
广东	632.66
福建	704.20
四川	758.28
山东	810.70
江苏	868.54
重庆	869.39
新疆	895.10
天津	905.75

续表

省份	总负债增长率
广西	918.69
黑龙江	1013.48
湖北	1022.31
陕西	1064.57
吉林	1093.26
宁夏	1174.26
海南	1261.36
河北	1294.52
内蒙古	1316.47
江西	1358.00
贵州	1358.04
甘肃	1479.59
安徽	1511.34
山西	1553.10
青海	1565.96
湖南	1592.06
河南	1913.12%

（五）总资产均值和总负债均值的比较

表5.8列示了2007～2018年各省份的总资产均值和总负债均值排名情况，其中总资产均值和总负债均值在全国的排名具有高度一致性。区域差异性明显，东部地区的总资产规模和总负债规模明显高于中西部地区。

表5.8　　2007～2018年各地区总资产均值和总负债均值的排名情况

区域	省份	总资产排名	总负债排名
华北区	北京	4	6
	天津	19	19
	河北	8	9
	山西	22	26
	内蒙古	24	24

续表

区域	省份	总资产排名	总负债排名
东北区	辽宁	14	14
	吉林	23	23
	黑龙江	20	22
华东区	上海	6	4
	江苏	3	2
	浙江	2	3
	安徽	13	11
	福建	7	7
	江西	15	19
	山东	5	5
华中区	河南	9	10
	湖北	11	13
	湖南	12	15
华南区	广东	1	1
	广西	17	16
	海南	28	28
西南区	重庆	21	12
	四川	10	8
	贵州	25	21
	云南	16	20
	西藏	31	31
西北区	陕西	18	18
	甘肃	26	27
	青海	30	30
	宁夏	29	29
	新疆	27	25

二、资产负债结构

(一) 金融资产比实物资产

表 5.9 为 2018 年各省份家庭部门金融资产与实物资产比值。由表 5.9 可知，金融资产与实物资产的比值最高的三个省份分别是山西、宁夏和辽

宁；金融资产与实物资产的比值最低的三个省份分别是云南、福建和海南。其中，辽宁的金融资产与实物资产的比值最高，为 0.534，说明辽宁金融资产规模较大或实物资产规模较小，原因是辽宁随着资源枯竭，人口外流，衡量实物资产的房产价值不断下降；云南的金融资产与实物资产的比值最低，为 0.163，说明云南金融资产规模较小或实物资产规模较大，原因是云南旅游产业的蓬勃发展，房产价值上升较快。由数据可知，我国各省份金融资产占实物资产的比值都较低，表明我国家庭部门资产依旧以实物资产即房产为主，印证了我国居民有房即有家的习惯，也表明我国整体金融发展水平较低。

表 5.9　　　　　2018 年各省份家庭部门金融资产与实物资产比值

省份	金融实物资产比
云南	0.163
福建	0.164
海南	0.175
北京	0.178
天津	0.185
浙江	0.188
江西	0.196
江苏	0.201
广东	0.222
湖北	0.223
安徽	0.230
广西	0.232
贵州	0.237
湖南	0.260
重庆	0.279
河南	0.300
新疆	0.304
山东	0.311
陕西	0.321
河北	0.322

续表

省份	金融实物资产比
西藏	0.324
甘肃	0.335
上海	0.341
吉林	0.348
黑龙江	0.349
青海	0.366
内蒙古	0.386
四川	0.401
山西	0.418
宁夏	0.530
辽宁	0.534

表 5.10 为 2007~2018 年各省份家庭部门金融资产与实物资产比值增长率，除西藏外其他地区的金融资产与实物资产的比值增长率都呈下降的趋势。2007~2018 年金融资产与实物资产的比值增长率最高的三个省份分别是四川、辽宁和西藏；2007~2018 年金融资产与实物资产的比值增长率最低的三个省份分别是上海、陕西和山西。其中，西藏金融资产与实物资产的比值增长率最高，为 5.12%；上海金融资产与实物资产的比值增长率最低，为 -58.61%。金融资产与实物资产的比值增长率下降表明，自 2007 年以来，实物资产在总资产中所占比重呈上升趋势，意味着房产在家庭部门的地位逐步显现。在房产税的征收及房地产调控政策推广的大环境下，房价变化波动较大，未来几年房屋资产大幅缩水的可能性较高，金融部门债务规模不断扩大，应警惕以房产抵押的居民债务的违约风险。

表 5.10　2007~2018 年各省份家庭部门金融资产与实物资产比值增长率　　单位：%

省份	金融实物资产比增长率
上海	-58.61
陕西	-57.09
山西	-56.15
北京	-54.13

续表

省份	金融实物资产比增长率
海南	-53.81
青海	-53.74
天津	-53.36
江苏	-48.70
云南	-47.26
安徽	-44.36
江西	-43.74
福建	-40.03
重庆	-39.97
黑龙江	-36.63
湖北	-35.94
甘肃	-35.40
广西	-35.30
吉林	-35.10
贵州	-34.62
新疆	-34.56
湖南	-33.94
河南	-30.58
浙江	-29.85
河北	-28.40
山东	-25.34
内蒙古	-20.30
宁夏	-18.50
广东	-16.46
四川	-9.68
辽宁	-7.59
西藏	5.12%

（二）股票比储蓄存款

表 5.11 为 2018 年各省份家庭部门股票与储蓄存款比值。由表 5.11 可

知,股票与储蓄存款的比值最高的三个省份分别是北京、福建和上海;股票与储蓄存款的比值最低的三个省份分别是西藏、贵州和河北。其中,上海的股票与储蓄存款的比值最高,为 0.498,原因是上海作为我国的金融中心,金融发展程度最高,金融市场最完善,通过股票持有资产的居民多;西藏的股票与储蓄存款的比值最低,为 0.051,原因是西藏的金融发展程度最低,金融市场最欠缺,居民对股票的了解少,通过股票持有资产的居民更少。除上海外,地区股票与储蓄存款的比值均小于 0.3,表明各个省份金融市场都不太完善,金融发展缓慢,居民惧怕风险,更倾向于通过储蓄存款持有资产,符合我国居民的特点。

表 5.11 　　　　　　2018 年地区家庭部门股票与储蓄存款比值

地区	股票储蓄存款比
西藏	0.051
贵州	0.079
河北	0.085
云南	0.102
内蒙古	0.111
山西	0.112
安徽	0.116
陕西	0.128
重庆	0.129
河南	0.136
江西	0.138
甘肃	0.140
四川	0.145
广西	0.146
山东	0.159
辽宁	0.162
湖南	0.169
吉林	0.169
浙江	0.172
青海	0.176

续表

地区	股票储蓄存款比
宁夏	0.178
广东	0.181
新疆	0.189
湖北	0.189
黑龙江	0.189
天津	0.193
江苏	0.203
海南	0.214
北京	0.236
福建	0.260
上海	0.498

表 5.12 为 2007～2018 年各省份家庭部门股票与储蓄存款比值增长率，各个地区的股票与储蓄存款的比值增长率都存在下降趋势。2007～2018 年股票与储蓄存款的比值增长率最高的三个省份分别是上海、北京和广东；2007～2018 年股票与储蓄存款的比值增长率最低的三个省份分别是西藏、海南和青海。其中，广东的股票与储蓄存款的比值增长率最高，为 −54.37%；西藏的股票与储蓄存款的比值增长率最低，为 −82.12%。股票与储蓄存款的比值增长率均为负数，表明 2007～2018 年居民持有股票的增长幅度低于居民储蓄存款的增长幅度，说明居民的大多数金融资产依旧以储蓄存款为主，原因是我国金融发展进程缓慢，金融市场不完善，居民多为风险规避者，选择储蓄存款提高资产的安全性。

表 5.12　　　2007～2018 年地区家庭部门股票与储蓄存款比值增长率　　　单位：%

地区	股票储蓄存款比增长率
西藏	−82.12
海南	−79.91
青海	−79.17
四川	−76.77
重庆	−74.77
陕西	−74.53

地区	股票储蓄存款比增长率
安徽	-73.48
贵州	-73.44
江西	-73.36
宁夏	-72.83
湖北	-72.12
湖南	-70.53
辽宁	-69.81
河南	-69.61
甘肃	-69.02
吉林	-68.85
江苏	-68.61
新疆	-68.57
山东	-68.27
广西	-67.85
河北	-67.35
云南	-66.64
天津	-65.79
黑龙江	-65.61
浙江	-65.43
福建	-64.56
内蒙古	-61.83
山西	-61.59
上海	-60.07
北京	-55.90
广东	-54.37

三、债务杠杆测度

(一) 资产负债率

表 5.13 为 2018 年各省份家庭部门资产负债率。由表 5.13 可知，资产

负债率最高的三个省份分别是广东、上海和重庆；资产负债率最低的三个省份分别是山西、青海、云南。其中，重庆的资产负债率最高，为 15.3%，但远低于国际上的家庭部门杠杆率标准；山西的资产负债率最低，为 5.2%。由数据可知，2018 年我国各省份资产负债表差异较小，水平较低，远低于国际危险水平，因此，我国地方家庭部门资本结构错配风险较低。原因是我国居民相对于贷款消费，更倾向于用已有存款进行消费，储蓄存款规模较大。

表 5.13　　　　　　　　2018 年各省份家庭部门账面资产负债率

省份	账面资产负债率
山西	5.20
青海	5.60
云南	6.00
甘肃	6.10
黑龙江	6.30
北京	6.70
海南	7.10
新疆	8.10
陕西	8.20
湖南	8.30
湖北	8.30
吉林	8.50
内蒙古	8.50
江西	8.80
河北	9.00
辽宁	9.10
河南	9.60
山东	10.10
西藏	10.40
天津	10.70
广西	10.70
四川	10.70
浙江	10.80
安徽	11.10
江苏	11.30

续表

省份	账面资产负债率
贵州	11.90
宁夏	12.20
福建	12.30
广东	14.50
上海	14.80
重庆	15.30

　　表 5.14 为 2007～2018 年各省份家庭部门资产负债率增长率，除北京外其他地区资产负债率自 2007 年都呈略微上涨的趋势。2007～2018 年资产负债率增长率最高的三个省份分别是宁夏、湖南和河南；2007～2018 年资产负债率最低的三个省份分别是北京、云南和上海。其中，北京资产负债率增长率最低，为 −10.35%，表明北京市 10 年间资产增长速度快于负债增长速度，是由于北京的经济发展水平高；河南资产负债率增长率最高，为 325.78%，表明河南 10 年间资产增长速度慢于负债增长速度，是由于河南人口众多，城市化发展速度加快，居民通过贷款购买住房的数量增加。

表 5.14　　　2007～2018 年家庭部门账面资产负债率增长率　　　单位：%

省份	账面资产负债率增长率
北京	−10.35
云南	6.63
上海	42.75
西藏	48.91
浙江	51.18
重庆	81.76
陕西	82.48
福建	90.35
新疆	92.54
广西	93.23
辽宁	98.68
江苏	102.74
天津	109.64

省份	账面资产负债率增长率
四川	120.44
山东	125.50
湖北	131.67
江西	142.33
广东	145.42
海南	161.85
安徽	162.89
贵州	164.68
河北	181.81
甘肃	186.65
内蒙古	199.32
吉林	199.66
黑龙江	205.39
青海	206.14
山西	209.87
宁夏	212.26
湖南	251.40
河南	325.78

表5.15列示了2007~2018年我国各省份家庭部门的账面资产负债率均值、金融实物资产均值比和股票储蓄存款均值比的排名状况,三个指标均呈现不同的排名状况,区域差异性明显。

表5.15 2007~2018年地区账面资产负债率均值、金融实物资产均值比和股票储蓄存款均值比排名情况

区域	省份	账面资产负债率排名	金融实物资产比排名	股票储蓄存款比排名
华北区	北京	20	25	5
	天津	14	20	12
	河北	23	12	30
	山西	31	1	27
	内蒙古	15	8	26

续表

区域	省份	账面资产负债率排名	金融实物资产比排名	股票储蓄存款比排名
东北区	辽宁	17	5	16
	吉林	22	9	13
	黑龙江	27	10	11
华东区	上海	2	6	1
	江苏	5	21	7
	浙江	6	30	15
	安徽	11	24	25
	福建	3	31	3
	江西	21	27	18
	山东	16	16	17
华中区	河南	25	17	21
	湖北	24	23	4
	湖南	26	18	10
华南区	广东	7	28	19
	广西	8	22	20
	海南	29	29	2
西南区	重庆	1	15	23
	四川	13	11	14
	贵州	4	19	29
	云南	19	26	28
	西藏	9	13	31
西北区	陕西	12	4	24
	甘肃	28	7	22
	青海	30	2	6
	宁夏	10	3	9
	新疆	18	14	8

(二) 债务收入比

由表 5.16 可知, 债务市值与 GDP 的比值最高的三个省份分别是广东、天津和上海; 债务市值与 GDP 的比值最低的三个省份分别是青海、新疆和山西。其中，上海的债务市值与 GDP 的比值最高，为 0.678；青海的债务市值与 GDP 的比值最低，为 0.201。债务市值与 GDP 的比值较低的地区多为中西部经济欠发达地区，主要原因是这些地区金融市场不完善，居民收入水平较低，贷款规模和经济体量都比较小。债务市值与 GDP 的比值较高的地区多为东部经济较发达地区，主要原因是该地区金融市场完善，居民收入水平较高，房价较贵，以房价为代表的贷款规模和经济体量都比较大。

表 5.16　　　　2018 年家庭部门债务市值与 GDP 的比值

省份	债务市值/GDP
青海	0.201
新疆	0.229
山西	0.246
内蒙古	0.248
西藏	0.261
湖南	0.320
云南	0.322
陕西	0.325
甘肃	0.334
湖北	0.334
河南	0.337
黑龙江	0.349
山东	0.354
宁夏	0.362
贵州	0.366
四川	0.378
辽宁	0.397
吉林	0.424
江苏	0.439
安徽	0.440
江西	0.453
海南	0.486
河北	0.487

续表

省份	债务市值/GDP
广西	0.497
福建	0.517
北京	0.549
重庆	0.573
浙江	0.628
广东	0.650
天津	0.656
上海	0.678

表5.17为2007～2018年各省份家庭部门债务市值与GDP比值的增长率。2007～2018年债务市值与GDP比值的增长率最高的三个省份分别是河南、黑龙江和山西；2007～2018年债务市值与GDP比值的增长率最低的三个省份分别是北京、西藏和云南。其中，北京债务市值与GDP比值的增长率最低，为29.04%，表明北京市10年间债务市值与GDP比值的增长率变化不大，主要是由于北京的债务市值增长率最低；山西债务市值与GDP比值的增长率最高，为480.91%，主要是由于山西债务市值增长率较高，而GDP的增长速度较低。

表5.17　　2007～2018年地区家庭部门债务市值与GDP比值的增长率　　单位：%

省份	增长率
北京	29.04
西藏	39.19
云南	53.76
上海	67.22
福建	78.95
浙江	94.13
重庆	95.45
四川	96.69
广东	116.83
湖北	132.03

续表

省份	增长率
江苏	151.66
新疆	154.77
贵州	154.95
陕西	160.68
辽宁	163.91
广西	181.33
宁夏	210.58
海南	223.64
安徽	224.62
山东	227.86
江西	246.53
天津	268.00
湖南	309.24
青海	349.96
甘肃	390.59
吉林	421.59
内蒙古	424.70
河北	443.58
河南	463.36
黑龙江	473.16
山西	480.91

四、债务风险分析

（一）或有权益资产负债表编制原则

家庭部门或有权益资产负债表是以市场数据为基础，得出资产市值、债务市值和权益市值，考虑到了市场风险。编制的基本原则有：（1）遵循会计平衡原则。主要包括权益市值等于资产市值减去债务市值。（2）数据真实可靠，正确无误。编制过程中使用的波动率、无风险理论等数据均来自 Wind 数据库。（3）内容完整。家庭部门或有权益资产负债表包含资产市值、债务市值、权益市值，内容齐全，没有遗漏。

格雷（2002）运用或有权益分析方法提出并且编制了一套国家各部门的或有权益资产负债表。编制的理论基础是：任何一个经济部门都可以被看作是由一套内部之间存在关联的"资产—负债—担保"的投资组合，而一个国家或地区的经济部门之间也可以被视为这样的组合。将家庭部门看作看涨期权或看跌期权来分析。这种方法使用了一个近似的处理，将适用于分析单独一家企业的或有权益方法主观地默认为也适用于分析家庭部门。直接把家庭部门当作一个"大的企业或金融机构"来做或有权益分析处理的方法的确是过于简单化，但是这种方法抓住了部门的风险特性这一关键因素。由于市值存在波动，通过编制包含市场信息的或有权益资产负债表来提高资产负债表的前瞻性。基本模型如下：

家庭部门资产市场价值等于负债市场价值与权益市场价值之和，即：

$$A_m(t) = D_m(t) + J_m(t) \tag{5.1}$$

其中，$A_m(t)$ 为资产市场价值，$J_m(t)$ 为权益市场价值，$D_m(t)$ 为负债市场价值，即无风险债务与债务担保的差额。

根据默顿（1974）的研究，构建下列方程组，以计算资产的市场价值和资产的波动率：

$$\begin{cases} J_m = N(d_1)A_m - \overline{DB}e^{-rT}N(d_2) \\ J_m\sigma_J = A_m\sigma_A N(d_1) \end{cases} \tag{5.2}$$

$$d_1 = \frac{\ln(A_m/\overline{DB}) + (r + \sigma_A^2/2)T}{\sigma_A\sqrt{T}} \tag{5.3}$$

$$d_2 = d_1 - \sigma_A\sqrt{T} \tag{5.4}$$

其中，σ_A 为资产价值的标准差，σ_J 为股权价值的标准差，$\overline{DB}$ 为部门违约点，r 为无风险利率，T 为剩余偿债期限（年），$N(d)$ 为标准正态分布的累积概率分布函数，J_m 为上市企业部门的日收盘价，n 为上市企业部门样本容量，τ 为一年交易日的天数。

违约距离：

$$DD = (A_m - \overline{DB})/A_m\sigma_A \tag{5.5}$$

违约概率：

$$PD = N(-d_2) \tag{5.6}$$

（二）科目设置、估算方法和数据来源

家庭部门或有权益资产负债表的科目设置为资产市值、债务市值和权益市值，如表 5.18 所示。

表5.18　　　　　　　家庭部门或有权益资产负债表的科目设置

科目	
	债务市值
资产市值	权益市值

在进行或有分析的时候，将家庭部门的总负债作为违约点，波动率为经过 hp 滤波后实际利率的波动率，实际利率为名义利率减去通货膨胀率，无风险利率为一年期存款利率，使用贷款贴现值来估计债务市值，债务市值与总负债的差为期权价值，根据已知项可以得出资产市值、违约距离、违约概率。因为家庭部门不存在严格意义上的权益项，所以将资产市值与债务市值的差近似看作权益市值。

债务市值是使用贷款贴现值来估计的，具体公式为：

$$D_m = \sum_{t=1}^{T} \frac{D_b \times i_D}{(1 + i_t)} + \frac{D_b + (1 + i_D)}{(1 + i_T)^T} \tag{5.7}$$

其中，D_m 为债务市值；D_b 为总负债；i_D 为个人住房贷款利率；i_t 为贴现率；T 为贷款期限。

贷款期限为短期贷款与中长期贷款平均年限之和，则贷款期限为：

$$T = a \times T_d + b \times T_c \tag{5.8}$$

其中，a 为短期贷款占总贷款的比例；T_d 为短期贷款平均年限，设为 1 年；b 为中长期贷款占总贷款的比例；T_c 为中长期贷款平均年限，设为 10 年。

贴现率 i_t 取同期限的国债收益率加风险溢价。公式为：

$$i_t = i_G + (i_D - r) \times b \tag{5.9}$$

其中，i_G 为国债收益；i_D 为个人住房贷款利率；r 为无风险利率，即 1 年期存款利率；b 为中长期贷款占总贷款的比例。

以上所有数据均来自 Wind 数据库。

（三）资产市值

资产市值是通过或有权益风险方法，根据违约点、看跌期权价值、波动率等数据得到的，反映了一定的市场风险。图 5.1 是 2007~2008 年 31 个省份资产市值均值的趋势图。由图 5.1 可知，31 个省份的资产市值均值波动较大，2008 年和 2009 年呈下降趋势可能是由于次贷危机的影响；2010 年和 2011 年呈大幅上涨可能是由于我国经济缓慢恢复和财政刺激计划发挥作用；2012 年和 2013 年大幅下降可能是由于我国经济增长速度放缓，由高速增长变为中高速增长；2014 年大幅上涨可能是由于国家充分发挥财政政策和货币政策相互协调的作用，稳定了经济发展；2015 年大幅下降可能是由于经济整体大萧条；2016~2018 年缓慢上升可能是由于我国经济逐渐步入新常态。

图 5.1　2007~2018 年资产市值均值变化

表 5.19 为 2018 年各省份家庭部门资产市值的总规模。由表 5.19 可知，资产市值总规模最大的三个省份分别是浙江、江苏和广东；资产市值总规模最小的三个省份分别是西藏、青海和宁夏。其中，广东资产市值总规模最大，为 66148.20 亿元，原因是广东位于我国东南沿海，自然位置好，紧邻港澳台、东南亚，交通发达，陆水运条件都很好，外来人口多，劳动力充足廉价，国家政策重点照顾；西藏资产市值总规模最小，仅为 411.62 亿元，原因是西藏位于我国西南边陲，坐落于青藏高原，海拔较高，不太适

宜人类生产和生存，交通不便，物流成本较高，严酷的地理环境极大地制约着西藏的农业、交通、能源以及工商业经济的发展。通过表5.19可知，资产市值总规模较小的地区多为中西部经济欠发达地区，资产市值总规模较大的地区多为东部经济较发达地区。家庭部门资产市值总规模情况与家庭部门账面总资产规模情况相似，均与地区经济发展的速度密切相关。

表5.19　　　　　2018年各省份家庭部门资产市值总规模　　　　单位：亿元

省份	资产市值总规模
西藏	411.62
青海	561.31
宁夏	1291.74
海南	2426.88
甘肃	2754.76
新疆	2983.34
山西	3995.90
内蒙古	4074.21
黑龙江	4568.18
吉林	4855.07
贵州	5714.51
云南	6835.79
陕西	7924.70
天津	8917.18
辽宁	9489.72
广西	9937.29
江西	10462.66
湖南	11822.86
重庆	12583.81
湖北	14297.38
安徽	15234.75
河北	16108.69
四川	16508.58
河南	17129.16

省份	资产市值总规模
北京	18493.29
福建	20365.88
山东	23979.92
上海	24863.19
浙江	37090.99
江苏	41639.72
广东	66148.20

（四）债务市值

债务市值是由家庭部门账面资产负债表中的总负债通过贴现进行估计的。图 5.2 是 2007～2008 年 31 个省份债务市值均值的趋势图。由图 5.2 可知，31 个省份的债务市值均值整体呈上升趋势，主要是由于进行贴现的总负债在 2007～2018 年是逐年上升的。

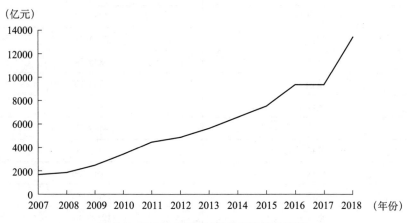

图 5.2　2007～2008 年债务市值均值变化

表 5.20 是 2018 年各省份家庭部门负债市值总规模。由表 5.20 可知，债务市值总规模最大的三个省份分别是浙江、江苏和广东；债务市值总规模最小的三个省份分别是西藏、青海和宁夏。其中，广东债务市值总规模最大，高达 64998.48 亿元；西藏债务市值总规模最小，仅有 404.47 亿元。

原因是债务市值是由总负债通过贴现来估计的，总负债是用贷款水平来衡量的，贷款又与经济发展水平、金融发展程度、居民思想开放程度有关，广东经济发展水平快，金融发展程度更加完善，居民在借贷的思想上也更加开放，西藏则相反。由表5.20可知，债务市值总规模较小的地区多为中西部经济欠发达地区，债务市值总规模较大的地区多为东部经济较发达地区。负债用贷款来衡量，贷款水平与经济发展水平又息息相关。

表5.20　　　　　　　2018年各省份家庭部门债务市值总规模　　　　　单位：亿元

省份	债务市值总规模
西藏	404.47
青海	551.56
宁夏	1269.29
海南	2384.42
甘肃	2706.87
新疆	2931.49
山西	3926.44
内蒙古	4003.40
黑龙江	4488.78
吉林	4770.69
贵州	5615.19
云南	6717.31
陕西	7786.97
天津	8762.19
辽宁	9324.78
广西	9764.68
江西	10280.92
湖南	11617.37
重庆	12365.09
湖北	14048.88
安徽	14969.96
河北	15828.70
四川	16221.64
河南	16831.44

续表

省份	债务市值总规模
北京	18171.86
福建	20011.90
山东	23563.13
上海	24431.04
浙江	36446.31
江苏	40915.76
广东	64998.48

表 5.21 列示了 2007～2018 年各省份的资产市值均值、债务市值均值和债务市值与 GDP 比值的均值排名情况。其中资产市值均值和负债市值均值在全国的排名具有高度一致性。东部地区的资产市值规模和债务市值规模明显高于中西部地区。东部地区的债务市值与 GDP 比值高于中西部地区和东北地区，区域差异性显著。

表 5.21　　　　　资产市值均值、债务市值均值以及债务市值与 GDP
比值的排名情况
单位：位

区域	省份	资产市值均值	债务市值均值	债务市值与 GDP 比值
华北区	北京	6	6	2
	天津	20	19	14
	河北	10	9	17
	山西	26	26	30
	内蒙古	23	24	29
东北区	辽宁	11	14	16
	吉林	24	23	23
	黑龙江	22	22	28
华东区	上海	4	4	1
	江苏	3	2	11
	浙江	2	3	4
	安徽	12	11	7
	福建	7	7	5
	江西	17	17	13
	山东	5	5	21

续表

区域	省份	资产市值均值	债务市值均值	债务市值与GDP比值
华中区	河南	14	10	26
	湖北	13	13	20
	湖南	16	15	24
华南区	广东	1	1	6
	广西	15	16	8
	海南	28	28	15
西南区	重庆	9	12	3
	四川	8	8	12
	贵州	21	21	10
	云南	19	20	9
	西藏	31	31	22
西北区	陕西	18	18	18
	甘肃	27	27	27
	青海	30	30	31
	宁夏	29	29	19
	新疆	25	25	25

第三节 小 结

本章在编制的全国 31 个省份 2007～2018 年家庭部门资产负债表的基础上，从资产负债规模、结构以及相关指标的角度进行分析，从而对家庭部门的债务风险进行识别和评估。根据家庭部门账面资产负债表的分析，我国家庭部门账面总资产规模和总负债规模自 2007 年开始迅速增长，总资产均值和总负债均值在全国的排名具有高度一致性。账面资产负债率总体水平较低，远低于国际危险水平，因此，我国各地区家庭部门的资本结构错配风险较低。金融实物资产比和股票储蓄存款比等指标总体水平也较低，增长缓慢且有下降趋势。由于区域间的发展程度和金融市场开放程度不同，指标之间的区域差异性明显，东部地区的家庭部门资产负债表质量高于中西部地区。根据家庭部门或有权益资产负债表的分析，总体来看，10 年间受市场变化的敏感性影响，我国家庭部门资产市值规模有更强的波动性，债务市值规模总体呈不断上升趋势，资产市值均值和债务市值均值在全国的排名具有高度一致性。债务市值与 GDP 的比值总体水平较低，因此，地区间家庭部门的资本结构错配风险较低。东部地区或有权益资产负债表质量高于中西部地区，区域差异性显著。

第六章　经济增长与金融稳定目标下地方政府债务杠杆最适区间

通过稳妥有序地政府债务调控实现经济增长和金融稳定双重目标是我国现阶段的重要任务。本章在编制我国 31 个省份 2007～2016 年政府部门宏观资产负债表基础上，构建包括债务收入比和资产负债率在内的地方政府部门债务杠杆指标，分析地方政府债务杠杆与地方经济增长和金融稳定之间的关系，求解双目标下地方政府债务杠杆的最适区间。

第一节　政府债务与经济增长和金融风险关系研究假设

一、政府债务与经济增长

政府债务积累通常伴随着一般政府支出的扩大。政府支出可以通过提供基础设施和公共产品，改善私人部门的投资环境，在短期内刺激总需求和产出，促进经济增长。但是，过度的政府支出会挤出资本，增加税收，并作用于企业的借贷成本和融资渠道，对资本积累和经济增长产生不利影响。

"巴罗法则""阿米曲线"从理论上论证了政府支出和经济增长的非线性关系。进一步，政府债务作为政府支出的来源之一，其对经济增长的非线性作用也在实证研究中得到证实。

在地方政府层面，债务规模的过度扩张会加重地方政府的偿债压力，从而影响地方财政中的发展性支出。而且，由于大量的流动性被用于偿还地方政府巨额的到期债务，其在实体经济中形成的投资规模和相应产出会大幅减少。值得注意的是，地方政府债务对地方经济增长的作用受到各地区发展差异的影响。

基于以上分析，提出假设1：

假设1：地方政府的债务杠杆对地方经济增长的影响是非线性的，适度的地方政府债务杠杆有助于地方经济增长。

二、政府债务与金融稳定

政府债务可以向金融市场和投资者提供相对安全和具有流动性的资产。运转良好的政府债务有助于建立和发展有效的金融市场并维持金融稳定。

但同时，金融部门是政府筹集债务资金的主要场所，债务的可持续性也等同于政府部门的偿付能力。因此，政府债务直接与金融部门的信用风险和市场风险水平相关。较高的政府债务会提高长期利率、风险溢价，并导致通货膨胀。此外，高额的政府债务限制了一国政府和中央银行的基本职能，致使其无法实施有效的逆周期宏观经济和金融政策，更容易遭受流动性冲击和主权债务风险。高政府债务也会导致经济体信贷扩张周期的中断和违约数量的增加。阿洛萨等（Alloza et al.）进一步提出审慎公共债务水平概念，认为政府部门安全债务阈值的确定应该系统地纳入由债务所引发的隐性风险。

在中国，政府债务风险是危及金融稳定的重要因素。地方政府债务规模在持续扩大的同时，通过影响城市商业银行贷款投向、挤占中小企业资本资源等途径增加了地方金融风险。

基于以上分析，提出假设2：

假设2：适度的地方政府债务杠杆有助于维护金融稳定。

第二节　经济增长目标下地方政府债务杠杆最适区间分析

本部分通过编制地方政府资产负债表，构建地方政府债务杠杆指标，摸清我国各省份政府部门资产、负债存量规模及债务杠杆水平。在此基础上，分析债务收入比和资产负债率与地方经济增长之间的关系，验证理论假设，进一步基于样本分组验证指标选取的有效性。

一、经济增长目标下地方政府债务收入比区间分析

本书采用莱因哈特和罗格夫（Reinhart and Rogoff）的方法，通过对债务杠杆进行区间划分，探寻各地区经济增长平均值和中位数分布规律，求解经济增长目标下政府债务杠杆的最适区间。首先，采用国际上常用的债务收入比（负债/GDP）作为政府部门债务杠杆率指标，以此衡量地方政府债务杠杆和风险水平。图 6.1 为各省份债务收入比均值的时间趋势。由图 6.1 可知，我国地方政府债务杠杆在 2008 年之后逐渐增加，2014 年之后有回落趋势，样本区间保持在 20% ~ 35%。可见，地方政府整体债务负担状况相对稳定，但相较于莱因哈特和罗格夫所得到的 90% 阈值有较大差距。

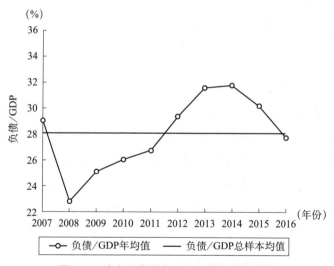

图 6.1　地方政府债务/GDP 均值时间趋势

按照各地区政府部门负债占其名义 GDP 的比重将样本进行划分。鉴于我国地方政府整体债务水平低于各国主权债务水平，在样本划分上不同于莱因哈特和罗格夫，需要进行调整。根据地方政府负债率样本的分布，本书将其分为四个组别：<15% 的债务杠杆程度低组（样本数为 48 个，涉及

地区包括福建2个、广东3个、河北5个、河南5个、江苏5个、江西4个、山东6个、上海7个、天津1个、西藏10个); 15%~40%的债务杠杆较低组 (样本数为206个, 涵盖除西藏之外的30个省份); 40%~65%的债务杠杆较高组 (样本数为48个, 北京4个、重庆2个、甘肃3个、广西1个、贵州5个、海南6个、湖南2个、吉林1个、辽宁1个、内蒙古2个、宁夏3个、青海8个、山西1个、新疆1个、云南8个); >65%的债务杠杆高组 (样本数为8个, 重庆2个、甘肃1个、贵州4个、宁夏1个)。分别对不同样本类型下的名义GDP增长率计算其均值与中位数, 结果见表6.1。由表6.1可知, 当债务收入比低于65%时, 随着负债程度的增加, 地方经济的增长有下降趋势。但是, 当债务收入比超过65%时, 地方政府在高债务负担的状况下, 名义GDP增长有了明显的回升。这样的增长变化呈现出非线性特征, 债务对经济增长的负效应发生了非线性反转。

表6.1　　　　　　　　不同债务收入比区间的名义GDP增长率特征

政府债务收入比	名义GDP增长率	
	平均值	中位数
<15%	0.145	0.156
15%~40%	0.137	0.121
40%~65%	0.121	0.110
>65%	0.146	0.137

考虑是否因通胀等价格因素扭曲了地方经济的增长, 从而影响了实验结果, 因而本书采用以不变价计算的GDP指数进行分析。结果如表6.1所示, 以不变价计算的GDP同样存在65%的阈值, 增强了结果的可信度。

综合表6.1和表6.2可知, 地方政府在低债务水平 (债务收入比<15%) 和高债务水平 (债务收入比>65%) 状况下的地方经济增长相对较快, 在债务收入比位于15%~65%时, 我国地方经济会随着地方债务负担的加重而减缓增长。

表6.2　　　　　　　　不同债务收入比区间的GDP指数特征

政府债务收入比	GDP指数	
	平均值	中位数
<15%	111.2	111.5
15%~40%	111.0	111.0
40%~65%	110.5	110.0
>65%	111.7	110.8

以上结果证明了假设 1，地方政府的债务收入比对地方经济增长的影响是非线性的。地方政府低债务收入比有助于市场机制发挥作用，而债务收入比上升，政府部门的挤出效应也更大，地方经济增长受到明显的负面影响。在债务收入比大于 65% 时，地方政府有效发挥政府部门在资金配置中的作用，抵消了对市场资金配置的负面效应，进而促进地方经济增长。在样本区间内，债务收入比指标没有高至引发经济增长率下降，说明我国地方政府债务杠杆水平整体可控。

二、经济增长目标下地方政府资产负债率区间分析

我国各省份政府部门平均资产负债率如图 6.2 所示。由图 6.2 可知，我国地方政府资产负债率水平总体不高，平均水平居于 25% ~ 40%，且呈下降趋势。2007 ~ 2016 年我国地方政府资产负债率平均水平为 32.48%。

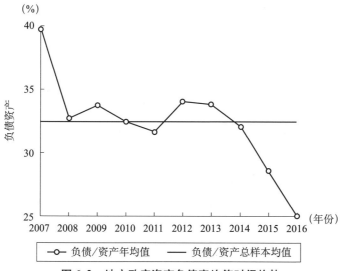

图 6.2　地方政府资产负债率均值时间趋势

对各省份资产负债率同样划分为四个层次：< 25%（样本数量为 94，其中北京 9 个、重庆 1 个、甘肃 1 个、广东 4 个、河北 2 个、黑龙江 5 个、河南 4 个、江苏 1 个、江西 1 个、内蒙古 1 个、青海 1 个、陕西 10 个、山东 7 个、上海 9 个、山西 8 个、天津 10 个、新疆 10 个、西藏 10 个）；25% ~ 50%（样本数量为 173，覆盖除陕西、天津、新疆、西藏外的各个地区）；

50% ~75%（样本数量为39，其中重庆4个、广西2个、贵州9个、海南5个、湖北4个、湖南8个、吉林5个、云南2个）；>75%（样本数量为4，其中重庆2个、贵州1个、湖南1个）。

表6.3为不同资产负债率区间的名义GDP增长率统计特征。由表6.3可知，随着地方资产负债率的增加，地方经济显著增长，资产负债率在50% ~75%之间时，经济增长率达到最大。而资产负债率达到75%之后，地方经济增长开始下降。也印证了假设1。

表6.3 不同资产负债率区间的名义 GDP 增长率特征

资产负债率	名义 GDP 增长率	
	平均值	中位数
<25%	0.124	0.118
25% ~ 50%	0.135	0.117
50% ~ 75%	0.169	0.177
>75%	0.162	0.143

三、统计结果的有效性分析

基于我国31个省份经济增长速度差异大、经济发展不平衡的特征，本书接下来探究地方政府负债对地方经济的影响是否在不同的经济体量下有所差别问题。本书将31个省份在样本期间的GDP取平均值并进行排名，取前15名作为大经济体量地区，后16名为小经济体量地区，如表6.4所示。

表6.4 按照经济体量大小分组

大经济体量地区		小经济体量地区	
安徽	江苏	重庆	宁夏
北京	辽宁	甘肃	青海
福建	内蒙古	广西	陕西
广东	山东	贵州	山西
河北	上海	海南	天津
河南	四川	黑龙江	新疆
湖北	浙江	江西	西藏
湖南		吉林	云南

（一）债务收入比指标有效性分析

将样本按照大经济体量地区与小经济体量地区分为两组，在各组中依据债务收入比的比例分为 <15%，15%~40%，40%~65%，>65% 四组，对不同省份的地方政府债务对经济增长的影响进行对比分析。样本被分为以下几个类型：大经济体量地区：<15%（样本 33 个），15%~40%（样本 108 个），40%~65%（样本 9 个），大经济体量地区债务占 GDP 比重未超过 65%。小经济体量地区分为 <15%（样本 15 个），15%~40%（样本 98 个），40%~65%（样本 39 个），>65%（样本 8 个）四组。

观察各组样本可知，大经济体量地区债务收入比集中于 0%~40%，小经济体量地区债务收入比集中于 15%~65%。债务收入比大于 65% 的样本均出现在小经济体量地区，处于 40%~65% 的明显多于大经济体量地区。一般来说，小经济体量地区需通过加强基础设施建设、改善地方经济环境、吸引资本和人才流入，实现经济增长和财政的可持续。因此，小经济体量收入少，但面临的财政支出大，相应的债务杠杆水平也较高。

比较大经济体量地区和小经济体量地区地方政府债务杠杆对地方经济影响的差异，结果如表 6.5 所示。由表 6.5 可知，随着地方政府债务杠杆加大，大经济体量地区的经济增长下降明显。

表 6.5　　大经济体量地区不同债务区间下的名义 GDP 增长率特征

地方政府债务收入比	名义 GDP 增长率	
	平均值	中位数
<15%	0.14	0.16
15%~40%	0.13	0.11
40%~65%	0.06	0.10

小经济体量地区名义 GDP 增长率的平均值和中位数分布如表 6.6 所示。对比表 6.5 可知，在债务收入比小于 65% 时，小经济体量地区地方政府债务负担加大，经济增长有所下降，但下降幅度较小。

表 6.6　　小经济体量地区不同债务区间下的名义 GDP 增长率特征

地方政府债务收入比	名义 GDP 增长率	
	平均值	中位数
<15%	0.16	0.12
15%~40%	0.14	0.13

续表

地方政府债务收入比	名义 GDP 增长率	
	平均值	中位数
40% ~65%	0.13	0.12
>65%	0.15	0.14

在债务收入比低于65%时，不论是经济体量大小，都出现了债务杠杆增加对经济增长的负效应。经济体量大的省份债务杠杆相对较低，在样本期间未有债务占比超过65%的情况。对于经济体量小的地区，当债务收入比大于65%时，会对地方经济发展产生非线性的阈值效应。由此可推断，我国地方政府的债务杠杆的增加会占用市场资金，挤出私人投资，降低投资效益。但是，对于经济体量较小的地区而言，当政府负债杠杆规模达到一定程度时，能够对经济起到刺激和拉动作用。

（二）资产负债率指标有效性分析

将各地政府资产负债率按照经济体量进行分组。分组结果如下：大经济体量地区分 <25%（样本37个），25% ~50%（样本100个），50% ~75%（样本12个），>75%（样本1个）四组；小经济体量地区分 <25%（样本57个），25% ~50%（样本73个），50% ~75%（样本27个），>75%（样本3个）四组。如表6.7和表6.8所示，可以发现，大经济体量地区资产负债率比小经济体量地区低。将表6.7、表6.8与表6.5、表6.6相比较可知，不同经济体量间地方政府的资产负债率和债务收入比与地方经济增长间的关系规律并不相同。对于小经济体量地区而言，较高的资产负债率（ >50%）对地方经济增长的正向作用明显加强。但对于大经济体量地区来说，过高的资产负债率（ >75%）对地方经济增长有负面效应。

表6.7　　大经济体量地区不同资产负债率下的名义 GDP 增长率特征

资产负债率	名义 GDP 增长率	
	平均值	中位数
<25%	0.116	0.103
25% ~50%	0.131	0.118
50% ~75%	0.171	0.179
>75%	0.098	0.098

表 6.8 　　　　小经济体量地区不同资产负债率下的名义 GDP 增长率特征

资产负债率	名义 GDP 增长率	
	平均值	中位数
<25%	0.130	0.125
25%~50%	0.140	0.116
50%~75%	0.169	0.177
>75%	0.183	0.146

第三节　金融稳定目标下地方政府债务杠杆最适区间分析

　　金融稳定是经济健康发展的重要基础。因此，在关注地方政府债务与经济发展关系的同时，本节通过构建地方金融稳定评价指标，分析政府债务杠杆与地方金融风险之间的关系，以寻求金融稳定目标下地方政府债务杠杆的最适区间。

一、金融稳定目标下地方政府债务收入比区间分析

　　首先，对地方债务收入比与地方金融稳定之间的关系进行分析。表 6.9反映了地方政府债务占 GDP 比重不同区间下的地方金融稳定状况，总体来看，随着地方政府债务占 GDP 比重增加，地方金融稳定水平会下降。但是，在 40%~65% 的债务区间，地方金融稳定的下降程度更大。验证了假设 2。

表 6.9 　　　　地方政府不同债务区间下的地方金融稳定特征

地方政府债务/GDP	地方金融稳定综合评价	
	平均值	中位数
<15%	0.476	0.479
15%~40%	0.461	0.446
40%~65%	0.383	0.368
>65%	0.367	0.364

　　同样，将地方金融风险评价数据分为大经济体量地区和小经济体量地

区与地方政府债务占 GDP 比重分别进行分析。比较表 6.10 和表 6.11 可知，大经济体量地区金融稳定程度随着债务/GDP 的上升而降低。小经济体量地区存在 15%~40% 的最适区间。随着债务收入比的增加，大经济体量地区的金融稳定程度整体上小于小经济体量地区。

表 6.10　　　大经济体量地区不同债务区间下的地方金融稳定特征

地方政府债务/GDP	地方金融稳定综合评价	
	平均值	中位数
<15%	0.48	0.49
15%~40%	0.44	0.43
40%~65%	0.37	0.35

表 6.11　　　小经济体量地区不同债务区间下的地方金融稳定特征

地方政府债务/GDP	地方金融稳定综合评价	
	平均值	中位数
<15%	0.47	0.43
15%~40%	0.48	0.48
40%~65%	0.39	0.39
>65%	0.37	0.36

二、金融稳定目标下地方政府资产负债率区间分析

表 6.12 为不同的资产负债率区间下地方金融稳定指数的分布特征。由表 6.12 可知，随着地方政府资产负债率的增加，地方金融稳定程度下降。而地方政府资产负债率小于 75% 时，地方金融更为稳定。根据表 6.13、表 6.14 可知，大经济体量地区和小经济体量地区都存在这一规律。此外，大经济体量地区较高的资产负债率 (>50%) 伴随着金融稳定程度大幅度下降。验证了理论假设 2。

表 6.12　　　资产负债率不同区间下的地方金融稳定特征

资产负债率	地方金融稳定综合评价	
	平均值	中位数
<25%	0.46	0.46
25%~50%	0.45	0.44

续表

资产负债率	地方金融稳定综合评价	
	平均值	中位数
50%~75%	0.45	0.43
>75%	0.38	0.37

表6.13　　大经济体量地区不同资产负债率区间下的地方金融稳定特征

资产负债率	地方金融稳定综合评价	
	平均值	中位数
<25%	0.45	0.48
25%~50%	0.45	0.44
50%~75%	0.40	0.37
>75%	0.35	0.35

表6.14　　小经济体量地区不同资产负债率区间下的地方金融稳定特征

资产负债率	地方金融稳定综合评价	
	平均值	中位数
<25%	0.46	0.45
25%~50%	0.44	0.43
50%~75%	0.47	0.46
>75%	0.39	0.40

以上结果表明，在经济增长和金融稳定双目标下，各省份整体债务/GDP水平高于65%、资产负债率在50%~75%时，会促进地方经济增长。当债务/GDP小于40%，资产负债率小于75%，有助于维持金融稳定。我国地方政府的资产负债比在该范围内的相对较少，地方政府不仅应加强对地方政府债务规模的关注，而且要关注债务杠杆和资产负债结构的合理性。

根据以上研究结果，提出以下建议。

第一，地方政府要理性举债以避免资本资源的浪费。地方政府要切实关注自身发展需要，自查政府性投资是否存在过度建设的问题，有效利用市场资金。当地方资本市场较为发达，资金利用率高的时候，则更需要考虑地方政府举债对私人部门投资的影响。

第二，对地方政府债务规模的控制要有的放矢。我国地方债规模虽有所增加，但相较于地方经济发展情况，属于高债务负担的并不多，地方政府负债仍有空间。对于地方政府债务问题不能实行"一刀切"政策，中央可积极引导政府性投资的方向，提高地方政府部门投资的效率，同时对小经济体量地区给予更多财政支持以避免其过度负债而造成财务危机。

第三，地方政府在增加负债的同时也要关注自身的资产负债结构。合理范围的资产负债率对应着较低的地方金融风险。不合理的资本结构影响地方经济的资金畅通，阻碍地方经济的发展，而且地方政府的资产负债结构对地方金融稳定的影响也更为显著。因此，地方政府在重视债务问题的同时更需要关注资产的形成与积累，减少其对地方经济的负面影响。

第四节　小　　结

本章研究了在地方经济增长和金融稳定双重目标下，地方政府债务杠杆的最适区间。研究发现，地方政府债务杠杆和地方经济增长之间并非简单的线性关系。整体而言，当地方政府债务收入比高于65%时，有助于地方经济增长，小于40%时，则更有利于金融稳定。地方政府资产负债率在50%~75%时，能够同时满足双目标要求。但是，基于经济体量的不同，各地区地方政府债务杠杆最适区间有所差异。对于大经济体量地区，政府债务收入比小于40%有利于经济增长和金融稳定，资产负债率在50%~75%有利于经济增长，小于50%有利于金融稳定。在小经济体量地区，政府债务收入比高于65%有助于经济增长，在15%~40%有利于金融稳定。资产负债率越大有助于经济增长，小于75%时有利于维护金融稳定。在本章的分析中，相较于债务收入比，地方政府部门资产负债率指标更为稳定和一致，是衡量和管理政府部门债务风险的重要补充指标。

第七章　金融部门杠杆对区域金融
风险的空间溢出效应研究

金融部门是连接政府部门、企业部门和家庭部门的关键部门，金融部门过度杠杆可通过引发流动性风险、导致风险集中暴露等渠道诱发区域金融风险。本章分析了金融杠杆对区域金融风险的理论基础和作用路径，金融部门杠杆和区域金融风险的空间特征和空间集聚效应，以及金融杠杆和区域金融风险的关系，进而提出了相关对策建议。

第一节　金融部门杠杆对区域金融风险
影响的理论基础

一、金融杠杆理论

（一）杠杆周期理论

杠杆周期理论是指，与经济周期类似，杠杆周期主要由加杠杆和去杠杆的循环交替形成。该理论认为，杠杆的周期性变化会导致金融资产价格的波动，由此可能会对经济发展产生不利影响，政府及监管部门应当加强对金融杠杆的监管。具体而言，当杠杆率升高时，金融资产的价格上升，此时人们需要花费较少成本获得资产；而当杠杆率下降时，人们需要较高成本获得相同数量的资产。因此，倘若金融杠杆的限制要求过高，人们通过金融机构获得信贷资金的难度加大，由此导致金融资产价格下跌，金融萧条抑或是金融风险。

进一步，在杠杆周期的过程中，主要由加杠杆和去杠杆过程组成。首先，加杠杆主要体现为融资行为，具体而言，债务融资方式不同可能带来的后期影响也不同。其一，对冲性融资。该融资方式产生的融资成本能够被未来的现金流覆盖，降低违约风险和流动性风险的产生。其二，投机性融资。该融资方式存在巨大的不确定性，现金流仅能满足融资成本，融资本金存在长期累积的态势，具有较大的债务风险。其三，庞氏融资。该融资方式以"借新贷还旧贷"为主，未来现金流不能支撑本息支付，由此产生一系列的风险问题。其次，去杠杆周期一般产生于杠杆过高的时候，可以采取通货紧缩或通货膨胀的方式去杠杆，但会产生不同的效果。一方面，以通货紧缩的方式去杠杆时，较重的债务负担与减少的收入之间相互恶化，去杠杆效果弱化，延长了去杠杆周期，经济衰退的可能性增大。另一方面，以适度通胀的方式去杠杆时，需要在降低债务水平的同时增加收入，以提升债务的偿还能力。同时，政府在适度通货膨胀中进行的政策制定对能否有效去杠杆也有至关重要的作用。当采取恶性通货膨胀时，其本质是将财富资本在债权人和债务人之间转移，实际债务可能消除，但债务违约并未消失。这将干扰经济发展水平的正常上升，对实体经济产生不利影响。

（二）债务—通缩理论

债务—通缩理论认为，企业过度负债推动经济萧条的产生，即高杠杆引发了较高成本的债务负担，导致经济发展停滞不前，而这又反作用于企业收入降低，引发了周期性的繁荣—崩溃局面。具体而言，在经济繁荣时期，经济主体的盈利性导致负债增加，形成高杠杆局面。当经济周期处于萧条状态时，经济主体采取低价出售资产的方式清偿巨额债务，这会导致市场价格下跌，产生通货紧缩。对于金融机构而言，为降低损失、维持日常正常经营，其会采取收缩信贷规模的方式进行去杠杆，这又会加速金融产品价格的下跌从而提升实际利率水平，债务人的债务负担再次增加，至此造成债务—通缩的不利循环。

（三）金融加速器理论

金融加速器理论以信息不对称为核心，认为信贷市场的信息不完全化导致信贷部门增加信息获取成本，单一因素的存在可能将金融市场中的众多不利因素扩大，导致金融资源的非有效配置。因此，在该理论下，本书认为，当金融杠杆率小幅上升时，较多的金融资本可供金融机构分配，金融资源的流动性水平由此上升，资源配置优化带来经济水平上升，这将有利于经济发展。而当金融杠杆率持续上升时，一方面，金融机构自身容易引发流动性问题或信用风险，经济过度繁荣后势必会出现向下波动的趋势，此时投资者将降低对企业或经济主体的预期；另一方面，信息不对称问题的存在导致信贷部门增加对实体企业的担保要求，外部融资成本下降，企业融资来源受限，实体经济发展受到一定阻碍。因此，金融杠杆率的上升在金融加速器的效应下会对实体经济产生不利影响，这会加大对金融市场的消极影响，促使风险产生。

二、区域金融风险的理论

（一）区域金融风险的含义

金融风险产生于金融活动中，即金融要素在金融活动的作用下，导致金融机构产生损失的可能性。就金融机构而言，其日常活动是金融活动，存在金融活动的地方就有可能产生金融风险。因此，金融风险管理是金融机构和监管部门日常业务活动中的重要领域之一。

金融风险有多种分类。其中，按照金融风险的层次可以分为宏观金融风险、微观金融风险。宏观金融风险的主体为国家或整个社会公众，一旦发生损失将会产生关联性、整体性的金融风险；微观金融风险的主体主要为单一经济主体，一般为金融机构和非金融机构，该风险可以通过一系列防范措施进行化解，产生的损失一般为个体的、孤立的，但如果防控不到位，则有可能引发系统性的金融风险。

由于本章以各省份金融杠杆率对各省份金融风险的影响为研究对象，因此，本章对区域金融风险作如下定义：区域金融风险是在一定地理区域范围内，受各种金融要素的影响，在区域金融活动的作用下，造成金融损失的可能性。区域金融风险具有以下基本特征：第一，区域金融风险会通过金融机构之间的交流和合作，在区域范围内传播，从而导致区域金融环境的波动；第二，区域金融风险在局域范围内具有系统性风险的特征，即对该区域范围内的经济主体都会产生系统性影响；第三，与宏观金融风险相比，区域金融风险具备更加显著的层次特征，即各区域金融风险由于金融业务特征、金融监管方式和金融政策的不同具有一定差别。因此，需要对区域金融风险进行整体角度上的分区域分析。

（二）区域金融风险理论基础

第一，信息不对称理论。该理论的核心思想在于：经济主体在进行交易时，由于交易双方信息缺乏导致其获取的信息量不对等，这就使得交易结果存在一定的非有效性。由于存在信息获取成本，非有效竞争市场中时常出现信息不对称问题，这将阻碍经济市场的正常运行，降低金融资源配置效率。

长期的信息不对称会增加市场的不确定性，最终有可能引发市场失灵。在金融市场的交易活动中，信息不对称会引发一系列问题。一方面，在交易之前存在的信息不对称问题会引发逆向选择，即金融机构将信贷资金发放给最容易违约的借款者，这有可能引发信用风险；另一方面，在交易之后存在的信息不对称问题容易引发道德问题，由于金融机构对借款人当前的资金使用情况了解不充分，导致借款人有可能将资金用于风险较高、且未经借款合同认可的投资领域，引发信用风险的可能性较大。

第二，金融脆弱性理论。金融脆弱性理论与"金融脆弱性假说"相呼应，该理论认为，金融机制、金融制度或金融结构中的非均衡现象导致金融体系缺失金融功能，进而引发金融风险的累积。从该理论中可以看出，金融业自身具有不稳定性等特征，由此导致金融风险的存在也是普遍的。

随着金融市场的发展，可以从不同角度对金融脆弱性理论给出不同的解释。首先，基于代际遗忘和竞争压力的角度。代际遗忘指出，由于经济主体的"经济性"特征，随着金融市场的繁荣，人们往往遗忘或降低对金融危机的恐惧，即弱化自身对金融脆弱性的关注，对金融市场过于乐观，从而产生金融风险。竞争压力则是基于金融部门的角度进行解释，即金融部门迫于获取利润或赢得客户的压力，不得不作出非有效决策将资金投放于风险较大的领域，导致信贷投放带来的风险不断累积，暴露了金融市场脆弱性本质。其次，基于"安全边界说"的角度。交易者在进行交易之前，通过研究交易项目书或对方交易信用状况，能够确定金融交易中可以接受的损失范围，即安全边界。然而，金融交易中总是会存在一些不易被人察觉的行为，这些行为将会对安全边界产生冲击，导致人们可以接受的安全边界不再安全，由此形成金融脆弱性现象。最后，从 D - D 模型的角度也可以对金融脆弱性理论进行解释。该模型主要针对银行信贷脆弱性展开讨论，即银行资产本身就缺乏一定的流动性，加上存款者对资金需求的不确定，这加深了银行自身的脆弱性，容易引发"挤兑"现象。

第三，外部性理论。外部性理论始于外部性概念，经济学中认为，单一经济主体所获效用不仅取决于其自身的能力，还受其他经济主体的行为影响。这种影响一般分为两种，其一是外部成本，即其他经济主体给自身带来的损失，有时也被称为负的外部效应；其二是外部收益，即其他经济主体带来的收益，也被称为正的外部效应。基于金融风险的概念，外部效应在金融风险的作用下一般带来的是负的外部效应，即外部成本。

随着市场经济和金融市场发展特征的不同，外部性理论可以从多种角度进行解释。首先，外部性是不可分割的，即经济市场或金融市场是一个不可分割的整体，所有的资源都具备公共物品的特征，因而金融市场中各项资源或效益也会对其他经济主体产生一定的影响；其次，非竞争性。该种理论认为，金融资源被一方使用时，不会影响另一方的使用，因而金融风险在这种情况下也会在无形中被传播；最后，市场失灵与政府失灵。经济市场中的参与者并非都是有效的，市场传导机制不完善、政府政策缺失等都会引发金融资源的低效率分配，从而引发负的外部效应。同时，金融风险在市场的非有效竞争中也会被传导，导致金融风险的扩散。

第四，金融风险控制理论。金融风险控制理论认为，金融风险可以被识别、预防和控制，以降低金融风险发生的概率或风险发生后带来的损失。内部的风险管理是经济行为主体自身采取的风险管理措施，其直接目的是为了实现成本—效益比的最大化，即降低损失、提高收益。外部的风险管理是经济行为主体之外的组织采取的风险管理措施，一般为金融监管部门或行业自律组织。实施外部管理的目的是实现金融系统的整体稳定，保障金融市场的平稳运行。

在区域金融风险的角度下，既包含外部的金融风险控制体系，也包含内部的金融风险控制体系。一方面，区域金融风险是以特定区域为范围产生的金融风险，对该区域内的所有参与主体都有可能造成影响。因此，金融监管部门和金融业自律性组织都应采取一定措施进行金融风险防控。另一方面，金融风险产生的主体为金融机构，当其制定及时有效的风险控制计划时，可有效控制风险，并将风险弱化，以免发生大范围的金融风险。

第二节　债务杠杆影响区域金融风险的路径分析

关于金融杠杆率如何影响区域金融风险尚未形成统一定论，纵观已有的研究成果，大量学者认为，金融杠杆率的提升会导致区域金融水平的上升。基于本章第一节的理论分析，本节将从以下部分对金融杠杆率影响区域金融风险的路径进行分析。

一、债务杠杆过高引发流动性风险

基于金融机构的角度，当金融机构的杠杆率过高时，表明其以较低的自有资金支撑着较高的资产规模，即通过扩大负债的方式增加资产规模。因此，金融机构可以用于抵御风险的自有资金减少，由此可能引发流动性风险。

首先，金融机构以较高负债进行日常的业务活动，当杠杆率较高时，说明金融机构的资产较多地依靠负债维持，加之资产负债期限不匹配问题突出，且资金需求者需求的不稳定，容易导致金融机构无法满足债务人获取资金的需求，引发流动性问题，严重时可引发金融风险。其次，当单一金融机构存在短期资金不足的情况时，其可采取同业拆借等行为进行流动性购买。然而，当金融杠杆率持续上升时，表明该金融机构的自有资金较少，负债的大规模增加引发资产的泡沫性增加，极易导致金融机构无法偿还同业机构的借款。一般情况下，同业拆借的资金规模较大，且拆借成本由借贷双方决定，当金融机构出现流动性问题急需资金时，在拆借市场上缺乏议价能力，较高的借贷成本加剧流动问题，容易引发其他金融风险。

二、金融市场失衡导致风险集中暴露分析

从金融市场出发，当高杠杆率引发金融机构的流动性问题时，会给其他金融机构带来不利影响。目前，各金融子市场之间存在多方合作，单一金融机构存在问题可能会引发某一金融子市场失衡。同时，基于金融风险的高传播性，容易导致金融风险的集中暴露。

近几年，金融衍生产品不断增多，金融创新机制在金融市场运作的情况下不断完善，但法律监管机制存在一定的风险防范漏洞。基于此，金融市场在金融机构及创新型金融产品的作用下具有较大的不稳定性，容易出现金融市场失衡现象，而金融风险的高传播性又会加剧金融失衡，金融风险集中并容易暴露。

三、实体经济受损诱发金融风险分析

基于经济运行的角度，一方面，金融业运行的根本目的是促进实体经济的发展，根据我国社会融资情况的发展现状，金融机构发放信贷是企业获取资金的主要渠道。当金融机构的杠杆率上升时，表明企业可以获取的外部融资规模增大，此时若处于经济萧条时期，会导致企业资产净值下跌，引发实体经济价值回落，不利于实体经济发展。当实体经济发生损失时，作为金融机构的主要客户，企业与个人投资者财富价值下跌，存在无法偿还金融机构债务的可能，金融机构将面临信用风险、流动性风险等，业务开展受阻，金融风险逐渐加大。另一方面，随着经济全球化且不断推进，外部冲击会对本国经济造成不利影响，以 2008 年金融危机为例，房地产行业导致的金融机构危机引发全局性的经济危机，而经济危机又反作用于金融市场，导致全球的金融市场和金融机构受损严重。

由此可见，金融杠杆率对区域金融风险存在正向影响作用，但影响效果的多少取决于各种路径的作用程度总和。基于此，构建金融杠杆率影响区域金融风险的机理图，具体如图7.1所示。

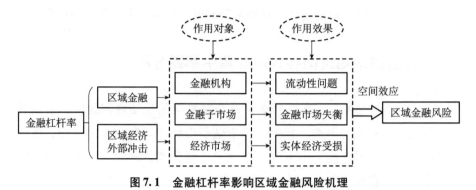

图7.1　金融杠杆率影响区域金融风险机理

第三节　债务杠杆指数和区域金融风险指数测算研究

本节建立金融杠杆率和区域金融风险的评价指标体系，并查询相关资料收集对应的数据，将收集到的数据进行整理后，采用熵权法进行各指标权重的计算，得到由空间杜宾模型进行实证分析的基础数据。

一、熵权－TOPSIS 法概述

熵值法是一种能够对所选指标进行客观赋予权重的综合评价方法，只要所收集到的资料和获取的数据准确，就能得出比较精准的结果，具有较高可信度。该方法的评价步骤如下。

（一）收集、整理原始数据

假定需要评价某省域 m 个年份的金融杠杆率或区域金融风险的变化趋势，评价指标体系需要包括 n 个指标。其由 m 个样本组成，用 n 个指标综合评价，便可以形成评价系统的初始数据矩阵：

$$X = \begin{pmatrix} X_{11} & \cdots & X_{1n} \\ \vdots & \ddots & \vdots \\ X_{m1} & \cdots & X_{mn} \end{pmatrix},$$

即：

$$X = \{X_{ij}\}_{m \times n}(0 \leqslant i \leqslant m, 0 \leqslant j \leqslant n) \tag{7.1}$$

其中，X_{ij} 表示第 i 个样本的第 j 项评价指标的数值。

（二）标准化处理原始数据

（1）先对各项指标的数据进行标准化处理：

$$正向指标：X_{ij}' = \frac{X_j - X_{min}}{X_{max} - X_{min}} \tag{7.2}$$

$$反向指标：X_{ij}' = \frac{X_{max} - X_j}{X_{max} - X_{min}} \tag{7.3}$$

其中，X_j 为第 j 项的指标值，X_{max} 为第 j 项指标的最大值，X_{min} 为第 j 项指标的最小值，X_{ij}' 为标准化值。

（2）计算第 j 项指标下第 i 年份指标值的比重：

$$y_{ij} = \frac{X_{ij}'}{\sum\limits_{i=1}^{m} X_{ij}'} \tag{7.4}$$

由此，可以建立数据的比重矩阵：

$$Y = \{y_{ij}\}_{m \times n} \tag{7.5}$$

（三）计算指标的信息熵值 e 和信息效用值 d

（1）计算第 j 项指标的信息熵值的公式为：

$$e_j = -K \sum\limits_{i=1}^{m} y_{ij} \ln y_{ij} \tag{7.6}$$

其中，K 为常数，$K = \dfrac{1}{\ln m}$。

（2）某项指标的效用值可由该项指标的信息熵 e_j 与 1 之间的差值得出，即 $d_j = 1 - e_j$。

（四）计算指标信息的最终值

用各省域的指标数值乘以指标对应的权重，计算出综合评价值。

二、金融杠杆率的指数构建

为从整体上客观反映我国各省域金融杠杆率的发展情况，在指标体系的选取上以一定的原则要求作为基准。本节以如下原则要求为基准，构建区域金融杠杆率的指标体系。

第一，客观性。客观性要求金融杠杆率指标体系应当能够客观反映各省域金融杠杆率的真实水平，采用科学的指标获取方法，以获取有效指标，并保证指标数据处理的客观、真实和有效。

第二，代表性。基于理论分析的角度，能够反映金融杠杆率的元素较多，但考虑到研究过程的有限性，应当选取最具代表性的指标构建金融杠杆率指标体系。以此能够在最大限度上反映出区域金融杠杆率的真实水平。

第三，整体性。虽然指标体系的选取是有限的，但应当能够从整体上对区域金融杠杆率作出完备解释，为后续实证分析结果的完备性和整体性奠定基础。

国内学者对金融杠杆率测度指标还未有统一的标准，结合亢平乐（2017）、李雪林等（2018）和朱凯（2019）的相关研究成果及获取的数据，本节把金融部门杠杆率作为衡量金融杠杆率的主要指标。

目前，由于港澳台地区统计口径有所不同，且西藏的部分数据无法获取，所以本节的数据只包括除西藏、港澳台地区外的中国 30 个省份 2010 ~ 2019 年的数据。鉴于已有的研究成果及理论分析，并考虑数据可得性，得到具体指标体系如表 7.1 所示。

表 7.1　　　　　　　　金融杠杆率指标体系

目标层	一级指标	二级指标
金融杠杆率	金融部门体系内的债务	金融部门负债率[①]
		金融部门存贷比[②]

续表

目标层	一级指标	二级指标
金融杠杆率	总体收入水平	GDP
		地方财政收入增长率
		地方财政收支比

注：①金融部门负债率 = 金融部门债务总额/金融部门资产总额×100%。
②金融部门存贷比 = 金融部门年末存款余额/金融部门年末贷款余额×100%。
资料来源：各省份金融部门负债总额和资产总额通过查找不能直接获取，本书的金融部门负债率参考王晓婷等（2019）的相关数据估算而得；其他数据源于各省份的统计年鉴、国民经济和社会发展统计公报及各省份财政部门公开数据。

三、债务杠杆指数的测算及分析

在已确立的金融杠杆率指数测算指标体系基础上，本节利用熵权 -TOPSIS 法测度了 2010 ~2019 年中国各省份的金融杠杆率，得到的结果如表 7.2 所示。

表7.2　　　　　　　　　　　省份金融杠杆指数

省份	2010 年	2011 年	2012 年	2013 年	2014 年	2015 年	2016 年	2017 年	2018 年	2019 年	平均值
北京	0.16	0.26	0.12	0.12	0.12	0.18	0.10	0.13	0.14	0.16	0.15
天津	0.16	0.19	0.20	0.18	0.15	0.12	0.13	0.12	0.12	0.14	0.15
河北	0.18	0.16	0.19	0.17	0.18	0.15	0.16	0.21	0.24	0.24	0.19
山西	0.17	0.16	0.18	0.20	0.20	0.20	0.22	0.21	0.22	0.24	0.20
内蒙古	0.23	0.19	0.20	0.21	0.21	0.21	0.22	0.22	0.23	0.25	0.22
辽宁	0.20	0.22	0.19	0.18	0.15	0.16	0.17	0.16	0.20	0.22	0.19
吉林	0.21	0.24	0.22	0.22	0.23	0.23	0.24	0.26	0.24	0.21	0.23
黑龙江	0.22	0.28	0.20	0.21	0.27	0.23	0.21	0.18	0.21		0.22
上海	0.14	0.15	0.18	0.17	0.16	0.17	0.17	0.18	0.17		0.16
江苏	0.14	0.16	0.17	0.17	0.18	0.17	0.18	0.19	0.18		0.17
浙江	0.24	0.22	0.21	0.19	0.19	0.20	0.21	0.24	0.25	0.24	0.22
安徽	0.19	0.23	0.17	0.16	0.14	0.13	0.13	0.14	0.16	0.16	0.16
福建	0.20	0.22	0.14	0.18	0.18	0.19	0.18	0.15	0.18	0.20	0.18
江西	0.20	0.21	0.16	0.13	0.14	0.12	0.14	0.15	0.16	0.17	0.16
山东	0.17	0.24	0.22	0.19	0.18	0.19	0.13	0.17	0.17	0.13	0.18
河南	0.24	0.21	0.23	0.22	0.22	0.21	0.20	0.25	0.25	0.22	0.22
湖北	0.20	0.26	0.24	0.24	0.25	0.25	0.26	0.24	0.25		0.24

省份	2010 年	2011 年	2012 年	2013 年	2014 年	2015 年	2016 年	2017 年	2018 年	2019 年	平均值
湖南	0.20	0.17	0.17	0.19	0.20	0.20	0.21	0.22	0.24	0.27	0.21
广东	0.13	0.14	0.15	0.17	0.18	0.19	0.20	0.23	0.20	0.22	0.18
广西	0.17	0.16	0.14	0.15	0.17	0.16	0.16	0.18	0.17	0.20	0.17
海南	0.17	0.24	0.23	0.20	0.21	0.22	0.16	0.20	0.21	0.22	0.21
重庆	0.27	0.26	0.17	0.14	0.11	0.10	0.11	0.12	0.19	0.12	0.16
四川	0.20	0.20	0.20	0.19	0.17	0.16	0.17	0.20	0.25	0.26	0.20
贵州	0.20	0.23	0.20	0.22	0.20	0.23	0.23	0.25	0.26	0.27	0.23
云南	0.12	0.14	0.13	0.13	0.15	0.14	0.16	0.18	0.21	0.21	0.16
陕西	0.13	0.18	0.17	0.16	0.15	0.15	0.14	0.16	0.17	0.24	0.16
甘肃	0.24	0.27	0.27	0.30	0.24	0.22	0.21	0.21	0.22	0.24	0.24
青海	0.32	0.26	0.26	0.25	0.26	0.31	0.32	0.36	0.37	0.30
宁夏	0.25	0.26	0.28	0.27	0.29	0.29	0.30	0.31	0.33	0.34	0.29
新疆	0.24	0.26	0.21	0.17	0.19	0.25	0.23	0.26	0.31	0.31	0.24

表 7.2 的结果显示，我国各省份金融杠杆率存在一定差异，以各省份 2010 ~ 2019 年的金融杠杆率平均值为例，首先，从省份极端值的角度出发，金融杠杆率最高的省份为青海，为 0.30，金融杠杆率最低的是北京和天津，均为 0.15，可见构建的金融杠杆率指标体系和权重赋值方法得到的各省份之间存在巨大差距；其次，从全局的角度来看，北京、天津、河北、辽宁、上海、江苏、安徽、福建、江西、山东、广东、广西、重庆、云南、陕西的金融杠杆率小于 0.2，青海和宁夏的金融杠杆率分别为 0.30 和 0.29，位于全国的最高位。由此可见，我国各省份金融杠杆率之间存在较大差异，若从全局角度对其进行整体分析，会削弱其在空间区域上的发展特征，不利于获得具有针对性、有效性的分析结果。因此，对其采用空间计量分析是十分有必要的。

四、区域金融风险指数构建

（一）区域金融风险评价指标的选取和数据来源

基于本书的指标选取原则，本书在借鉴国内外研究基础上，选取以下指标体系，如表 7.3 所示。

表 7.3   区域金融风险指标体系

目标层	一级指标	二级指标
区域金融风险	区域经济	地区 GDP 增长率
		固定资产投资增长率
		居民消费价格指数增长率
		房地产投资增长率
		城镇登记失业率
	区域金融	银行资本充足率
		银行不良贷款率
		银行存贷比
		保险深度
	外部冲击	国家 GDP 增长率
		国家通货膨胀
		M2/GDP

资料来源：由各省份统计部门、银监局公开数据及统计年鉴、经济公报整理获得。

（二）区域金融风险指数的测算与结果分析

各省份金融风险水平测度通过熵权－TOPSIS 法加以实现。熵权－TOPSIS 法已在第七章第三节中进行详细阐述，本节不再赘述。各省份金融风险水平测度结果如表 7.4 所示。

表 7.4   各省份区域金融风险指数

省份	2010 年	2011 年	2012 年	2013 年	2014 年	2015 年	2016 年	2017 年	2018 年	2019 年	平均值
北京	0.11	0.11	0.20	0.12	0.18	0.23	0.20	0.21	0.22	0.22	0.18
天津	0.19	0.23	0.20	0.21	0.18	0.21	0.36	0.40	0.38	0.45	0.28
河北	0.25	0.26	0.25	0.26	0.27	0.24	0.28	0.25	0.27	0.29	0.26
山西	0.22	0.23	0.24	0.26	0.24	0.28	0.28	0.25	0.28	0.30	0.26
内蒙古	0.25	0.28	0.27	0.32	0.30	0.25	0.26	0.38	0.29	0.33	0.29
辽宁	0.20	0.22	0.24	0.20	0.25	0.22	0.29	0.25	0.27	0.27	0.24
吉林	0.33	0.38	0.35	0.38	0.40	0.30	0.33	0.36	0.38	0.40	0.36
黑龙江	0.35	0.38	0.35	0.33	0.39	0.41	0.38	0.40	0.42	0.41	0.38
上海	0.13	0.10	0.22	0.18	0.16	0.23	0.20	0.19	0.21	0.20	0.18
江苏	0.17	0.15	0.19	0.20	0.21	0.24	0.30	0.26	0.30	0.28	0.23
浙江	0.20	0.18	0.24	0.18	0.16	0.23	0.31	0.24	0.28	0.30	0.23
安徽	0.35	0.30	0.28	0.33	0.29	0.32	0.34	0.28	0.30	0.32	0.31

续表

省份	2010 年	2011 年	2012 年	2013 年	2014 年	2015 年	2016 年	2017 年	2018 年	2019 年	平均值
福建	0.20	0.22	0.23	0.24	0.19	0.25	0.22	0.21	0.24	0.23	0.22
江西	0.33	0.34	0.29	0.32	0.29	0.33	0.30	0.30	0.31	0.33	0.31
山东	0.18	0.20	0.19	0.21	0.23	0.25	0.24	0.23	0.22	0.24	0.22
河南	0.28	0.27	0.30	0.34	0.32	0.34	0.30	0.28	0.30	0.32	0.31
湖北	0.30	0.41	0.27	0.31	0.30	0.30	0.32	0.30	0.28	0.30	0.31
湖南	0.36	0.38	0.30	0.32	0.33	0.30	0.34	0.30	0.28	0.31	0.32
广东	0.13	0.12	0.21	0.23	0.20	0.25	0.29	0.17	0.20	0.20	0.20
广西	0.32	0.29	0.31	0.36	0.38	0.42	0.35	0.30	0.33	0.35	0.34
海南	0.43	0.30	0.31	0.34	0.27	0.30	0.30	0.34	0.32	0.35	0.33
重庆	0.32	0.37	0.23	0.30	0.25	0.32	0.24	0.23	0.24	0.26	0.28
四川	0.30	0.28	0.30	0.29	0.30	0.34	0.31	0.32	0.28	0.31	0.30
贵州	0.41	0.49	0.39	0.41	0.37	0.48	0.33	0.35	0.33	0.37	0.39
云南	0.37	0.31	0.33	0.35	0.37	0.40	0.35	0.33	0.34	0.35	0.35
陕西	0.31	0.40	0.31	0.32	0.31	0.30	0.29	0.28	0.27	0.30	0.31
甘肃	0.55	0.52	0.56	0.59	0.60	0.57	0.50	0.48	0.51	0.53	0.54
青海	0.66	0.75	0.72	0.79	0.73	0.70	0.64	0.71	0.69	0.73	0.71
宁夏	0.54	0.50	0.42	0.52	0.40	0.40	0.38	0.39	0.36	0.41	0.43
新疆	0.42	0.44	0.41	0.45	0.38	0.33	0.30	0.31	0.32	0.35	0.37

通过表 7.4 可以看出：（1）从各省份金融风险指数 2010～2019 年的平均值可以得到，各省份金融风险指数彼此之间存在较大差异。其中，金融风险指数最小的是北京和上海，最小值为 0.18，金融风险指数最大的是青海，最大值为 0.71，最大差距幅度高达 0.53。可见，我国各省份金融风险水平存在较大差异，应从空间角度对其进行具体考察，才能有效发现其中的发展特征。（2）从各省份的金融风险指数出发，仅北京、上海和广东的金融风险指数未高于 0.2，江苏、浙江、辽宁、福建和山东的金融风险指数小于 0.25，天津、河北、山西、内蒙古、重庆的金融风险指数小于 0.3，其余省份的金融风险指数均高于 0.3。该现象再次表明，各省份之间的金融风险水平存在较大差异，有必要对其进行空间角度的考察。

为获得我国省域金融杠杆率与金融风险水平的发展趋势，本书对表 7.2 和表 7.4 中计算得到的各省份每年指标数据求取平均值，并以折线图的形式进行直观呈现，得到的发展趋势如图 7.2 所示。

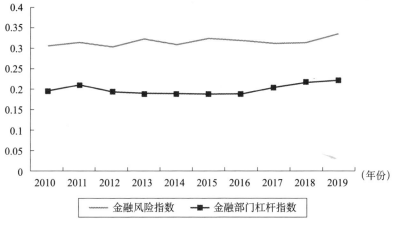

图7.2 2010～2019年各省份指数平均值

由图7.2可知，2010～2019年，我国各省份金融风险指数及金融杠杆率整体呈平稳发展态势，即在动态发展的过程中基本保持平稳走势。由于计算的是各省份的平均值，各省份之间的较大差异被彼此综合，因而呈现出较平稳的发展趋势。其中，金融风险指数基本处于0.3～0.35，金融杠杆率指数基本处于0.19～0.22。

第四节 金融杠杆率影响区域金融风险的实证研究

基于前述的理论分析，金融杠杆与金融风险之间存在着一定的关联，现实数据显示，两者在2010～2019年整体处于平稳发展的态势。为进一步探讨两者之间的关系，本节基于地理空间的角度，采用空间面板模型深入剖析金融杠杆率对我国各省份金融风险的影响程度，为提升金融风险管理提供一定的参考。

一、变量选取

首先是被解释变量。本节的被解释变量为区域金融风险指数（FR），具体以本章第三节中构建的区域金融风险指标体系为基础，并通过熵权

-TOPSIS 法计算得到。该指标越大，表明该省份面临的金融风险越大。

其次是解释变量。本节的解释变量为金融杠杆率指数（ZR），具体以本章第三节中构建的金融杠杆率指标体系为基础，并通过熵权 - TOPSIS 法计算得到。该指标越大，表明该省份的金融杠杆比率越高。

最后是控制变量。考虑到影响区域金融风险的变量还有很多，本节参考伏润民等（2017）、唐登莉等（2017）以及张廷海和王点（2018）研究成果，选取区域经济发展水平（PGDP）、城镇化水平（UNB）、产业结构（IS）以及经济开发度（ED）为控制变量。其中，区域经济发展水平以对数化的各省份人均 GDP 表示，城镇化水平以各省份城镇人口数量与人口总量的比值表示，产业结构以第二产业增加值与各省份 GDP 比值表示，经济开发度以各省份进出口总额与其经济发展总量的比值表示。

二、数据来源及描述性统计

本小节以我国各省份为研究样本，但考虑到样本数据的可得性和完整性，剔除香港、澳门、台湾及西藏地区，最终以我国 30 个省份的金融杠杆率和金融风险指数为研究对象，研究区间为 2010~2019 年。其中，控制变量数据来源于历年的中国统计年鉴、各省域的国民经济和社会发展统计公报以及统计年鉴，金融杠杆率与金融风险指数在原始数据的基础上通过计算得到。

具体统计结果如表 7.5 所示。

表 7.5　　　　　　　　指标变量的描述性统计结果

变量	符号	单位	平均值	标准差	最小值	最大值
金融风险指数	FR	-	0.315	0.114	0.100	0.790
金融杠杆率	ZR		0.200	0.049	0.098	0.365
经济发展水平	PGDP	万元/人	5.341	2.908	1.310	22.200
城镇化水平	UNB	%	57.064	12.463	33.810	89.600
产业结构	IS	%	44.732	9.002	16.200	68.300
经济开发度	ED	%	0.286	0.312	0.016	1.473

三、金融杠杆率与区域金融风险指数的空间相关性检验

已有数据显示，我国各省份金融杠杆率及金融风险指数存在较大差异，

而经济地理学理论指出：地理位置不同会导致两要素之间存在不同影响，且距离较近的两区域之间可能具有更大关联。因此，为进一步探讨金融杠杆率对区域金融风险指数在空间位置上的影响，本小节将先对两者的空间相关性分别进行检验，为后面空间面板回归分析奠定基础。

（一）空间权重矩阵设定

空间权重矩阵是实施空间计量分析的基础，以量化矩阵的形式呈现，其能够反映各区域之间的地理位置关系。

目前，空间权重矩阵的呈现方式主要有两种：其一，采取邻接矩阵的方式，当两区域之间相邻时赋值为 1，反之则赋值为 0，也被称为一阶 Queen 邻近矩阵。该矩阵仅从地理相邻的角度探索两省份之间的地理关系，对于第一地理定律中指出的"距离越近，两区域间的关联度可能越大"的说法无法有效体现。其二，采取地理距离矩阵，该矩阵以两区域间地理距离平方的倒数呈现，即距离越远、空间权重矩阵越小，也被称为反距离权重矩阵。该矩阵以地理距离为基础，能够有效反映两个省份之间地理距离的大小。除此之外，在地理距离的基础上，还衍生出经济距离矩阵、地理经济距离矩阵，前者以各省份之间经济发展水平的差值倒数显示，后者则分别对经济距离和地理距离矩阵赋予不同权重后得到综合性空间权重矩阵。考虑到本章的研究是以各省份金融风险指数和金融杠杆率为主，当两个省份之间的距离越近时，其存在的交流和关联可能越大，因而本书选择地理距离矩阵参与空间回归分析，具体如式（7.7）所示。

$$W_{ij} = \begin{cases} \dfrac{1}{d_{ij}{}^2}, i \neq j \\ 0, i = j \end{cases} \qquad (7.7)$$

其中，d_{ij} 表示两省份之间的地理距离，基于经纬度距离测算得到，$i = 1$，2，$\cdots$，30，$j = 1$，2，$\cdots$，30。

（二）全局空间相关性检验

在已经构建的地理距离空间权重矩阵的基础上，对各省份的金融杠杆率和金融风险指数进行全局空间相关性检验，即探索两项指标在全国范围内是否具有空间相关性。当具备空间相关性时，才可以进行空间面板回归。

全局空间相关性的检验统计量一般包含 Geary C、Getis-Ord G 和 Moran's I 三个，其中前两者主要研究相邻省份及同一聚集中不同值的集聚分类，Moran's I 是目前适用最广泛、适用度最强的检验方法，也被称为莫兰指数。考虑到本书的研究主题，将采用莫兰指数对各省份 2010～2019 年的金融杠杆率指数和金融风险指数进行全局空间相关性检验。莫兰指数处于 −1～+1，当莫兰指数小于 0 时，表示该指标在全国范围内存在空间负相关；当莫兰指数大于 0 时，存在空间正相关；当莫兰指数为 0 时，不具备空间关系。具体检验如式（7.8）所示。

$$\text{Moran's I} = \frac{\sum_{i=1}^{30} \sum_{j=1}^{30} W_{ij}(Y_i - \overline{Y})(Y_j - \overline{Y})}{S^2 \sum_{i=1}^{30} \sum_{j=1}^{30} W_{ij}} \tag{7.8}$$

其中，Y_i 表示 i 省份的金融杠杆率指数或金融风险管理指数，$\overline{Y}$ 与 S^2 为对应的平均值和方差，涉及的所有空间权重矩阵均经过了行标准化处理。具体结果如表 7.6 所示。

表 7.6　　　　金融杠杆率及金融风险指数全局空间相关性检验结果

年份	金融杠杆率指数			金融风险指数		
	Moran's I	Z 统计量	P 值	Moran's I	Z 统计量	P 值
2010	0.123 **	1.667	0.048	0.411 ***	4.750	0.000
2011	0.124 **	2.002	0.020	0.387 ***	4.571	0.000
2012	0.133 **	1.760	0.039	0.476 ***	5.989	0.000
2013	0.187 ***	2.360	0.009	0.463 ***	5.654	0.000
2014	0.172 **	2.176	0.015	0.495 ***	6.003	0.000
2015	0.065 **	1.640	0.049	0.453 ***	5.508	0.000
2016	0.142 **	1.868	0.031	0.307 ***	4.071	0.000
2017	0.086 **	2.270	0.012	0.288 ***	3.885	0.000
2018	0.125 **	1.693	0.045	0.315 ***	4.213	0.000
2019	0.149 **	1.945	0.026	0.274 ***	3.660	0.000

注：*** 、** 分别表示在1%、5%的水平下显著。

通过表 7.6 可得：

首先，2010~2019 年，我国各省份金融杠杆率的莫兰指数均在 5% 的水平下通过了显著性检验、金融风险指数在 1% 的水平下通过了显著性检验，说明这两项指标在全局上存在显著的空间正相关，即具备较强的空间相关性，可进行更深入的空间计量分析。

其次，就金融杠杆率的莫兰指数来看，研究区间内的全局空间相关性整体呈现波动式走向，即先上升、后"W"型走势。其中，2010~2014 年的金融杠杆率空间相关性呈现整体上升趋势，由 2010 年的 0.123 上升至 2014 年的 0.172，这可能是由于 2008 年金融危机爆发以及 2010 年巴塞尔协议Ⅲ出台以后，各省份金融监管部门和金融机构逐渐加大对金融杠杆率的重视，邻近区域间加强了金融杠杆率的沟通和交流，促使其空间相关性逐渐增大。2015 年和 2017 年，金融杠杆率的全局空间相关性系数较小，分别为 0.065 和 0.086，说明各省份之间的金融杠杆率空间集聚效应减小。原因可能在于：近几年，虽然中国人民银行不断放宽流动性供应要求以改善金融机构的资金状况，但各金融机构依然存在较大的盈利压力。伴随着经济政策的不断变化①，各地政府不得不采取差别化、针对性方法为金融机构提供支持，因而金融杠杆率的空间特征有所弱化。

最后，就金融风险指数的莫兰指数来看，2010~2019 年整体呈现小幅下降趋势，但莫兰指数均高于 0.36，相较于金融杠杆率，金融风险指数在全国范围内的空间集聚效应更突出。防范和化解重大风险纳入三大攻坚战之一被提出之后，金融风险管理和防范得到社会各界的广泛关注，各区域纷纷出台具有针对性的政策以加强对金融风险的认识和管理。因此，金融风险在全局上的空间集聚效应有所弱化。

（三）局域空间相关性检验

局域空间相关性检验以单一省份与近邻省份的空间关系为出发点，检验局域空间差异性，是对全局空间相关性的补充，能够更全面地反映各省份金融风险指数和金融杠杆率的空间相关性。遵循全局空间相关性的检验

---

① 如向特定行业发放的贷款、存款保险制度等。

原理，本节依然采用 Moran's I 统计量计算其局域空间相关性。具体计算方法如式 (7.9) 所示。

$$I_i = \frac{(Y_i - \overline{Y})}{\sum\limits_{i=1}^{30} (Y_i - \overline{Y})^2} \sum\limits_{j=1}^{30} W_{ij}(Y_j - \overline{Y}) \qquad (7.9)$$

计算得到的局域空间相关性检验值可以采用数据表格的形式呈现，也可以采取散点图的形式呈现。首先，散点图是依据全局空间相关性计算得到的线性走势图，整体上能够呈现全局空间相关性，但散点图中各省份的分布是局域空间相关性的体现。其次，散点图中具有四个象限，即：当省份落入第一象限时，表示其在局域空间上是高—高聚集，以"HH"表示，说明该区域与相邻区域的变量值均较高；第二象限表示低—高聚集，以"LH"表示，说明该区域变量较低而相邻区域的变量较高；第三象限表示低—低聚集，以"LL"表示，说明该区域与相邻区域的变量值都较低；第四象限表示高—低聚集，以"HL"表示，说明该区域变量值较高而相邻区域变量值较低。由此可以得出，当多数区域落入第一象限和第三象限时，表示该指标间存在正向空间相关性，当多数区域落入第二象限和第四象限时，表示指标间存在负向空间相关性，当均匀分布在四个象限时则不存在空间相关性，这也是对全局空间相关性的进一步检验。

考虑到结果呈现的直观性和本书篇幅有限，本书将主要呈现 2010 年和 2019 年金融风险指数、金融杠杆率指数的局域空间相关性散点图。由图 7.3 和图 7.4 可知，首先，2010 年和 2019 年，绝大部分省份的金融风险指数空间相关性结果处于第一象限和第三象限，即呈现"高—高"集聚和"低—低"集聚，表明我国省域金融风险指数具有明显的空间集聚特征和相似性，近邻省份的金融风险指数相差较小。其次，2010 年仅广东、安徽分别呈现"低—高"集聚和"高—低"集聚，其余省份均呈现正向空间集聚。再次，2019 年的集聚特征相较于 2010 年出现轻微差距，即北京、辽宁、重庆、陕西、四川处于"低—高"集聚，海南、贵州、广西和天津处于"高—低"集聚，其余省份均呈现正向空间集聚。由此可见，金融风险指数的局域空间相关性呈现动态变化的态势，但均具有空间集聚特征，考虑空间因素下各省份金融风险指数的发展是十分有必要的。

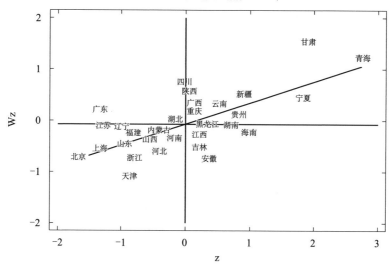

图 7.3　2010 年金融风险指数空间相关性散点图

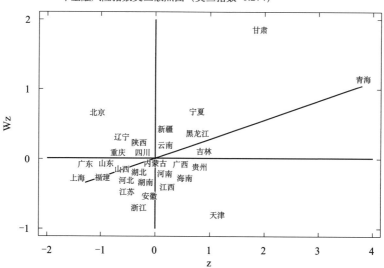

图 7.4　2019 年金融风险指数空间相关性散点图

　　图 7.5 与图 7.6 分别呈现了 2010 年和 2019 年金融杠杆指数的空间相关性特征，可以看出：大多数省份的金融杠杆率莫兰指数处于第一象限和第

三象限，即呈现"高—高"集聚和"低—低"集聚，具备空间集聚效应，但与金融风险指数相比，第二象限和第四象限涉及的省份数量较多，这也印证了其全局空间相关性指数较小。

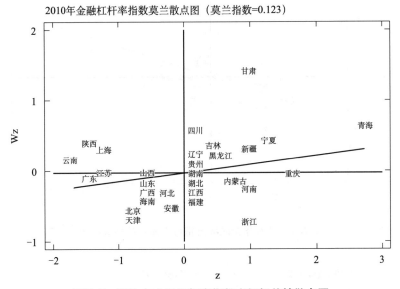

图 7.5　2010 年金融杠杆率指数空间相关性散点图

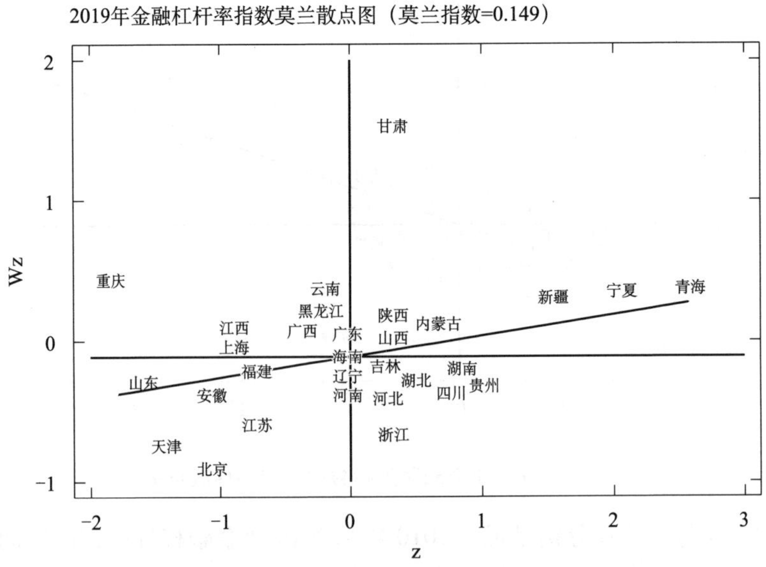

图 7.6　2019 年金融杠杆率指数空间相关性散点图

四、空间计量模型的选择与估计分析

基于前面的分析，各省份金融风险指数与金融杠杆率具备较强的空间特征，因此，在对两者之间的影响程度进行衡量时，应当充分考虑空间因素带给两者的影响。基于此，本小节将采用空间计量模型对金融杠杆率影响区域金融风险的程度进行深入分析。

（一）空间面板模型构建

空间面板模型一般包含三种，即空间滞后模型、空间误差模型和空间杜宾模型，其中，空间杜宾模型是空间滞后模型和空间误差模型的一般表现。基于其差异而言，空间滞后模型和空间误差模型分别重点分析因变量的溢出效应和误差项在空间上的相关性特征，但都无法呈现解释自变量对因变量的空间影响，而空间杜宾模型则考虑了因变量与自变量的空间联系。

从模型构建的角度，一般化的空间杜宾模型如式（7.10）所示：

$$y = \rho Wy + X\beta_1 + WX\beta_2 + \varepsilon, \varepsilon \sim (0, \sigma^2 I_n) \tag{7.10}$$

对该模型进行不同程度的简化，可以得到空间误差模型或空间滞后模型。

$\beta_2 = 0$ 时，可转化为空间滞后模型：

$$y = \rho Wy + X\beta + \varepsilon, \varepsilon \sim (0, \sigma^2 I_n) \tag{7.11}$$

$\rho = 0$ 且 $\beta_2 = 0$ 时，可转化为空间误差模型：

$$y = X\beta + \mu, \mu = \lambda W\mu + \varepsilon, \varepsilon \sim (0, \sigma^2 I_n) \tag{7.12}$$

基于此，本小节以一般化的空间杜宾模型为基础，构建金融杠杆率影响区域金融风险指数的空间面板模型，具体如式（7.13）所示：

$$\begin{aligned} FR_{it} = {} & a_1 ZR_{it} + a_2 PGDP_{it} + a_3 UNB_{it} + a_4 IS_{it} + a_5 ED_{it} \\ & + a_6 W \times FR_{it} + a_7 W \times ZR_{it} + a_8 W \times PGDP_{it} + a_9 W \times UNB_{it} \\ & + a_{10} W \times IS_{it} + a_{11} W \times ED_{it} + m_i + e_i \end{aligned} \tag{7.13}$$

其中，W 表示地理距离空间权重矩阵，$W \times FR_{it}$、$W \times ZR_{it}$、$W \times PGDP_{it}$、$W \times UNB_{it}$、$W \times IS_{it}$、$W \times ED_{it}$ 分别表示相邻省份的解释变量或控制变量对 i

省份金融风险指数的影响。

（二）空间面板模型筛选

由前面的分析可知，空间面板模型多种多样，且不同的空间模型具有不同的研究重点。为准确分析金融杠杆率对省域金融风险的空间影响，需要对空间面板模型筛选和检验。模型筛选的最终目标为：一方面，在空间误差模型、空间滞后模型及空间杜宾模型中确定最适合的模型；另一方面，对确定的空间面板模型进行效应检验，即同一空间面板模型又包含不同的面板回归效应，如随机效应、固定效应，而固定效应又包含时间固定效应、空间固定效应和时空双固定效应。因此，需要对不同的效应类型进行检验筛选，以最终确定最优的空间面板回归类型。

基于此，本小节采用 LM 检验、Wald 检验、豪斯曼检验以及 LR 检验得到最适合的空间面板模型。具体而言，LM 检验用于检验空间滞后模型和空间误差模型的优越性，Wald 检验用于验证空间杜宾模型是否可以简化为空间误差模型或空间滞后模型，豪斯曼检验用于筛选固定效应和随机效应，LR 检验用于验证时间固定效应抑或空间固定效应的适用性。具体检验结果如表 7.7 至表 7.9 所示。

表 7.7 　　　　　　　　　　**空间面板模型 LM 检验结果**

面板效应	基准	空间固定效应	时间固定效应	时空固定效应
LM_lag	89.7531 ***	21.9211 ***	89.8378 ***	8.1688 ***
LM_lag（robust）	36.991 ***	3.5535 *	52.0404 ***	13.8322 ***
LM_error	53.7953 ***	18.4664 ***	43.6065 ***	3.1804 *
LM_error（robust）	1.0331	0.0987	5.8091 **	8.8439 ***

注：*** 、** 、* 分别表示在1%、5%、10%的水平下显著。

表 7.8 　　　　　　　　　　**空间面板模型 Wald 检验结果**

检验类型	Wald_spatial_lag	LR_spatial_lag	Wald_spatial_error	LR_spatial_error
时空固定效应	71.5624 ***	63.3677 ***	74.1017 ***	66.8175 ***
空间随机、时间固定效应	41.2242 ***	36.2078 ***	45.0591 ***	44.6867 ***

注：*** 表示在1%的水平下显著。

表7.9　　　　　　　空间面板模型豪斯曼检验及 LR 检验结果

检验类型		检验统计量
豪斯曼检验	–	83.7689 ***
LR 检验	空间固定效应	492.2179 ***
	时间固定效应	26.3102 ***

注：*** 表示在1%的水平下显著。

综合以上检验结果：（1）LM 检验显示，在所有的效应类型中，空间滞后模型的 LM 统计量及 Robust LM 统计量均显著大于空间误差模型的统计量，因此，空间滞后模型相较于空间误差模型更适合进行空间面板回归。（2）Wald 检验结果显示，在1%的显著性水平下，Wald 统计量和 LR 统计量均通过了显著性检验，空间杜宾模型不可简化为空间滞后模型。（3）豪斯曼检验统计量为83.7689，在1%的显著性水平下拒绝原假设，即应当采取固定效应进行回归分析。（4）LR 检验统计量分别为492.2179 和26.3102，在1%的显著性水平下通过显著性检验，即应当采用空间、时间双固定的效应模型进行回归。

基于此，对金融杠杆率影响金融风险指数的空间面板模型进行回归分析时，应当采用具有时空双固定效应的空间杜宾模型。

（三）空间面板模型回归及结果分析

根据前面的分析，本节应采用时空双固定效应的空间杜宾模型进行回归，同时考虑到稳健性检验的需要，本节还将采用普通面板回归模型、空间误差模型、空间滞后模型进行回归，但结果分析还是以双固定效应的空间杜宾模型回归结果为主。模型回归的具体结果如表7.10所示。其中，回归（1）是普通面板回归结果，并采用豪斯曼检验以确定随机效应或固定效应，结果显示豪斯曼统计量为18.61，通过了1%水平下的显著性检验，应当采用固定效应进行回归。回归（2）与回归（3）分别是空间滞后模型和空间误差模型的回归结果，且豪斯曼检验显示均采用固定效应进行回归。回归（4）是时空双固定效应下的空间杜宾模型回归结果。对所有回归模型均固定了个体效应和时间效应。

表7.10　　　　　金融杠杆率影响区域金融风险指数的回归结果

项目	回归（1）	回归（2）	回归（3）	回归（4）
	普通面板回归	SAR	SEM	SDM
估计方法	fe	fe	fe	fe
ZR	0.792 *** (7.67)	0.846 *** (8.48)	0.791 *** (8.15)	0.797 *** (8.140)
PGDP	−0.044 ** (−2.37)	−0.053 *** (−2.76)	−0.043 ** (−2.46)	−0.052 *** (−2.770)
UNB	0.129 (1.15)	0.093 (0.82)	0.126 (1.19)	0.085 (0.76)
IS	0.045 (0.63)	0.076 (0.94)	0.045 (0.67)	0.072 (0.910)
ED	−13.707 *** (−4.89)	−11.498 *** (−3.40)	−13.699 *** (−5.22)	−11.468 *** (−3.530)
常数	0.172 ** (2.58)			
W × FR				−0.086 (−0.430)
W × ZR				−0.077 (−0.380)
W × PGDP				0.073 (1.770)
W × UNB				−0.308 (−1.160)
W × IS				−0.080 (−0.500)
W × ED				0.695 (0.100)
R²	0.5612	0.5678	0.5615	0.5658
Log_L	—	374.1933	369.3569	371.4567
hausman	18.61 ***	33.21 ***	30.17 ***	83.77 ***
时间效应	Y	Y	Y	Y
个体效应	Y	Y	Y	Y

注：*** 、** 分别表示在1%、5%的水平下显著；括号内表示对应的 Z 统计量或 T 统计量。

由表 7.10 可以看出：

第一，基于核心解释变量的角度，不管是具有双固定效应的空间杜宾回归结果，还是用于稳健性检验的回归（1）至回归（3），金融杠杆率的回归系数为正，且均通过了 1% 的显著性检验，即金融杠杆率每增加 1%，将显著带动金融风险指数上升 0.797%，说明金融杠杆率上升会增大区域金融风险，这与前面的理论分析一致。首先，当区域金融杠杆率过高时，表明金融机构以较低的自有资本支撑着较高的资产，极易产生流动性问题及偿付性风险；其次，各金融子市场之间存在交流合作，基于金融风险的高传播性，倘若一个子市场出现金融杠杆风险，则容易导致整个金融市场出现金融风险，增强风险的传播，继而加大金融风险，即金融失衡风险；最后，金融市场的高杠杆率会增加企业的外部融资规模，当处于经济繁荣期时会导致企业放大杠杆，当处于经济萧条期时会导致企业资产净值下跌，由此容易促使实体经济受损，从而影响金融业的稳定发展，产生金融风险。

第二，基于控制变量的角度，经济发展程度和经济开发程度的系数均显著为负，即随着经济发展水平和经济开发水平的提升，能有效降低金融风险程度。原因可能在于：经济发展水平的提升是经济全面发展的一定体现，同时经济开发水平上升将多元化经济发展种类，均有利于扩大经济规模，这在一定程度上能够实现区域风险的分散。

第三，基于空间视角，相邻省份的金融杠杆率对本省份金融风险指数具有负向不显著影响，即相邻省份金融杠杆率的提升会降低本省份的金融风险指数，但可能存在某种因素弱化了其影响程度，也可能是由于空间估计中忽略了相邻省份之间的交互信息。因此，需要采用空间溢出效应做进一步检验。

空间溢出效应不仅能够获取金融杠杆率对本省份金融风险指数的影响，还可以得到其对邻近省份的影响程度，即分析自变量对因变量的空间溢出效应。空间溢出效应分为直接效应、间接效应和总效应。第一，直接效应是本省份金融杠杆率对本省份金融风险的影响程度，还包括本省份对其他省份金融风险产生的作用反过来对本省份产生的影响，即所谓的反馈效应。因此，直接效应所得的结果与空间杜宾模型中得到的变量回归系数会存在差异。第二，间接效应即空间溢出效应，该效应值能够反映本省份金融杠杆率对邻近省份金融风险的影响，抑或邻近省份金融杠杆对本省份金融风险的影响，即相邻省份之间解释变量对被解释变量的溢出效应。该效应值由于涵盖了邻近省份之间的交互信息，因而与空间杜宾模型中的回归结果存在一定差异。第三，总效应。总效应即直接效应与间接效应的总和，包含了反馈效应和空间溢出效应，是金融杠杆率对区域金融风险指数空间溢出效应的整体体现。

对金融杠杆率影响金融风险指数进行空间溢出效应检验，具体检验结果如表 7.11 所示。

表 7.11   金融杠杆率对金融风险影响的效应估计

效应类型	变量	系数	Z 统计量	p 值
直接效应	ZR	0.796 ***	8.16	0.000
	PGDP	− 0.052 ***	− 2.75	0.006
	UNB	0.088	0.81	0.417
	IS	0.070	0.89	0.375
	ED	− 11.538 ***	− 3.64	0.000
	FD	− 0.004	− 0.51	0.612
间接效应	ZR	− 0.058	− 0.27	0.791
	PGDP	0.072 **	1.67	0.095
	UNB	− 0.306	− 1.1	0.270
	IS	− 0.079	− 0.48	0.629
	ED	0.464	0.07	0.948
	FD	− 0.106	− 0.48	0.628
总效应	ZR	0.738 ***	3.16	0.002
	PGDP	0.020	0.45	0.653
	UNB	− 0.218	− 0.72	0.469
	IS	− 0.009	− 0.05	0.958
	ED	− 11.074	− 1.49	0.137
	FD	− 0.110	− 0.49	0.622

注：*** 、** 分别表示在1% 、5% 的水平下显著。

由表 7.11 可以看出：

金融杠杆率的直接效应系数是 0.796，且在 1% 的水平下通过了显著性检验，说明金融杠杆率每提升 1%，将带动本区域金融风险指数上升 0.796%。同时也说明本地区的金融杠杆率作用在相邻省份金融风险指数上的效果，又对本省份的金融风险产生了正向的反馈效应。这与本节在空间杜宾模型的检验中所得结果是一致的，再次表明金融杠杆率的上升会增强区域金融风险水平。

金融杠杆率的间接效应系数为 -0.058，但未通过显著性检验，即金融杠杆率对邻近省份金融风险或邻近省份的金融杠杆对本省份金融风险具有负向不显著影响。一方面，金融杠杆率的负空间溢出效应表明，金融杠杆率的提升会导致邻近省份金融风险的降低，这有可能是"警示效应"起到的作用。当本地或邻近省份金融杠杆率有所提升时，邻近或本地监管部门、金融机构会加强对金融风险的防控，以防止金融杠杆率带来的金融风险上升。另一方面，金融杠杆率的负空间溢出效应被弱化，即存在不显著影响。原因可能在于：首先，金融杠杆率影响金融风险的作用机制相对复杂，本书在进行回归分析及效应检验时均对其进行了"黑箱"处理，即内在的作用机制尚未明朗，这在一定程度上弱化了金融杠杆率空间溢出效应的显著性。其次，金融风险和金融杠杆率一直以来是政府及监管部门关注的重点，政策导向的多变性、政策实施的针对性均制约着金融杠杆率的市场化发展进程，因此，在政府干预的情况下，各省份之间金融业的互动交流会受到一定制约。

金融杠杆率的总效应系数为 0.738，且在 1% 的水平下通过了显著性检验，即金融杠杆率产生的总空间溢出效应为 0.738，表明研究区间内的金融杠杆率对区域金融风险指数存在显著的正向空间溢出效应，应加强对金融杠杆率的管理以优化区域金融风险管理。

在所有控制变量中，经济发展水平的直接效应系数为 -0.052、间接效应系数为 0.072，均满足显著性检验统计量的要求。说明经济发展水平的提升能显著降低本地金融风险水平，并带来负的反馈效应，但会增强邻近省份金融风险水平的上升。经济开发程度的直接效应系数显著为负，具体影响程度为 -11.538，说明经济开发水平的提升能有效缓解金融风险水平的上升，这与采用空间杜宾模型回归所得结果基本一致。

第五节 小 结

本章分析了金融杠杆对区域金融风险的理论基础和作用路径，然后建立了金融杠杆率和区域金融风险的评价指标体系，采用熵权法进行各指标权重的计算，得到空间杜宾模型进行实证分析的基础数据。接着基于地理空间的角度，采用空间面板模型深入剖析金融杠杆率对我国各省份金融风险的影响程度。

本章研究得到如下结论：基于核心解释变量的角度，金融杠杆率上升会增大区域金融风险；基于控制变量的角度，随着经济发展水平和经济开发水平的提升，能有效降低金融风险程度；基于空间视角，相邻省份金融杠杆率的提升会降低本省份的金融风险指数，但可能存在某种因素弱化了其影响程度，也可能是由于空间估计中忽略了相邻省份之间的交互信息。

通过采用空间溢出效应进行进一步检验，得到本地区的金融杠杆率作用在相邻省份金融风险指数上的效果，又对本省份的金融风险产生了正向的反馈效应，再次表明金融杠杆率的上升会增强区域金融风险水平；金融杠杆率对区域金融风险指数存在显著的正向空间溢出效应，应加强对金融杠杆率的管理以优化区域金融风险管理。

第八章　地方政府资产负债结构对金融风险影响研究

通过调整政府资产负债结构进行地方金融风险调控更为合理有效。本章在介绍地方政府资产负债结构与金融风险相关理论的基础上，通过编制宏观资产负债表对地方资产负债结构和金融风险的变化与特征进行分析。通过构建地方政府资产负债结构与地方金融风险影响的回归模型，分析地方政府部门资产负债结构对地方金融风险的影响方向和大小。

第一节　地方政府资产负债结构与金融风险理论分析

本节介绍了地方政府资产负债结构与地方金融风险的相关概念以及政府部门对地方金融风险影响的作用机制，这些理论是本章后续研究的基础，而本章的主要研究内容也是对这些理论的延伸与拓展，因此，在本节对相关理论进行阐述，有助于后续研究的展开。

一、地方政府资产负债结构与金融风险概念界定

（一）地方政府资产负债结构概念界定

资产负债结构常用于商业银行等金融机构的盈利问题和风险问题研究，以进行资产负债管理。商业银行资产负债结构包括资产结构特征、负债结

构特征和资产与负债的匹配度，具体是指商业银行的资本充足率、存贷比、流动性和融资结构（廖慧等，2013）。对于非金融企业而言，对资产负债结构关注的侧重点是基于融资管理与财务状况的判断，更偏向于资本管理。在现有研究中，多将资产和负债项目的占比以及彼此间的比例关系作为资产负债结构讨论的对象，基于其分析主体的特殊性以及分析的目的，重点关注资产负债的流动性指标、偿债性指标、盈利能力指标。

地方政府与商业银行不同，其举债的目的也并非"安全性、流动性、盈利性"三者平衡的实现，从政府部门角度出发，地方政府资产负债管理的目的是实现债务的可持续性，在政府通过举债实现财政补充、职能输出的同时，避免财务风险的出现，减少举债对地方经济造成的负外部效应。因此，政府部门资产负债结构中的偿还性、流动性问题需要更多的关注。

现阶段我国地方政府资产负债管理要实现的平衡目标是稳增长、降风险，因此，在选择资产负债结构的代表性指标时应关注政府部门债务风险以及政府部门资产负债结构对地方经济的不良影响，通过对资产负债结构的调整实现资产负债管理，减少政府部门经济活动对市场的负外部效应。

资产负债结构的分析以构建宏观资产负债表为前提，国际上对主权资产负债表的账户编制类型众多，账户科目内容详细。但因不同主权国家的数据测算方式以及相关制度存在较大的差异，部分指标在我国无法找到对应的统计数据，无法直接使用。我国国家资产负债表的构建工作在近年已经取得了较大的进展，因而政府资产负债表的相关研究也逐渐丰富（曹远征和马骏，2012；马骏等，2013；杜金富，2018；李扬等，2018；叶永刚等，2019）。但国家的资产负债与省级及以下地方政府部门资产负债存在差异，省级及以下地方政府的资产负债表需要符合地方政府实际情况的资产负债表框架，虽尚未有成体系的统一的理论研究地方政府部门的资产负债表，但可以基于已有的适用于我国主权资产负债表的相关研究，对科目进行调整以适用地方政府资产负债表的结构分析。

正因为地方政府资产负债表未有统一范式，数据的获取存在难度，对地方政府资产负债结构的研究较少。但这并不代表地方政府资产负债结构相关问题不重要，相较于传统的从债务层面分析债务问题，资产负债结构问题的探讨能更全面地展示政府部门的经济活动。实现资产负债的有效管理，能平衡政府经济活动的正负影响，帮助政府部门处理好政府与市场之间的关系。

（二）地方金融风险概念界定

地方金融风险是指以空间地理为依据划分的各地方内部影响地方金融体系正常运行和经济发展，造成地方金融脆弱的风险，涉及私人部门和公共部门，包括政府、企业、金融机构以及居民。地方金融风险可依照风险来源分为内源性金融风险和外源性金融风险这两大类，内源性金融风险是由于地方金融体系建设内在的不稳定因素所造成的，包括各地方的宏观经济状况、地方金融机构的运行状况、房地产市场的价格变动以及政府债务偿还能力等；外源性金融风险则是地方金融体系受到外来风险冲击的影响所导致的，尤其是在经济全球化发展背景下，对地方金融稳定发展而言，金融市场的开放是机遇与挑战并存的，国际"热钱"的冲击、外资金融机构的进入以及经济对外依存度高都会增加地方金融风险。当前我国地方金融开放程度不高，地方金融体系主要受到内源性风险因素的影响，因此，本章所指地方金融风险仅考虑内源性地方金融风险。

本章所指地方按照国家省级行政区划分标准，因金融体制不同，研究时仅考虑同一制度体系的我国 31 个省份。我国各地区发展之间存在差异，经济结构不同，因而地方金融风险也呈现异质性，地方金融风险的成因和风险大小有所不同（王擎等，2018），在度量地方金融风险时也应充分考虑这一特征。此外，复杂性是地方金融风险的另一大特征，其影响因素较多，涉及金融企业、非金融企业、政府、经济，综合性较强，在风险产生后，会通过传染和再传染的复杂机制，使得地方金融风险再度攀升（王擎等，2018；沈丽等，2019）。

地方金融风险的异质性和复杂性特征，导致了地方金融风险难以直接观测并进行监测预警，因而需要借助风险度量的工具对地方金融风险进行估测。国际上对金融风险度量方法的研究由来已久，也有许多宏观金融风险测度的模型与方法可供参考和使用，如广义自回归条件异方差模型（Generalized Autoregressive Conditional Heteroskedasticity，GARCH）、或有权益分析法、预期违约率模型（KMV）等，这些模型与方法在研究金融风险领域经常被使用。沈丽等（2019）指出，我国金融市场发展历程短，难以对模型内置参数多的模型进行准确估计，相较于前面所提到的模型与方法，建立指标体系以综合反映金融风险水平更适合我国的实际情况，从现有文献来看，我国学者也更多地选择使用各种赋权方法来构建金融风险综合指标体系，以反映地方金融风险水平。

二、政府部门对地方金融风险影响的作用机制分析

在金融风险理论中，政府部门的债务问题会触发系统性金融风险，政府部门债务对金融风险影响的理论研究也经历了长期的探索，但传统的研究思路多从债务方面考虑债务问题，忽视了资产在债务偿还中所起到的作用，具有局限性。随着政府资产的规模日益扩大，资产对政府而言不只是偿债的工具，政府资产已经影响到了市场功能的发挥，是金融环境变化的关键因素之一。因此，地方政府的经济行为对地方金融风险的影响变得复杂化。

地方政府部门的资产负债结构对地方金融风险影响主要通过以下两个途径。第一个途径是地方政府部门自身的财务风险转化。地方政府债务扩张多是为投资基础设施建设筹集资金，但债务扩张会带来许多风险，如地方政府债务的累积、资产结构配置不合理和信息的不透明化，这些问题会造成地方政府债务偿还出现困难，从而将财政风险转化为金融风险（徐忠，2018）。地方政府的财政压力大，财政风险突出，且地方政府的财政压力有向上级传导的特性，危害性大（饶友玲，2004）。第二个途径是通过影响私人部门，包括金融机构、企业和家庭部门的资产负债情况从而改变地方金融风险水平。随着政府债务不断扩张，政府部门与金融部门之间的资金往来会使得银行增加期限错配风险，商业银行流动性降低，金融机构提供给地方政府的债务资金累积，部门杠杆率增大、信贷紧缩，增加了市场的融资成本，一旦地方政府债务出现违约，就会对金融部门造成冲击，使得地方金融风险增加，破坏金融市场自我稳定机制（Oet et al.，2013；陈志勇等，2015；Irem et al，2017；毛锐等，2018；熊琛和金昊，2018；李玉龙，2019）。此外，政府部门举债还会挤占私人部门资源，甚至影响投资者信

心，政府债务的扩张也会产生对利率的正向作用，增加融资成本，进一步影响市场机制，促进房价增长，加大居民杠杆率（Rogoff and Reinhart，2010；Yang Liu，2016；肖文和韩沈超，2015；唐云锋和刘清杰，2020；阮健弘，2020）。政府部门资产主要是通过影响市场作用的发挥继而影响地方金融风险水平，其中政府存款通过存款投资机会成本、财政增收、财政减支渠道造成巨大的社会资源损失，而我国政府存款的快速增长甚至已经完全对冲了积极财政政策的效果（付敏杰，2016）。中国人民大学国际货币研究所（2016）指出，政府存款的增加会影响经济增长，是社会资源浪费的反映。此外，政府部门持有的资产有着持续期长、耗资量大等较大的风险特征，政府部门越位、错位的资金主导行为导致投资效应不佳，造成市场资金错配，影响市场自身机制发挥作用，从而加大市场风险（钟晓敏和张雷宝，2004；伍海泉等，2005；曹静韬，2019）。

关于地方政府债务对于金融风险的诱发作用已有较多理论和实践证实，地方政府资产负债的流动性、偿还性和对市场资金的占用会影响整个经济体系，包括政府部门、非金融企业部门、金融部门以及家庭部门的风险状况，从而会改变地方金融风险水平。然而目前对政府部门资产的风险影响的关注和研究较为缺失，使得分析结果具有片面性。地方政府资产负债结构能够有效反映地方政府资产负债的流动能力和地方政府的债务偿还能力，且不同的政府资产负债结构对市场资金占用程度不同，因而考虑结合资产和负债在金融风险中的作用，使用资产负债结构特征来刻画政府部门经济活动，更有助于解决地方政府债务问题。综上所述，关注地方政府资产负债结构对地方金融风险的影响对解决地方政府债务问题具有重要意义。

第二节　地方政府资产负债结构与金融风险指标

本节为研究地方政府部门资产负债结构对金融风险的影响分析做数据准备，通过构建宏观资产负债表获得地方政府资产负债结构数据，并使用综合赋权的方法计算具有地方异质性的金融风险综合指标值，通过图文分析相关数据以反映地方资产负债结构和金融风险的变化与特征。

一、地方政府部门资产负债结构

（一）地方政府资产负债表构建

自 2012 年开始，我国三个研究团队针对国家资产负债表的编制问题展开了工作，并公布了他们对我国各部门，包括政府部门资产负债表的测算结果。这使得我国政府部门的资产负债问题研究有了基本的参考，对债务杠杆问题的研究开始涌现。国家资产负债表编制中关于资产的分类主要依据其金融性分为金融资产和非金融资产，负债的划分差异较大，但所涵盖的债务范围大体都在金融负债中（曹远征和马骏，2012；马骏等，2013；杜金富，2018；李扬等，2018；叶永刚等，2019）。

本节需要编制的是省级政府部门资产负债表，包括省级政府行政单位、社会保障基金和政府财政总预算以及国有企业、事业单位和政府控制的非营利性组织。国家层面的政府资产负债表对于地方政府并不完全适用，因而在科目上进行了改进。资产划分参照李扬等（2018）的研究，分为金融资产与非金融资产两大类，因为我国部分省份属于能源资源丰富的地区，所以在资源性资产估算时，将能源性资产也记入该科目下。本书对负债科目进行了进一步细化和改进。我国存在诸多潜在增加负债的因素，包括对金融部门的或有负债、国有企业发债等（Elmeskov and Sutherland，2012）。这是因为，促进经济持续健康发展是我国地方政府主要职能之一，地方政府对地方金融机构和国有企业等有着"兜底动机"，这些潜在的债务在构建地方政府资产负债表时不容忽略。"隐性债务"这一概念由哈维·罗森（Harvey S. Rosen，1992）第一次提出，在格雷（Grey，2008）构建宏观的公共部门资产负债表时，同样将对金融机构的担保作为或有负债纳入公共部门债务，在探究政府债务问题时，沈沛龙和樊欢（2012）将或有负债列示在政府的"可流动性资产"负债表中，并证实了或有负债对政府债务风险的影响。因此，本节将地方政府部门负债依照哈娜（Hana，1998）的分类方式，将政府债务分成了直接显性负债、直接隐性负债、或有显性负债和或有隐性负债这四大类，囊括了金融不良资产、金融担保、企业担保等，全面覆盖政府部门的负债。

本节对李扬等（2018）所编制的国家资产负债表中所列示的资产负债表进行了改进，这是因为国家资产负债表并不完全适用于地方，在科目设置上根据地方政府资产负债的特性做了相应的调整。本节对政府部门资产负债表中资产的划分同样分为金融资产与非金融资产，债务构成充分考虑我国地方政府的潜在债务问题，基于王晓婷等（2019）地方政府部门资产负债表编制的方法，具体结构如表 8.1 所示，这一资产负债表结构适用于我国除港澳台地区之外的 31 个省份，根据此框架，本书对我国 31 个省份 2007～2016 年的政府部门资产负债表进行了编制。

表 8.1　　　　　　　　　　　　我国地方政府资产负债表

总资产	总负债
金融资产	直接显性负债
广义政府存款	直接隐性负债
国有企业股权	或有显性负债
预算单位金融资产	或有隐性负债
非金融资产	不良资产
资源性资产	
公共基础设施资产	所有者权益
预算单位固定资产	

各科目具体计算方法如下。资产类型中，属于金融资产部分的广义政府存款可从 Wind 数据库中查找到相关数据，部分年份缺失的数据采用该地区本外币存款占全国的比重与全国政府存款的乘积来估算；国有企业股权数据在各省份会计年鉴中可以获取；预算单位金融资产虽未有直接可用数据，但其值等于总资产与固定资产之差，因此，利用该等式关系进行计算，其中，预算单位总资产以地方预算单位固定资产占全国预算单位固定资产比重乘以全国预算单位资产总额估算。

非金融资产中预算单位固定资产可直接从会计年鉴中获取，公共基础设施资产和资源性资产则需要进一步估算处理。其中，公共基础设施资产可以用式（8.1）估算：

$$公共基础设施资产 = (城市市政公用设施建设固定资产投资本年完成额$$
$$+ 县城市政公用设施建设固定资产投资本年完成额)$$
$$\times 资本形成比例 \qquad (8.1)$$

资本形成比例为资本形成总额占全社会固定资产投资的比重，相关数据可以从国家统计局、各地区会计年鉴获得。资源性资产包括土地资产和能源资产，采用王晓婷等（2019）使用的国家国土资源估算的方法，假设各地方的土地都归政府所有，即各省份的农林牧渔业总产值乘 40% 的租金率并折现 25 年，折现率为 4%。能源资产为煤炭开采和洗选业资产与石油和天然气开采业资产之和，从地区的统计年鉴中可获取该数据。

负债科目共有直接显性负债、直接隐性负债、或有显性负债和或有隐性负债四大类。直接显性负债为各地方政府一般债务和专项债务之和，Wind 数据库中对 2015 年之后的数据有所披露，2015 年之前的数据使用 2015 年及之后的直接显性负债与地方政府在央行存款之比求均值，以该比例对缺失的直接显性负债数据进行估算；直接隐性债务以及或有显性负债的估算参照王晓婷等（2019）的方法，其中，直接隐性债务用基本养老保险基金缺口来表示，计算式为：

$$基本养老保险基金缺口 = 基本养老保险基金支出 - 基本养老保险基金收入$$
（8.2）

利用国家统计局披露的相关数据可完成式（8.2）的计算。或有显性负债为地方政府对金融部门和非金融企业部门的担保之和，这两者的数据使用或有权益分析法计算求得。或有隐性负债计算式为：

$$或有隐性负债 = 不良贷款率 \times 本外币贷款余额$$
（8.3）

相关数据可以从各地区年度金融运行报告中获得。编制过程中所需数据大多可通过 Wind 数据库、各地区的会计年鉴以及统计年鉴、国家统计局、《中国城乡统计年鉴》获得，其中部分年限缺失的数据根据缺失年份附近五年的数据进行估算处理。因篇幅所限，在此不具体列示每一省份的资产负债表数据，本章在之后涉及的资产负债数据以及分析结果均使用此方法编制。

（二）地方政府部门资产负债结构现状分析

根据上述编制规则，将我国 31 个省份 2007～2016 年的政府部门资产负债表进行了编制，并为后续对地方政府部门资产负债结构的相关研究提供了数据基础，此部分依照地方政府部门资产负债表数据结果对资产负债结构进行分析。

地方政府资产负债管理的目的主要是防范债务偿还风险以及减少对私人部门的挤占和对经济的负面影响。因此，本书对地方政府部门资产负债结构中关注的侧重点是其资产、负债的流动性以及偿债能力，这些结构特征反映了地方政府部门的债务偿还能力和资金占有情况。因此，本书选择使用非金融资产占总资产比重、直接显性负债占总负债比重、资产负债率来分别代表政府部门资产流动性、负债流动性、偿债能力。其中，资产负债率越低，表明政府部门资产较多，对市场资源占用较多，资产对债务的覆盖程度越大，债务偿还能力越强。非金融资产占总资产比重越高，表明资产中相当部分资产流动性越差，变现能力越弱，但也意味着金融资产较少，政府部门对市场资金干预较少。负债流动性用直接显性负债占总负债比重表示，该比重越高，表明地方政府债务较多部分为直接显性负债，对私人部门的资金挤占越为明显，负债流动性越差。接下来，本节根据31个省份2007~2016年资产负债表的数据，对样本期间我国地方政府资产负债结构状况进行简单的分析。

我们先分析资产负债率，资产负债率是企业财务分析时常用的指标之一，对于企业财务状况而言，资产负债率存在一个适度的区间，资产负债率高于该区间或低于该区间都不利于企业的持续发展。从政府部门角度出发，政府部门的资产负债率也能够反映政府部门的财务状况。对于政府部门而言，资产负债率低有助于防范财务风险，但也显示出政府部门资产量大，可能存在重复建设和低效投资。而资产负债率高则意味着政府部门资产对债务的覆盖程度低，债务风险也较高。我国31个省份样本期间资产负债率情况如图8.1所示。

本书将我国31个省份的地方政府资产负债率的值进行比较，如图8.2所示。可以明显看出，各省份在样本期间地方政府资产负债率的变化各不相同，具有较强的异质性，其中重庆、北京地方政府部门的资产负债率变动幅度较大。新疆和西藏的地方政府部门资产负债率较低，样本期间资产负债率始终在个位数。从时间维度来看，随着时间的增加，资产负债率年均值在2007~2016年保持在20%~40%的区间内，各省份政府部门资产负债率略有下降趋势。

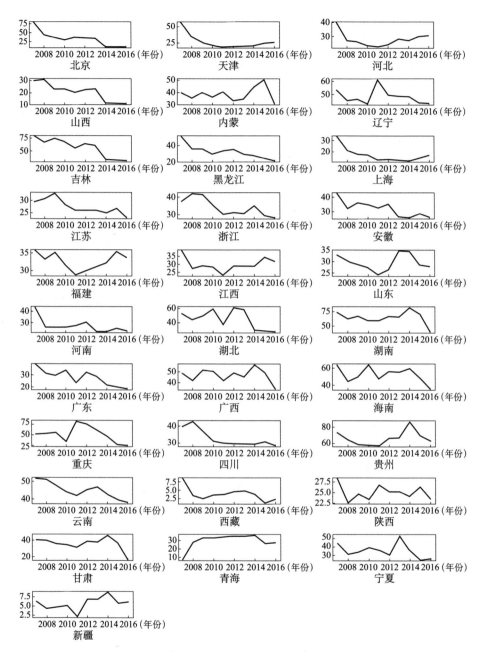

图 8.1　我国 31 个省份政府部门 2007~2016 年资产负债率变化情况

资料来源：根据 31 个省份资产负债表数据计算，使用 Python 软件由作者绘制。

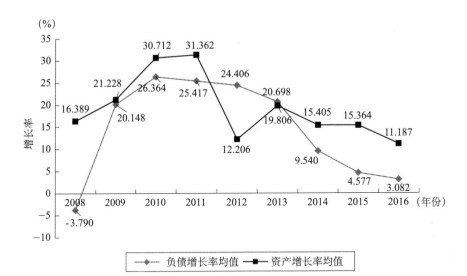

图 8.2　我国地方政府部门资产、负债增长情况

资料来源：作者根据 31 个省份资产负债表数据绘制。

　　为进一步分析我国地方政府资产负债率下降的原因，将地方政府资产和负债的年增长率的均值进行比较，如图 8.2 所示，可以发现，我国地方政府资产负债率下降的主要原因是地方政府资产的快速增长。除 2012 年外，地方政府资产的增长速度都快于负债的增长速度。地方政府部门资产在2008～2011 年为快速增长阶段，这一现象与我国为缓解世界金融危机造成的影响而实施的"四万亿计划"关系密切。在此期间，地方政府债务同样处于快速增长阶段。2011 年之后我国地方政府资产和债务的增长都有了不同程度的放缓。2014 年是我国地方政府债务的改革元年，从这一年开始，我国各个地方政府债务的平均增长速度下降到个位数。地方政府资产和债务规模整体呈现上升趋势，而地方政府资产的规模及增长量远超于地方政府负债。地方政府资产的均值在 2016 年已经达到地方政府负债均值的4.139 倍。

　　非金融资产占总资产比重为地方政府部门资产流动性指标，该比重越大，则非金融资产越多，金融资产越少，资产的流动性越差。对于金融机构而言，流动性是进行风险预警防控的重要指标，但流动性高也代表着较高的资金闲置，从而造成资源的浪费。对于政府部门而言，这一点同样适用。无论是在事前还是事后，政府资产都能降低债务危机的可能性，但资产降低风险的效果会因资产特征而异，尤其是流动性（Arbelaez and Sobrin-ho，2017）。虽然地方政府非金融资产占比大小代表了资产的流动性强弱，反映了遇到冲击时政府资产快速变现的能力，但是研究表明，政府部门在遇到债务偿还问题时，积累额外债务似乎是政府更为普遍的反应，而不是选择清算金融资产（Ruzzante，2018）。因此，对于地方政府而言，金融资产占总资产比重虽然证明了地方政府部门资产流动性以及债务及时偿还的能力，但清算金融资产却并不是政府部门偿债时的优先选择。此外，本章重点关注该指标代表的资产结构特征对于整个地方金融体系风险的负面影响，大量的金融资产意味着相当部分的地方政府资产不参与市场投资，政府部门借入市场资金的最终形成若无助于市场建设，会使得财政政策大打折扣（付敏杰，2016）。政府部门资产流动性强，固然是偿还债务的保证，对地方政府财务风险的防范有潜在优势，但政府部门流动资产多，挤压了金融市场的资金配置功能的发挥，截留了市场资金，造成了市场资源的闲置与错配，影响财政政策的效果。因此，对于整个地方金融体系而言，地方政府部门资产高流动性的影响未必是好的。我国31个省份样本期间地方政府部门非金融资产占总资产比重如图8.3所示。

由图8.3可知，在样本期间我国各省份政府部门非金融资产占比都呈下降趋势，且不同地区的非金融资产占比差距较大。资产负债表编制结果显示，新疆、广东、江苏、山东、北京为地方政府部门资产绝对量最多的五个地区，新疆资产量大主要是因为其非金融资产中资源性资产价值量大，从而使得其资产总量遥遥领先于其他地区。地方政府部门资产最少的五个地区为西藏、海南、宁夏、青海、吉林。大多数省份政府部门的金融资产都高于非金融资产，而山西、内蒙古、黑龙江、陕西、宁夏、新疆，这些地区因资源丰富，资源性资产数值较大，使得地方政府的非金融资产高于金融资产。各省份的资产结构用非金融资产占总资产比重代表，反映地方政府资产的流动性，使用非金融资产的年均值比总资产的年均值计算，将结果从大到小排列，可以看到地方政府的资产流动性具有地域差距，政府资产流动性较强的五个地区为上海、北京、浙江、重庆、西藏，政府资产流动性较差的五个地区为新疆、山西、内蒙古、宁夏、陕西，集中于中西部地区。

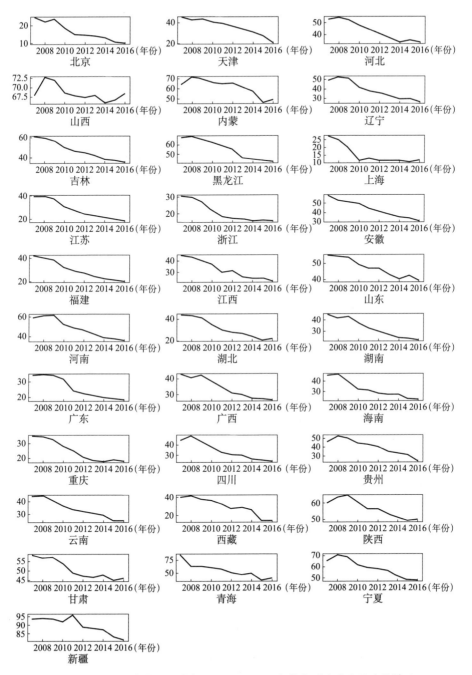

图 8.3　我国 31 个省份政府部门 2007～2016 年非金融资产占比变化情况

资料来源：作者根据 31 个省份资产负债表数据计算，使用 Python 软件绘制。

地方政府直接显性债务分为一般债务和专项债务两部分，且两者的发行方式和偿还资金的来源有着明确的规定，地方政府发行的一般债券是用于公益性事业的发展，偿还来源主要是一般公共预算收入；而专项债务则是为满足公益性事业的发展需要而融资形成，以专项收入偿还，具体是指对应的政府性基金收入项目收益。地方政府对直接显性负债是有明确偿还义务的，相较于其他债务成分，直接显性债务也更为透明化、更易管理。直接显性负债占比越高，地方政府确定性债务也更多，债务压力也更大。且地方政府发行债务多为中长期债务，债务期限较长，债务资金多用于长期投资项目，资本回收期长，因而该占比越高，负债流动性越差，债务风险也越高。直接显性负债资金来源于市场，对私人部门的资金挤占最为直接，直接显性负债越多，政府部门对市场资金就会有更多的配置权，干预市场也会更多，不利于市场机制的发挥。因此，债务流动性对政府部门和地方经济有着较大的影响。我国 31 个省份直接显性负债占总负债比重的具体情况如图 8.4 所示。

直接显性负债是地方政府债务构成中最为主要的部分，各省份样本直接显性负债占比变化如图 8.4 所示，除河南、海南在 2007 年的样本以及西藏在 2007~2013 年的样本外，我国各省份地方政府部门直接显性负债占总负债比重均处于 50% 以上，且超过了 78% 的地方政府债务样本数据中直接显性负债占总负债比重的值达到 80% 以上。从时间维度来看，多数地区直接显性负债占比呈增长趋势，而随着 2014 年我国地方政府债务改革，地方政府直接显性负债的扩张受到了约束，这一增长势头得到遏制。北京、浙江、福建的直接显性负债占比在 2014 年之后有明显的下降，其他省份在 2014 年之后直接显性债务虽债务比重变化不大，但也有所收敛。

二、地方金融风险综合指标设计

本部分将构建一个综合指标以反映地方金融风险，该指标的建立能将 31 个省份的地方金融风险量化，并对我国样本期间各地方金融风险水平进行分析。在指标构建时，本部分将充分考虑到地方金融风险的范围和特征，选取合适的指标组合以形成综合指标。

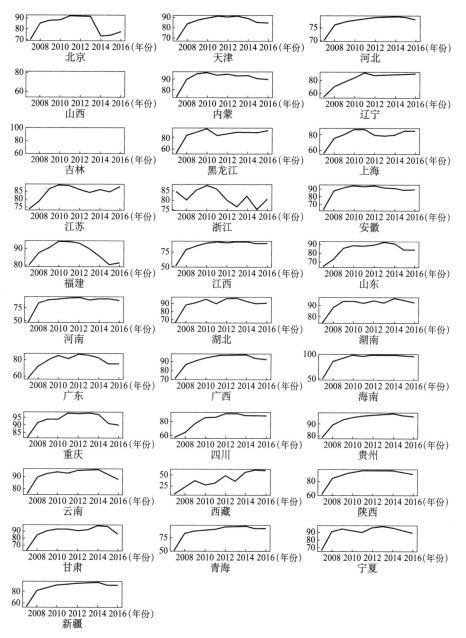

图8.4 我国31个省份政府部门2007～2016年直接显性负债占比变化情况

资料来源：作者根据31个省份资产负债表数据计算，使用 Python 软件绘制。

(一) 综合指标构建思路

现有文献在探讨地方政府债务风险预警指标时，大都考虑地方政府债务状况、地方政府财政收支状况、宏观经济运行状况（闫明和顾炜宇，2014；杨志安和宁宇之，2014；廖家勤和伍红芳，2015；沈雨婷和金洪飞，2019）。对地方金融风险的度量确实需要充分考虑风险构成的复杂性，包括宏观经济运行风险、金融机构运行风险、政府偿债风险以及市场资产价格波动（宋凌峰和叶永刚，2011；张安军，2019），在研究时针对某一地区进行个例分析或者构建全国性统一指标，对于指标构建的异质性和规律的普遍适用性难以两全。

本部分在建立风险指标时，考虑到我国 31 个省份存在异质性，然而部分宏观经济指标具有统一性，因而在指标选择中要选择充分反映地方经济特征且能涵盖各个地方整个经济体系，适合于反映所有地区金融风险状况。因此，本书在进行地方金融风险的指标构建时，充分考虑了经济体系中的四个主体部门，包括政府部门、金融部门、非金融企业部门以及家庭部门的金融风险，结合四部门的金融风险指标所形成的地方金融风险指标能够代表各个地方的金融风险水平。鉴于各部门金融风险主要是由于债务偿还问题引发，因而指标选取时着重关注各部门债务杠杆以及违约情况，并根据各部门的金融业务特点补充相应的指标，具体的指标选择以及计算在后面的章节中会有更为详细的介绍。

1. 变量与数据的选取说明

地方金融联系于政府部门、金融部门、非金融企业部门和家庭部门四部门之间，故而指标选取也基于四部门，在各部门中选取具有代表性的金融指标，来反映各部门的金融风险，从而组建地方金融风险综合指标。指标的选取与计算参考王晓婷等（2019）以山西为例基于宏观资产负债表进行区域金融风险度量所采用的区域金融风险评价指标体系以及涉及或有资产负债表的计算方法，包含了各部门显性、隐性债务，从而能够将各部门潜在的金融风险纳入风险度量。在此基础上，考虑到财政缺口可以反映地方政府对财政收支的控制力，是地方政府对资金规划运用的体现，故而将其纳入指标体系；而因金融部门部分年份数据不可得，负债由可得数据年份负债与资产比重估算而得到，则部分省份金融部门杠杆率不具有可比性，故而在此除去该指标。由此得到表8.2所示的指标体系。杠杆率由所有者权益比总资产求得。金融流动比率为流动资产比流动负债，流动资产用短期贷款和票据融资之和计算，流动负债用居民存款与企业存款之和占本外币存款余额进行估算。或有资产负债率使用债务市值与资产市值之比表示，债务市值和资产市值根据或有权益分析法求得的或有资产负债表数据得到。正向指标是指该指标数值越大，地方金融风险越高，相关性为正；负向指标是指该指标数值越大，地方金融风险越低，相关性为负。由此可以得到，家庭或有资产负债率、政府或有资产负债率以及财政缺口为正向指标，其余指标为负向指标。

表8.2 　　　　　　　　　　　　　地方金融风险评价指标

一级指标	二级指标	相关性
金融部门风险指标	金融流动比率	负
	金融违约距离	负
非金融部门风险指标	企业杠杆率	负
	企业违约距离	负
家庭部门风险指标	家户杠杆率	负
	家户或有资产负债率	正
政府部门风险指标	政府杠杆率	负
	政府或有资产负债率	正
	财政缺口	正

2. 地方金融风险综合指标的计算

本部分需要对地方金融风险进行计算，在这里我们采用主观与客观相结合的综合赋权方法进行指标赋权，完成地方金融风险综合指标的构建。

第一，层次分析法。层次分析法（AHP）是一种较为系统的分析方法，会受到主观因素的影响，但在经济决策问题上应用较为广泛。基本原理为将复杂问题分层，同一层次之间的要素进行比较，判断指标之间的相对重要性，由此计算各个要素的权重大小，从而得到层次化的系统性分析结构。

具体计算步骤如下：

首先，将地方金融风险的评估分为两层问题，地方金融风险问题转化为地方经济四部门的金融风险问题，即政府部门风险、金融部门风险、非金融企业部门风险和家庭部门风险，由此得到第一层，而第二层次为第一层中各个要素的具体指标选择，这一步骤在前面指标选择上已经完成。其次，需要按照前面对层次分析法的介绍所述，对同一层次中两两指标进行比较，本部分依据金融风险的理论与现有研究，以及专家意见就其相对重要程度所对应的标度给出评分，评分标准如表8.3所示，从而得到判断矩阵A：

$$A = \begin{bmatrix} a_{11} & a_{12} & \cdots & a_{1n} \\ a_{21} & a_{22} & \cdots & a_{2n} \\ \vdots & \vdots & a_{ij} & \vdots \\ a_{n1} & a_{n2} & \cdots & a_{nn} \end{bmatrix} \tag{8.4}$$

矩阵 A 中对应元素 a_{ij} 表示的意义是，相较于指标 j，指标 i 的重要程度。当 i = j 时，说明要进行比较的两个指标为同一指标，此时 a_{ij} 的值应该表示同等重要，评分记为1，所以矩阵 A 主对角线的元素为1。$a_{ij} > 0$，且 $a_{ij} \times a_{ji} = 1$，由此可以判断出，矩阵 A 为正互反矩阵。

表8.3 评分依据表

标度	含义
1	两个指标同样重要
3	该指标稍微重要
5	该指标明显重要
7	该指标强烈重要
9	该指标极端重要
2, 4, 6, 8	上述两个相邻判断标度的中间值
倒数	例：指标1与指标2相比标度为4，则指标2与指标1相比的标度为1/4

在矩阵 A 中，$a_{ij} = \dfrac{i指标重要程度}{j指标重要程度}$，因为 $a_{im} = \dfrac{i指标重要程度}{j指标重要程度} \times \dfrac{j指标重要程度}{m指标重要程度} =$

$a_{ij} \times a_{jm}$，所以 a_{ij} 应满足一致性，然而依据主观判断得到的评分可能导致我们所构建的判断矩阵违反一致性原则，因此，判断矩阵能够满足一致性原则是该评分体系有效的前提条件。

这需要依靠一致性指标的检验，一致性指标 CI 的计算方式为：

$$CI = \frac{\lambda_{max}}{n - 1} \tag{8.5}$$

其中，n 为指标数，λ_{max} 为最大特征值，接下来根据指标数量 n 查表寻找对应的平均随机一致性指标 RI。最终得以计算一致性比例 CR：

$$CR = \frac{CI}{RI} \tag{8.6}$$

只有在 CR 指标值小于 0.1 时，判断矩阵的一致性可被接受，就不再需要对评分结果进行调整。将判断矩阵 A 的数据带入计算，求得的一级指标权重向量结果为 $[\,0.5452, 0.1742, 0.1232, 0.1574\,]'$，最大特征值 λ_{max} 为 4.1943，CR = 0.0728 < 0.1，通过一致性检验，沿用此方法对第二层次的因素即二级指标的 CR 值进行计算，结果同样小于 0.1，可进行下一步赋权处理。

在检验了该评分体系的有效性后，可继续完成对判断矩阵各个指标的权重计算，求解不同层次中各个要素对于指标的权重有三种计算方法：算术平均法、几何平均法以及特征值法。本书采用几何平均法来求解指标权重。几何平均法求解指标权重的公式为：

$$w_i = \frac{\left(\prod_{j=1}^{n} a_{ij}\right)^{\frac{1}{n}}}{\sum_{k=1}^{n}\left(\prod_{j=1}^{n} a_{kj}\right)^{\frac{1}{n}}}, (i = 1, 2, \cdots, n) \tag{8.7}$$

其中，w_i 为层次分析法下指标 i 在所有指标中按照其重要程度所获得的权重。根据层次分析法求得的指标体系的赋权结果如表 8.4 所示。由表 8.4 可知，金融部门的风险在地方金融风险中占有最为重要的地位，其次是非金融企业部门、政府部门，家庭部门相对来说重要性较低，且账面指标相对或有指标重要性也更高，这样的赋权结果符合相关理论与经验。

表8.4　　　　　　　　　　　　层次分析法赋权结果

一级指标	二级指标	AHP 赋权（%）
金融部门风险指标（0.545）	金融流动比率（0.5）	27.25
	金融违约距离（0.5）	27.25
非金融企业部门风险指标（0.174）	企业杠杆率（0.75）	13.05
	企业违约距离（0.25）	4.35
家庭部门风险指标（0.123）	家户杠杆率（0.8）	9.84
	家户或有资产负债率（0.2）	2.46
政府部门风险指标（0.157）	政府杠杆率（0.443）	7.00
	政府或有资产负债率（0.169）	2.65
	财政缺口（0.387）	6.10

第二，熵值法。熵值法通过综合考虑指标所含有的、能够提供给决策者的信息量大小，使用数学方法获得各个指标客观权重。信息熵理论表明，信息熵是度量信息的不确定性的指标，熵值越小，表示该因素提供的信息量越大。如果某层次某因素下一级众多因素的熵值越小，说明该因素对于决策起到的作用越大，则相应地赋予该因素比较大的权重，相反，熵值越大，则该因素的权重会比较小（王媛等，2013）。熵值法的具体赋权过程如下：

先要将数据无量纲化处理，本部分选用极值法，将指标数值全部转化成为 0~1 之间的数，最大为 1，最小为 0。计算公式如下：

对于正向指标，处理公式为：

$$X_{ij}' = \frac{x_{ij} - m_i}{M_i - m_i} \tag{8.8}$$

对于负向指标，处理公式为：

$$X_{ij}' = \frac{M_i - x_{ij}}{M_i - m_i} \tag{8.9}$$

其中，M_i 为 X_{ij} 最大值，m_i 为 X_{ij} 最小值。这时数据中会出现值为 0、1 的特殊数字，为避免后续数据处理中可能出现的问题，将无量纲化后的指标平移 0.0001。

数据经过处理后，即可依照式（8.10）计算指标的贡献度，也就是第 i 个样本在第 j 个指标的特征比重 p_{ij}，式（8.10）中的 m 代表的是样本数据的数量。

$$p_{ij} = \frac{x_{ij}'}{\sum_{i=1}^{m} x_{ij}} \tag{8.10}$$

接下来进行熵值的计算。如，第 j 个指标的熵值为：

$$e_j = -\frac{1}{\ln m} \sum_{i=1}^{m} p_{ij} \ln(p_{ij}), 0 \leqslant e_j \leqslant 1 \tag{8.11}$$

其中，e_j 即为指标 j 的熵值，值越小，则该指标所包含的信息越多，赋予的权重应该更大，因此，需要计算差异系数 g_j。

$$g_j = 1 - e_j \tag{8.12}$$

g_j 将熵值进行了转化，g_j 越大，则指标 j 被赋予的权重也越大。因此，根据差异系数来确定各指标的权重 w_j。

$$w_j = \frac{g_j}{\sum_{j=1}^{n} g_j} \tag{8.13}$$

至此即可得到熵值法下的四个部门、九个指标的权重,但本书注意到,我国 31 个省份发展状况存在差异,具有较强的异质性,使用完全相同的权重体系来评价各省份的金融风险是不恰当的。基于信息熵理论,各地区的政府部门、金融部门、非金融企业部门和家庭部门在地方金融体系中的重要程度会存在差异,指标所能蕴含的风险信息也不完全一致,因此,本书对 31 个省份的金融风险指标分别进行熵值法的计算,得到了包含各省份经济发展特质的风险评价体系。

第三,综合分析法。层次分析法具有一定的主观性,而熵值法则是客观根据信息的效用值赋权,主观与客观的结合使得地方金融风险综合指标既符合现实意义也符合客观规律。在进行综合赋权时,我们同样考虑相对信息熵最小化的原则,有专家学者进行过类似的综合赋权来构建评价体系,其中,沈雨婷和金洪飞(2019)综合赋权时基于相对信息熵最小化利用拉格朗日乘数法得到最优的综合赋权权重,有显著效果,本部分同样采用此综合赋权法:

$$\min F = \sum_{j=1}^{n} \widetilde{\omega}_j (\ln \widetilde{\omega}_j - \ln W_j) + \sum_{j=1}^{n} \widetilde{\omega}_j (\ln \widetilde{\omega}_j - \ln w_j) \tag{8.14}$$

$$s.t. \sum_{j=1}^{n} \widetilde{\omega}_j = 1, \widetilde{\omega}_j \geqslant 0 \tag{8.15}$$

从而得到最优的综合赋权的权重为:

$$\widetilde{\omega}_j = \frac{\sqrt{W_j w_j}}{\sum_{j=1}^{n} \sqrt{W_j w_j}} \tag{8.16}$$

但现有文献对综合赋权法的运用未能体现我国各省份之间的区域差异,为此,本部分在熵值法赋权时根据各省份自身的数据信息进行了分别赋权计算,得到 31 个权重结果。而最终得到的综合权重 $\widetilde{\omega}_j$ 是根据 APH 赋权结果结合 31 个省份各自的熵值赋权结果,得到的 31 个省份各自的地方金融风险综合指标的权重,并根据指标数据进行计算,最终得到 31 个省份在 2007~2016 年的地方金融风险评价值,如图 8.5 所示,数值越高,则该地区地方金融风险水平越高。

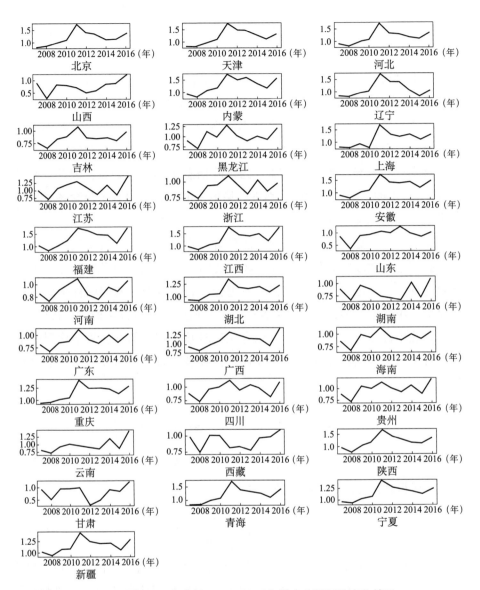

图 8.5 我国 31 个省份 2007~2016 年地方金融风险变化情况

资料来源：作者根据 31 个省份资产负债表数据计算，使用 Python 软件绘制。

（二）地方金融风险水平分析

由图 8.5 可以发现，各省份的地方金融风险大体上都有着上升趋势，且各省份之间的地方金融风险差异明显。以时间维度比较，全国整体的地方金融风险水平在 2008~2011 年明显增加，之后趋于下降且平稳，但 2016 年再度上升。

这是因为，2008 年的全球金融危机使得我国地方金融风险增加，到 2010 年底，我国陆续投资 4 万亿元以应对冲击，这一举措对我国经济确实产生了正面效果，削弱了金融危机冲击给我国经济带来的负面影响（苏治等，2013），2011~2015 年的地方金融风险水平下降，但大水漫灌式的刺激计划也带来了诸多潜在风险，产生了影子银行、地方政府债务以及企业高杠杆等问题（宋敏，2018），使得 2016 年风险凸显，地方金融风险接近 2008 年的高水平，进一步验证了综合指标的有效性。空间维度比较下，地区之间的风险差异显著。其中，西藏、湖南、甘肃、山西风险水平较低，处于平均水平之下，北京、江西、天津等风险水平较高。

第三节　地方政府资产负债结构对地方金融风险影响的实证分析

本节主要内容为地方政府资产负债结构对地方金融风险相关模型的研究，通过模型的构建和检验，得到关于地方政府资产负债结构与地方金融风险影响的回归模型，确定地方政府部门资产负债结构对地方金融风险的影响方向和大小。

一、政府资产负债结构对地方金融风险影响的模型设立

本部分所用到的我国 31 个省份 2007~2016 年的资产负债结构状况以及金融风险水平的数据为面板数据。使用面板数据模型能够考虑到时间和区域两个维度，充分反映地方政府资产负债结构与地方金融风险的联系在时间和地区上的差异以及变化规律。面板数据的基本模型为：

$$Y_{i,t} = \alpha_{i,t} + \beta'_{i,t}X_{i,t} + \varepsilon_{i,t}, i = 1, \cdots, N; t = 1, \cdots, T \qquad (8.17)$$

其中，$Y_{i,t}$ 为内生变量，$X_{i,t}$ 为外生变量向量，$\beta'_{i,t}$ 为参数向量，$\varepsilon_{i,t}$ 为随机扰

动项。

假设参数满足时间一致性，且截距项和回归斜率系数相同，模型可写为：

$$Y_{i,t} = \alpha + \beta'X_{i,t} + \varepsilon_{i,t}, i = 1, \cdots, N; t = 1, \cdots, T \qquad (8.18)$$

流动性指标选择非金融资产占总资产比重以及直接显性债务占总负债比重，非金融资产包括资源性资产、公共设施资产、事业单位固定资产，其变现需要时间，因此，该比重越大，资产的流动性越弱；地方政府发行债券多为长期债券，流动性较弱且偿还性强，选择直接显性负债占地方政府债务比重能很好地反映地方政府债务的流动性。偿债能力则选择资产负债率为代表，该指标越大，地方政府的偿债能力越弱。此外，地方政府债务规模增长一直是各界对政府债务风险的关注点，对于地方金融风险有较强影响，因此，加入地方政府债务增长率这一指标作为控制变量，能够使模型对地方金融风险的解释更为有力。

由此构造出地方政府资产负债结构对地方金融风险影响的基本模型，如下：

$$Risk_{i,t} = c + \beta_1 \frac{nonf_{asset}}{asset} + \beta_2 \frac{d_{e_{debt}}}{debt} + \beta_3 \frac{debt}{asset} + \theta_1 debt_{growth} + \varepsilon_{i,t}$$

$$(8.19)$$

其中，c 为截距项，$Risk_{i,t}$ 为 i 省份在 t 时的地方金融风险，使用前面构建的地方金融风险指标来表示；$nonf_{asset}$ 表示地方政府非金融资产，asset 表示地方政府总资产，因此，$\frac{nonf_{asset}}{asset}$ 即为地方政府资产流动性代表性指标，非金融资产占总资产比重，β_1 为地方政府非金融资产占总资产比重对地方金融风险影响度；$d_{e_{debt}}$ 为地方政府直接显性负债，debt 为地方政府总负债，$\frac{d_{e_{debt}}}{debt}$ 即为地方政府直接显性负债占总负债比重，表示地方政府债务的流动性，β_2 为地方政府直接显性负债占总负债比重对地方金融风险的影响度；$\frac{debt}{asset}$ 为地方政府资产负债率，β_3 为地方政府资产负债率对地方金融风险的影响度。$debt_{growth}$ 为控制变量，表示地方政府债务的增长率，由 $\frac{debt_t - debt_{t-1}}{debt_{t-1}}$ 计算得到，θ_1 则为地方政府总负债增长率变化对地方金融风险的影响；$\varepsilon_{i,t}$为随机扰动项。

二、政府资产负债结构对地方金融风险模型回归结果

根据前面地方政府部门资产负债表的编制方法，编制了 31 个省份 2007 ~ 2016 年的地方政府资产负债表，本书所使用的地方政府资产负债结构数据以及模型中所使用的指标数据皆来源于此表，由此检验地方政府资产负债结构对地方金融风险的模型。我们先在 Stata 软件中采用豪斯曼检验判断模型适用类型。豪斯曼检验的原假设为差异不显著，若 p = 0.000，表示拒绝原假设，则差异显著，选择使用固定效应模型更为合理。使用 Stata 软件对面板回归结果比较，如表 8.5 所示。

表 8.5 豪斯曼检验结果

变量		Fe 系数	Re 系数	系数差
关键变量	非金融资产/总资产	− 0.648	− 0.420	− 0.227
	直接显性负债/总负债	1.012	1.176	− 0.164
控制变量	资产负债率	− 0.552	− 0.727	0.175
	总负债增长率	0.152	0.170	− 0.018

Fe 系数为固定效应模型下变量的回归系数，Re 系数为随机效应模型下变量的回归系数，系数差为固定效应模型下的变量系数与随机效应模型下的变量系数之差。在回归结果中，随机效应模型和固定效应模型回归结果中系数方向一致，且系数差距并不大。豪斯曼检验结果也显示 chi2（4）= 5.81，prob > chi2 = 0.2139，两者之间没有较大差异，故接受原假设，使用随机效应模型即可，因此，在之后的讨论中采用随机效应模型回归结果，如表 8.6 所示。

表 8.6 随机效应模型回归结果

变量	系数	P 值
非金融资产/总资产	− 0.420	0.000 ***
直接显性负债/总负债	1.176	0.000 ***
资产负债率	− 0.727	0.000 ***
总负债增长率	0.170	0.000 ***
常数项	0.392	0.002 ***

注：*** 表示在 1% 的水平下显著。

由表 8.6 可以看出，地方政府资产负债结构确实会影响地方金融风险水平，且各变量影响显著。将系数带入模型，则模型可写为：

$$\text{Risk} = 0.392 - 0.420\frac{\text{nonf}_{\text{asset}}}{\text{asset}} + 1.176\frac{\text{d}_{\text{e}_{\text{debt}}}}{\text{debt}} - 0.727\frac{\text{debt}}{\text{asset}} + 0.170\text{debt}_{\text{growth}}$$

$$(8.20)$$

由模型结果可知，非金融资产占总资产比重以及资产负债率与地方金融风险之间为负相关，直接显性负债占总负债比重与地方金融风险之间为正相关，非金融资产占总资产比重每增加 1%，地方金融风险指标就下降 0.42，资产负债率每增加 1%，地方金融风险指标下降 0.727，两者相较而言，资产负债率对地方金融风险指标效果更强。直接显性负债占总负债比重每增加 1%，地方金融风险会增加 1.176，因此，地方政府直接显性负债占总负债比重为地方政府资产负债结构指标中对地方金融风险影响程度最大的因素。

负债的流动性对于地方金融风险的影响最大，且地方政府直接显性负债占总负债的比重对地方金融风险有正向促进作用。同样，政府债务的增长加快也会提高地方金融风险。非金融资产占总资产比重越大，地方政府的资产流动性越差，对于地方政府的偿债能力产生负面影响，会提高地方政府的债务风险，但与地方金融风险之间却是负向关系。此外，地方政府的资产负债率越高对于地方政府的偿债能力产生正向积极作用，但对地方金融风险产生的却是负面效应。可见，地方政府债务的风险降低不代表地方金融风险水平的降低，地方政府在坚守地方政府债务风险底线的同时需要关注政府资产负债结构对地方金融风险水平的影响。

三、政府资产负债结构对地方金融风险模型检验

（一）按照经济体量大小地区划分

将样本期间内我国 31 个省份按照国家统计局公布的 2007~2016 年地区生产总值的年均值进行排名，取前 15 名为经济体量大的地区，后 16 名为经济体量小的地区，将样本数据分为了大经济体量地区和小经济体量地区两

组，如表8.7所示。

表8.7　　　　　　　　　　按经济体量大小分组结果

大经济体量地区	小经济体量地区
北京	天津
河北	山西
内蒙古	吉林
辽宁	黑龙江
上海	江西
江苏	广西
浙江	海南
安徽	重庆
福建	贵州
山东	云南
河南	西藏
湖北	陕西
湖南	甘肃
广东	青海
四川	宁夏
	新疆

样本通过分组回归进行模型检验，结果如表8.8所示，不论经济体量大小，地方政府资产负债结构对地方金融风险的影响都是显著的，且正负效应方向一致，非金融资产占总资产比重以及资产负债率提高对地方金融风险有减弱效果，直接显性负债占总负债比重以及总负债增长率的提高会加剧地方金融风险。

表8.8　　　　　　　　　　分组模型回归结果

变量	大经济体量地区		小经济体量地区	
	系数	显著性	系数	显著性
非金融资产/总资产	−0.461	0.004***	−0.401	0.000***
直接显性负债/总负债	1.526	0.000***	1.020	0.000***
资产负债率	−0.801	0.000***	−0.662	0.000***
总负债增长率	0.187	0.014**	0.148	0.003***
常数项	0.126	0.630	0.498	0.001***

注：***、**分别表示在1%、5%的水平下显著。

将系数带入模型，则模型可写为：

$$
\text{Risk} = \begin{cases}
0.126 - 0.461\dfrac{\text{nonf}_{\text{asset}}}{\text{asset}} + 1.526\dfrac{\text{d}_{\text{edebt}}}{\text{debt}} - 0.801\dfrac{\text{debt}}{\text{asset}} \\
\quad + 0.187\text{debt}_{\text{growth}}, 大经济体量地区 \\
0.498 - 0.401\dfrac{\text{nonf}_{\text{asset}}}{\text{asset}} + 1.020\dfrac{\text{d}_{\text{edebt}}}{\text{debt}} - 0.662\dfrac{\text{debt}}{\text{asset}} \\
\quad + 0.148\text{debt}_{\text{growth}}, 小经济体量地区
\end{cases}
\tag{8.21}
$$

从系数大小来看，政府部门资产负债结构对于不同经济体量地区的影响程度略有不同。非金融资产占总资产比重每增加1%，大经济体量地区地方金融风险评价指标降低0.461，而小经济体量地区则降低0.401；直接显性负债占总负债比重每增加1%，大经济体量地区地方金融风险水平增加1.526，而小经济体量地区增加1.020；资产负债率每增加1%，大经济体量地区地方金融风险水平下降0.801，小经济体量地区下降0.662。总体来看，大经济体量地区的资产负债表结构对地方金融风险影响相较于小经济体量地区要大一些，尤其是直接显性负债占总负债比重对经济体量大小不同的地区的地方金融风险影响差距较大。

（二）按照人均收入大小地区划分

按照国家统计局公布的各个省份2007～2016年地区生产总值和各省份年末常住人口的数值，计算得到样本期间各省份的人均GDP，将样本期间我国31个省份人均GDP均值进行排名，以人均GDP为标准来判断地区发展水平，取前15名为高收入地区，后16名为低收入地区，分组结果如表8.9所示。

表8.9　　　　　　　　　　　按人均收入分组结果

高收入地区	低收入地区
北京	山西
天津	黑龙江
河北	安徽
内蒙古	江西
辽宁	河南
吉林	湖南
上海	广西

续表

高收入地区	低收入地区
江苏	海南
浙江	四川
福建	贵州
山东	云南
湖北	西藏
广东	甘肃
重庆	青海
陕西	宁夏
	新疆

样本分组结果与经济体量分组不同，对重新分组的样本数据再次进行模型检验，根据表 8.10，不论该地区人均收入是高是低，该模型的系数正负方向未有改变，且除直接显性负债占总负债比重指标外，人均收入高地区和人均收入低地区系数差距相对较小，直接显性负债占总负债比重仍是对地方金融风险影响最大的资产负债结构指标。

表 8.10　　　　　　　　　　　分组模型回归结果

变量	人均收入高地区		人均收入低地区	
	系数	显著性	系数	显著性
非金融资产/总资产	− 0.448	0.001 ***	− 0.386	0.001 ***
直接显性负债/总负债	1.982	0.000 ***	0.979	0.000 ***
资产负债率	− 0.620	0.000 ***	− 0.816	0.000 ***
总负债增长率	0.185	0.002 ***	0.111	0.045 **
常数项	− 0.312	0.217	0.558	0.000 ***

注：*** 、** 分别表示在 1%、5% 的水平下显著。

将系数带入模型，则模型可写为：

$$\text{Risk} = \begin{cases} -0.312 - 0.448\dfrac{\text{nonf}_{\text{asset}}}{\text{asset}} + 1.982\dfrac{\text{d}_{\text{e\,debt}}}{\text{debt}} - 0.620\dfrac{\text{debt}}{\text{asset}} \\ + 0.185\text{debt}_{\text{growth}}, 高收入地区 \\ 0.558 - 0.386\dfrac{\text{nonf}_{\text{asset}}}{\text{asset}} + 0.979\dfrac{\text{d}_{\text{e\,debt}}}{\text{debt}} - 0.816\dfrac{\text{debt}}{\text{asset}} \\ + 0.111\text{debt}_{\text{growth}}, 低收入地区 \end{cases} \quad (8.22)$$

地方政府直接显性负债占总负债比重的系数差距在这一分组中表现更

为明显，直接显性负债占总负债比重增加1%，人均收入高的地区地方金融风险水平增加1.982，而人均收入低的地区地方金融风险水平仅增加0.979，差距接近1倍。与经济体量大小分组不同的是，资产负债率每增加1%，高收入地区地方金融风险下降0.620，低收入地区下降0.816，低收入地区的风险下降程度大于高收入地区。

通过调整资产负债率缓解地方金融风险的效果在人均收入低的地区更为突出，但总体来看，资产负债结构强化地方金融风险的效应则是对人均收入高的地区更突出。这表明，地方政府债务的外部效应会有一定的区域差异，政府部门的债务结构对地方金融风险影响较大。

四、政府资产负债结构对金融风险影响实证结果分析

学界对地方政府债务的研究多关注于债务对地方政府财务风险的影响，指标选取上较多考虑地方政府财政收支、债务结构，对地方政府债务造成的负外部性也多关注于对私人部门的挤占与地方经济增长的影响。而本书选择将地方政府债务问题转化为资产负债结构问题，且将地方政府债务的影响研究范围扩大化，探讨地方政府部门的资产负债结构对地方金融风险的影响。通过模型的构建与检验，证实了地方政府资产负债结构对地方金融风险存在显著影响。这表明，目前对于政府债务的担忧具有局限性和片面性，应积极转变债务管理理念，加强关注地方政府资产负债管理，重视资产负债结构对地方整体金融风险的影响。

由本节的研究结果可知，地方政府部门的资产负债结构与地方金融风险之间有紧密联系，尤其是地方政府直接显性负债占总负债的比重对地方金融风险影响最大，反映出地方政府债务流动性管理的重要性。地方政府债务增长动力主要来自直接显性负债，而地方政府发行债券多为长期债券，且资金投向的公益性事业发展对资金的需求量大、项目建设周期长、投资收益小，债务本身流动性差、风险较大，对私人部门的资金挤占作用也更为明显持久，对整体地方金融风险有较强的负面影响。此外，地方政府直接显性负债占总负债比重对经济体量大、高收入地区的风险具有更强的提高效果。经济体量大、人均收入高，都是地方经济发达的表现，由于这些

地区市场机制较为完善，地方政府通过发行债券融资对市场私人部门的挤占会影响市场发挥作用，造成资源的错配，对地方经济的负面影响更大，因此，这些地区应当控制直接显性负债规模，减少对市场的过度干预和影响。

地方政府资产负债率对地方金融风险的作用效果也不同于其对政府部门的风险影响，债务比资产的比值越高，地方金融风险越低。资产负债率高主要是以下两个原因，一是地方政府债务偏高，二是地方政府资产偏低。地方政府债务增长速度对地方金融风险强化作用明显，因此，地方政府资产较低是地方金融风险得到缓冲的主要原因。地方政府资产为金融资产和非金融资产，政府资产的扩张，会使得政府对市场资金注水变抽水，影响市场资金的流向，不利于市场需求的扩大，特别是政府存款的急剧扩张是对市场资源的浪费，不利于地方稳定发展。政府部门资产负债率高，对政府而言增加了财务风险，但对地方其他经济体却有降低风险的效果，使得地方金融风险整体下降。地方政府资产负债率的增加对大经济体量、人均收入低的地区金融风险的降低效果更好，这是因为大经济体量地区财政收入能力强，偿还债务时有较大的财政保障，债务杠杆高不会造成地方金融风险加重，人均收入低的地区市场相对不发达，地方政府的资金干预就显得更为重要，地方政府债务对地方经济的积极作用较为突出，从而弱化了负面效应。

地方政府资产的流动性对地方金融风险的影响不同于对地方政府流动性风险的认知，对于地方政府而言，非流动性资产比重小，则资产流动性强，还债能力强，能有效缓冲财务风险。但对于该地区整个四部门经济则不同，地方政府金融资产多为政府存款，较强的资产流动性仅代表着地方政府部门资产可流动，但地方政府部门的存款结构实质上影响了资金在市场中的流动配置，我国地方政府部门非金融资产占比高反而是地方政府对市场资金占用相对较少的表现，市场能够更多发挥自身的作用，减少了资本配置不当的现象。尤其是经济体量大、人均收入高的地区，其市场发达程度也相对高于经济体量小、人均收入低的地区，政府资产对市场挤占的负面效果会更大，从而对地方金融风险的影响也更高。地方政府非金融资产包括土地矿产资源、公共基础设施资产、预算单位固定资产，这些流动性较弱的资产对地方发展都有着直接的影响，地方政府资产流动性弱，则更多的政府资金转化为实物资产，而不是资金空转，则非金融资产占比高的构成对地方经济收益更为有利，从而对地方金融风险产生弱化效果。

综上所述，地方政府应关注地方政府资产负债结构对地方金融风险的影响，注重提高资产质量，相应地减少金融资产的占比，控制地方政府发行债券的规模，对于经济体量大、人均收入高的地区，地方政府要更为注重避免直接显性负债对市场机制的影响。

第四节　小　　结

本章首先介绍了地方政府资产负债结构与地方金融风险的相关概念以及政府部门对地方金融风险影响的作用机制；其次通过构建宏观资产负债表获得地方政府资产负债结构数据，并使用综合赋权的方法计算具有地方异质性的金融风险综合指标值，通过图文分析相关数据以反映地方资产负债结构和金融风险的变化与特征；最后通过模型的构建和检验，得到关于地方政府资产负债结构与地方金融风险影响的回归模型，从而确定地方政府部门资产负债结构对地方金融风险的影响方向和大小。

本章研究得到如下结论：地方政府部门的资产负债结构与地方金融风险之间有紧密联系，尤其是地方政府直接显性负债占总负债的比重对地方金融风险影响最大，反映出地方政府债务流动性管理的重要性。地方政府直接显性负债占总负债比重对经济体量大、高收入地区的风险具有更强的提高效果。地方政府资产负债率对地方金融风险的作用效果也不同于其对政府部门的风险影响，债务比资产的比值越高，地方金融风险越低。地方政府应关注地方政府资产负债结构对地方金融风险的影响，注重提高资产质量，相应地减少金融资产的占比，控制地方政府发行债券的规模，对于经济体量大、人均收入高的地区，地方政府要更为注重避免直接显性负债对市场机制的影响。

第九章 财政政策和货币政策对私人部门债务的调控效应研究

基于结构不合理和区域差异的多部门、多区域债务的财政政策和货币政策调控，对均衡各区域经济发展、防范化解金融风险至关重要。本章在分析财政政策和货币政策对私人部门债务调控的理论基础上，选取了我国31个省份私人部门债务存量数据，构建模型研究了财政政策和货币政策对私人部门债务的调控效应和空间效应。

第一节 财政政策和货币政策对私人部门债务调控的理论基础

本节将财政政策和货币政策对私人部门债务的影响进行理论方面的介绍，分析财政政策和货币政策的内涵与作用，以及对于私人部门债务的影响渠道。同时通过债务——通缩理论分析我国现阶段较高的债务杠杆可能会产生的不良影响。

一、财政政策和货币政策的内涵和作用

（一）财政政策

财政政策是指政府通过变动税收和支出从而影响总产出和总需求，进

而影响就业和国民收入的政策。财政政策的工具变量主要包括财政支出和财政收入。其中,财政支出是指整个国家政府支出的总和,具体可以分为政府购买支出和政府转移支付两大类。政府购买支出指各级政府对于商品和服务支付的资金,如支付公务员薪酬、日常办公用品的购买、道路的修建、国防用品的购买等。政府转移支付是指对于无劳动能力、需要政府救助的居民的支出,如低保家庭的低保收入、农村老人的养老金等。政府通过扩大政府支出来刺激消费与投资,从而增加总需求,促进经济增长。财政收入是指政府为维系国家运行所获得的资金总和,主要组成部分是税收。税收是由法律规定,居民和企业所需要缴纳的资金,具有固定性、强制性和无偿性。政府通过减税降费等方式减少政府收入,从而增加总需求,促进经济增长。根据财政政策的不同作用,可以划分为扩张性的财政政策、紧缩性的财政政策和稳健的财政政策。其中,扩张性的财政政策是指通过降低税率、增加政府购买和转移支付、增加国债发行等方式刺激社会总需求;紧缩性的财政政策是指通过提高税率、减少政府购买和转移支付、减少国债发行等方式抑制社会总需求;稳健的财政政策是指政府通过工具的选择使财政的分配对社会总需求的影响保持中性。

(二) 货币政策

货币政策是指中央银行为实现其特定的经济目标而采用的各种控制和调节货币供应量或信用量的方针和措施的总称。货币政策的最终目标是经济增长、充分就业、稳定物价和国际收支平衡。货币政策的一般性工具变量主要包括法定存款准备金率、再贴现率和公开市场业务。其中,法定存款准备金率是指商业银行放在中央银行的存款与所吸收存款的比例。法定存款准备金率可以调节商业银行的信用扩张能力。当法定存款准备金率上升时,商业银行可以用于贷款、进行信用创造的资金减少。再贴现率是指商业银行持客户贴现的商业票据向中央银行进行贴现,获得资金支持。当再贴现率上升时,商业银行借入资金的成本上升,商业银行减少向中央银行的借款,基础货币减少。公开市场业务是指中央银行在金融市场上,通过买进或卖出有价证券,调节基础货币的活动。当中央银行认为市场过热,需要减少市场上流通的基础货币数量时,则会卖出有价证券,减少商业银行可贷资金的数量。根据货币政策的不同作用，可以划分为扩张性的货币政策、紧缩性的货币政策和稳健的货币政策。其中，扩张性的货币政策是指通过降低利率、买入有价证券等方式刺激社会总需求；紧缩性的货币政策是指通过提高利率、卖出有价证券等方式抑制社会总需求；稳健的货币政策是指政府通过工具的选择使货币的分配对社会总需求的影响保持中性。

二、财政政策对私人部门债务的作用渠道

（一）税收渠道

税收是我国财政政策的主要工具，同样是我国重要的收入来源。税收本质在于国家为满足社会公共需要，凭借公共权力，按照法律所规定的标准和程序，参与国民收入分配，强制取得财政收入所形成的一种特殊分配关系。国家通过税法的调整，变换税率，进而影响税收。税收种类繁多，有增值税、消费税、企业所得税、个人所得税、关税、房产税等，涉及非金融企业、金融企业、家庭等各个主体部门。由于本书宏观资产负债表统计原因，非金融企业部门和金融部门均是大型企业或银行，缴纳税收规模庞大，受增值税和企业所得税等税收项目的影响。当政府实施积极的财政政策时，税率降低，基于同样的应纳税额时税收减少，进而影响非金融企业部门和金融部门资产、负债情况。如增值税率由之前的17%调整为目前的13%，企业的税收降低，资产一定时税收降低会减少负债。家庭部门主要由居民组成，受个人所得税和房产税等税收项目的影响。当政府实施积极的财政政策时，税率降低，居民缴纳的税收减少，进而影响家庭部门资产、负债情况。如个人所得税基准额由之前的3500元调整为现在的5000元，部分居民不需要缴纳个人所得税，所有居民个人所得税额也会降低，在资产一定的情况下，税收降低会减少负债。

（二）政府支出渠道

政府支出是指政府为购买商品或服务进行的必要支出，主要包括政府购买和转移支付等。政府支出通常用于基础设施建设和公共项目的投资，这些项目的建设可以提供更多的就业机会，增加居民收入，并为私人企业

提供更多的商机。当私人部门收入增加时，更容易负担起债务。同时，公共项目的建设也有助于提高社会生产力，从而推动经济增长，增加私人部门借贷需求。政府支出还可以通过社会保障体系来减轻居民的经济压力，例如，政府提供医疗补贴、住房补助和失业救济等福利措施，政府转移支付也为一些无劳动能力的居民提供收入，减轻个人债务压力。

三、货币政策对私人部门债务的作用渠道

（一）利率渠道

利率是货币政策的主要工具，是债务人向债权人借入资金所需要支付的利息与所借资金的比例，同样也是债权人延迟消费，将资金转移给他人使用所获得的回报。利率存在于直接融资市场、间接融资市场、民间融资市场等。现阶段在我国，虽然由于金融市场和监管的不断发展，直接融资的规模在扩大，但主要还是以间接融资为主，商业银行是进行存贷款的主要间接融资市场。存款利率决定企业和居民暂时让渡资金使用权所获得的收益，贷款利率决定企业和居民使用资金时成本的高低，也是影响企业筹资和投资的决定性因素。当我国实施积极的货币政策，降低贷款利率时，非金融企业部门向银行借款扩大生产规模的成本降低，因而企业会增加贷款数量，扩大非金融企业部门的债务规模。家庭部门债务主要是贷款，而在贷款中占据主要部分的是住房抵押贷款，当住房抵押贷款利率下降时，居民通过抵押方式购买住房所付出的成本降低，贷款增加，家庭部门的债务规模扩大。当基准利率下降时，如再贷款利率下降，金融部门向中国人民银行借贷成本降低，也会增加贷款数量，扩大金融部门的债务规模。当存款利率提高时，居民和企业在银行的存款收益增加，居民和企业扩大存款规模，对于银行等负债经营的金融机构来说负债增加。

（二）资产负债表渠道

资产负债表渠道指的是在信贷市场上借贷时由于存在信息不对称，资产负债表恶化时可能会产生道德风险和逆向选择，因此造成借款成本增加的现象。资产负债表状况良好的企业，还款能力可以得到有效保证，产生

道德风险和逆向选择的风险降低，因此，商业银行等金融机构更愿意向这些资产负债状况良好的企业提供贷款。资产负债表渠道假定借款人在进行外部融资时，融资成本的大小取决于企业净资产的多少。企业净资产越高，对外融资所需要的成本越低；反之，对外融资所需要的成本越高。因此，当政府实行紧缩性的货币政策时，利率上升，企业需要为使用资金偿还更多的利息，融资成本增加，进一步加剧了债务规模，降低了净资产价值。由于资产负债表渠道，企业对外融资所需要的成本增加。并且当实施紧缩性的货币政策时，企业资产负债表恶化，流动性不足，用于贷款的抵押品价值下降，商业银行等金融机构出于降低风险、保证还款能力的考虑，也会主动减少贷款，尤其是不良贷款的发生，缩减贷款规模，影响商业银行等金融机构的债务水平。

四、债务—通缩渠道

在债务—通缩作用下，经济主体过度负债和通货紧缩这两个因素会相互作用、相互增强，从而导致经济衰退甚至引起严重的萧条。1933 年，欧文·费雪首次提出债务—通缩渠道，用来解释经济大萧条持续时间长、影响深远的现象。欧文·费雪认为，经济大萧条的主要原因在于企业部门的高债务使企业陷入偿债危机，企业为了避免破产被迫出售自有资产，市场上供需不平衡导致了资产价格的下降以及通货紧缩，进一步加剧了企业负担，形成了恶性循环。由国家金融和发展实验室统计可知，截至 2018 年底，我国非金融企业部门宏观债务与 GDP 比值为 153.6%、金融部门为 60%、家庭部门为 53.2%，债务规模庞大，宏观杠杆率居高不下。债务—通缩渠道对于现阶段我国高居不下的债务杠杆有着非常重要的警示意义，适度的债务水平对于非金融企业部门、金融部门和家庭部门的资产流动和扩张是有好处的，但是过高的债务杠杆会进一步增加金融风险。同时，过快且不合理的降杠杆可能也会导致经济水平的迅速下降，甚至导致通货紧缩，债务杠杆出现较大的反弹及波动。因此，我国在经济发展的过程中要注意私人部门债务杠杆的有效控制，在去杠杆的过程中要以结构性去杠杆为基本思路，针对不同部门和不同类型的债务提出不同要求，保持宏观经济的稳定增长和债务杠杆的稳定下降。

第二节　变量选择和模型设计

本节在理论分析的基础上，首先，选择合适的财政政策、货币政策、私人部门债务变量。其次，详细描述了本书使用到的私人部门债务数据的编制方法和变化趋势。最后，基于研究目的和理论分析，对模型进行设计。

一、变量的选择

本节选取我国31个省份私人部门债务存量数据，研究财政政策和货币政策对非金融企业、金融部门和家庭部门债务的调控效应和空间效应。

被解释变量是私人部门总负债，具体包括非金融企业部门总负债、金融部门总负债和家庭部门总负债。

核心解释变量是财政政策和货币政策。其中，财政政策工具变量选取各地区的财政收入。主要原因是财政收入中占比最大的是税收收入，而税收是政府使用财政政策调控经济的主要手段之一。货币政策工具变量选取各地区的金融机构本外币贷款余额。货币供给是主要的货币政策工具，但我国目前并未有分地区的货币供给数据，并且货币数量调控需要由银行等金融机构来实现。因此，使用信贷规模作为代替变量，使用金融机构本外币贷款余额作为量化指标。

在控制变量层面，决定经济发展水平的宏观因素、不同产业发展速度和城镇人口结构因素、金融业发展速度因素对私人部门债务具有较大的影响，所以从宏观、结构和金融三个层面考量，选择合适的变量作为控制变量。宏观层面，选取人均国内生产总值（GDP）和通货膨胀水平（CPI）；结构层面，选取工业化程度、服务化程度和城镇化率；金融层面，选取金融发展程度。表9.1为被解释变量、核心解释变量和控制变量的具体描述。

其中，被解释变量的相关数据来源于作者团队自行编制的宏观资产负债表；核心解释变量和控制变量的相关数据均来源于各省市区统计年鉴、国家统计局官网、各省市区金融运行报告和 Wind 数据库等。

表 9.1　　　　　　　　　　　　　　**相关变量的说明**

变量类型	变量	符号	具体说明
被解释 变量	企业总负债	Y1	度量地区非金融企业部门的债务水平； 该指标越大，地区非金融企业部门债务水平越高
	金融总负债	Y2	度量地区金融部门的债务水平； 该指标越大，地区金融部门债务水平越高
	家户总负债	Y3	度量地区家庭部门的债务水平； 该指标越大，地区家庭部门债务水平越高
解释 变量	财政收入	INCOME	财政政策指标，度量地区政府的财政收入； 该指标越大，地区财政收入越高
	金融机构本 外币贷款余额	LOAN	货币政策指标，度量地区的信贷规模； 该指标越大，地区金融机构可供贷款的本外币规模越大
控制 变量	人均 GDP	PGDP	度量地区的经济发展水平； 该指标数值越大，地区经济发展水平越高
	通货膨胀	CPI	度量地区宏观经济稳定程度， 反映地区消费品的通货膨胀水平； 该指标越大，地区通货膨胀水平越高
	工业化程度	TWO	地区第二产业增加值与国内生产总值的比值； 该指标越大，地区第二产业发展程度越高
	服务化程度	THREE	地区第三产业增加值与国内生产总值的比值； 该指标越大，地区第三产业发展程度越高
	金融化程度	FINANCE	地区金融业增加值与国内生产总值的比值； 该指标越大，地区金融业发展程度越高
	城镇化率	CITY	地区城镇人口与总人口的比值； 该指标越大，地区城镇化发展水平越高

资料来源：本表数据由作者整理而得。

二、私人部门债务数据

（一）私人部门宏观资产负债表

非金融企业部门主要包括各地区 2007～2018 年国有及规模以上、非国有工业企业、所有限额以上的餐饮企业、批发与零售业、住宿业以及全部的建筑业企业。非金融企业部门宏观资产负债表结构大致分为资产、负债与权益。资产为上述五类企业的资产总额相加，分为流动资产和非流动资产；负债为上述五类企业的负债总额相加，由于多数省份的餐饮业、批发零售业的流动负债未披露，为了保证编制的所有省份的资产负债表格式统一，所以在总负债下未分类为流动负债和非流动负债。

银行业是金融部门中重要的组成部分。因此，本书以银行部门作为金融部门代表，编制了 2007～2018 年各地区金融部门宏观资产负债表。金融部门宏观资产负债表结构大致分为资产、负债与权益。资产包括流动资产与非流动资产。流动资产包括短期贷款、票据融资及其他短期资产。非流动资产分为中长期贷款与其他中长期资产。其中资产还分为了本币资产和外币资产。由于各省份披露数据内容不相同，大多数省份未把负债分类为流动负债和非流动负债，为了保证编制的所有省份的宏观资产负债表格式统一，所以负债包括居民存款和企业存款。其中负债还分为了本币负债和外币负债。

以居民资产和负债为代表编制了 2007～2018 年各地区家庭部门宏观资产负债表。家庭部门宏观资产负债表结构大致分为资产、负债和权益。资产分为实物资产以及金融资产。其中，实物资产主要指房产，由城镇房产价值加农村房产价值获得；金融资产主要指居民储蓄存款与股票资产。负债以贷款计量，具体分为短期贷款和中长期贷款。

（二）私人部门债务数据

非金融企业部门总负债由区域全部国有及规模以上、非国有工业企业、所有限额以上的餐饮企业、批发与零售业、住宿业以及全部的建筑业企业的债务相加获得。现阶段，非金融企业部门已经成为我国减债务和降杠杆的重要的一环。通过本书前面编制的非金融企业部门宏观资产负债表可知，我国 2018 年非金融企业部门债务规模高达 103 万亿元。从宏观上来看，规模庞大的非金融企业债务在我国经济系统内集聚了大量流动性风险和系统性风险；从微观上来看，非金融企业部门过高的债务杠杆也严重地影响企业部门的盈利与投资，阻碍了非金融企业的中长期发展。除此之外，我国非金融企业部门债务的增长速度也很快，引发了学者们的关注。如图 9.1 所示，2007～2018 年，我国非金融企业部门债务增速高达 282%。因此，和发达国家相比，我国非金融企业的债务负担更重、增长更为迅速。

金融部门总负债是指银行业债务水平。我国金融部门作为信贷供给端，

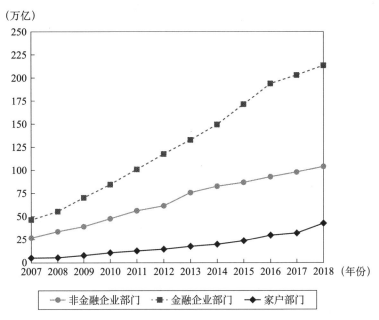

图 9.1 2007~2018 年私人部门债务走势情况

资料来源：作者计算并绘制。

持续地为信贷需求端的非金融企业部门、政府部门和家庭部门提供信贷支持。因此，金融部门负债经营、金融部门"脱实向虚"问题严重，杠杆率增长较快，金融风险不断积累。通过本书前面编制的金融部门宏观资产负债表可以得到，2018 年我国金融部门债务高达 213 万亿元。在巴塞尔协议资本充足率的要求下，银行业有时会超发金融债券，从而补充资本金，这又进一步推动商业银行表内和表外信贷规模不断扩大。2007~2018 年，我国金融部门债务增速高达 364%。我国金融部门债务规模大，增速快，容易形成流动性风险。

家庭部门总负债是指居民贷款。适当的居民贷款如消费贷款可以提高居民的消费水平，居民贷款中占据主要位置的是住房贷款，家庭住房直接影响居民的生活质量，可以让居民有更好的生活环境。但居民贷款规模过大也会严重损害居民的生活品质，如居民需要省吃俭用才能还清每月的贷款，这会降低居民的消费，损害国家经济的发展，扰乱经济的正常运行。中国的城镇化进程与居民的住房资产配置需求提高，居民房贷杠杆率的快速提高，家庭部门债务水平也不断攀升，风险不断积累，通过编制金融部门宏观资产负债表可以得到，2018 年我国金融部门债务高达 42 万亿元。2007 ~ 2018 年，我国家庭部门债务增速高达 755%。由于城镇化的推进，我国家庭部门债务规模虽然总体不大，但增速极快。

（三）2018 年私人部门债务情况

表 9.2 为各省份分部门宏观资产负债表中 2018 年非金融企业部门、金融部门和家庭部门总负债及 GDP 情况。由表 9.2 可知，2018 年非金融企业部门总负债规模最大的三个地区是广东、江苏和山东；2018 年金融部门总负债规模最大的三个地区是广东、北京和江苏；2018 年家庭部门总负债规模最大的三个地区是广东、江苏和浙江。同样由表 9.2 最后一列可以看出，2018 年国内生产总值排名前三的地区是广东、江苏和山东。2018 年非金融企业部门、金融部门、家庭部门总负债和 GDP 规模最低的均是西藏。由此可以看出，京津冀、长三角、珠三角区域经济发展情况好，各部门债务规模大，排名靠前；西北地区经济发展情况落后，各部门债务规模小，排名靠后。同时也可以看到，GDP 排名与各部门的债务排名有一定的相关性。

表 9.2　　　　　　2018 年私人部门各省份债务情况　　　　　　单位：亿元

省份	非金融企业部门	金融部门	家庭部门	GDP
北京	74549.05 （4）	216083.23 （2）	18585.79 （7）	33105.97 （12）
天津	30632.06 （15）	47000.00 （17）	8961.79 （18）	13362.92 （23）
河北	35781.63 （10）	73359.48 （10）	16189.27 （10）	32494.61 （13）
山西	36323.37 （9）	43638 （18）	4015.89 （25）	15958.13 （21）
内蒙古	22920.74 （17）	32124.73 （24）	4094.59 （24）	16140.76 （20）
辽宁	32618.14 （12）	60917.56 （12）	9537.19 （17）	23510.54 （15）
吉林	13608.51 （25）	29678.38 （26）	4879.36 （22）	11253.81 （26）
黑龙江	12417.88 （26）	37536.40 （21）	4591.03 （23）	12846.48 （24）
上海	52731.61 （6）	141549.17 （5）	24987.56 （4）	36011.82 （10）
江苏	95227.83 （2）	170446.17 （3）	41847.78 （2）	93207.55 （2）
浙江	71384.06 （5）	147463.85 （4）	37276.52 （3）	58002.84 （4）
安徽	30981.24 （13）	60079.91 （13）	15310.96 （11）	34010.91 （11）
福建	30691.68 （14）	93175.57 （8）	20467.75 （6）	38687.77 （8）
江西	18726.45 （21）	42467.42 （19）	10515.11 （15）	22716.51 （16）

续表

省份	非金融企业部门	金融部门	家庭部门	GDP
山东	85115.22（3）	117522.00（6）	24099.87（5）	66648.87（3）
河南	38903.65（7）	78563.63（9）	17214.85（8）	49935.90（5）
湖北	35348.77（11）	66337.28（11）	14368.90（12）	42021.95（7）
湖南	21287.42（18）	57868.57（14）	11882.00（14）	36329.68（9）
广东	116477.87（1）	226244.34（1）	66479.08（1）	99945.22（1）
广西	15846.15（24）	36926.42（22）	9987.11（16）	19627.81（19）
海南	3035.59（30）	13497.68（28）	2438.73（28）	4910.69（28）
重庆	19004.31（20）	47083.54（16）	12646.75（13）	21588.80（17）
四川	38509.76（8）	93294.67（7）	16591.16（9）	42902.10（6）
贵州	16150.95（23）	35665.43（23）	5743.10（21）	15353.21（22）
云南	19722.68（19）	39439.00（20）	6870.32（20）	20880.63（18）
西藏	1141.45（31）	6743.14（31）	413.68（31）	1548.39（31）
陕西	26026.44（16）	50000.00（15）	7964.34（19）	23941.88（14）
甘肃	10788.52（27）	26150.15（27）	2768.53（27）	8104.07（27）
青海	7962.28（28）	8362.25（29）	1298.20（29）	2748.00（30）
宁夏	5515.87（29）	8119.06（30）	564.12（30）	3510.21（29）
新疆	18394.43（22）	30300.00（25）	2998.26（26）	12809.39（25）

注：括号内数字为该地区的债务排名。

资料来源：本表数据由作者根据《中国统计年鉴》、Wind 数据库等整理而得。

三、变量的描述性统计分析

表9.3 为各变量的描述性统计结果。所有指标数据均采取了 372 个观测值进行分析。从各个变量的统计特征来看，非金融企业部门总负债、金融部门总负债、家庭部门总负债、财政收入等变量存在着显著性的地域差异。例如，2018 年广东非金融企业部门总负债为 116477.87 亿元，西藏非金融企业部门总负债为 1141.45 亿元。为消除差异带来的影响，减少异方差，对各部门负债、财政收入、本外币贷款余额取对数进行分析。

表9.3 **变量的统计性描述**

变量	观测值	均值	标准差	最小值	最大值
lnY1	372	9.49123	1.18016	4.31629	11.66546
lnY2	372	10.13502	1.08975	6.38701	12.32937

续表

变量	观测值	均值	标准差	最小值	最大值
lnY3	372	7.91108	1.45554	1.43509	11.10464
lnINCOME	372	7.13882	1.09261	3.00271	9.40140
lnLOAN	372	9.58986	1.09480	5.39044	11.88566
PGDP	372	0.00044	0.00025	0.00008	0.00154
CPI	372	102.85350	1.92885	97.65000	110.09000
TWO	372	0.45247	0.08521	0.16545	0.59045
THREE	372	0.44310	0.09497	0.28303	0.83091
FINANCE	372	0.05900	0.02959	0.01747	0.17977
CITY	372	0.53737	0.14162	0.21466	0.89601

资料来源：本表数据由作者计算和整理而得。

四、模型设计

（一）各地区私人部门债务空间相关性检验

本书将空间效应纳入财政政策和货币政策对私人部门债务影响的评估分析中，解决由忽略空间相关性所导致的参数估计有偏问题。进行空间效应的回归分析前，需要测算样本观测值之间的空间关系，采用全局 Moran's I 指数验证空间相关性。全局 Moran's I 指数计算方法如下：

$$\text{Moran's I} = \frac{\sum_{i=1}^{n} \sum_{j=1}^{n} W_{ij}(Y_i - \overline{Y})(Y_j - \overline{Y})}{S^2 \sum_{i=1}^{n} \sum_{j=1}^{n} W_{ij}} \tag{9.1}$$

其中，i、j 表示不同区域，共有 n 个区域。Y_i、Y_j 表示不同区域的私人部门债务，$\overline{Y}$ 表示所有区域私人部门债务的平均值。W_{ij} 为空间权重矩阵，采用邻阶空间权重矩阵。$S^2 = \frac{1}{n} \sum_{i=1}^{n}(Y_i - \overline{Y})^2$ 表示各地区私人部门债务的方差。当 i 和 j 相邻时，空间权重矩阵 $W = 1$；当 i 和 j 不相邻时，空间权重矩阵 $W = 0$。

全局 Moran's I 指数的取值范围为 [-1, 1]，当全局 Moran's I 指数的取值范围为 (0, 1] 时，表明数据样本在空间上存在正相关关系；当全局 Moran's I 指数的取值范围为 [-1, 0) 时，表明数据样本在空间上存在负相关关系。全局 Moran's I 指数为 0 时，表明样本数据不存在空间相关关系。全局 Moran's I 指数的最大值为 1，越靠近 1，区域间的集聚程度越高；全局 Moran's I 指数的最小值为 −1，越靠近 −1，区域间的排斥程度越高。

（二）财政政策和货币政策对私人部门债务的空间效应检验

当地区间的私人部门债务存在空间相关性时，财政政策和货币政策对私人部门总负债的影响可能并不局限于本区域，也会对相邻区域产生一定的影响。因此，如果采用普通的计量经济学模型，回归结果并不准确。本书考虑到变量之间的空间效应，采用空间计量经济学模型。现阶段，使用范围最广的空间计量经济学模型为空间杜宾模型（spatial durbin model，SDM），可以考察到相邻区域被解释变量和解释变量对于本区域被解释变量的影响。因此，本书为了同时研究财政政策、货币政策和私人部门债务的空间影响，设计合适的空间杜宾模型，使用邻阶空间权重矩阵表示空间关系。建立空间杜宾模型如下：

$$y_{i,t} = \alpha + \rho \sum_{j=1}^{N} W_{i,j} y_{j,t} + \beta x_{1i,t} + \lambda \sum_{j=1}^{N} W_{i,j} x_{1j,t} + \mu_i + \phi_t + \varepsilon_{i,t} \quad (9.2)$$

其中，i、j 表示不同域，共有 n 个区域。$y_{i,t}$ 为区域 i 在 t 期的债务存量，ρ 为空间自相关系数，$W_{i,j}$ 为邻阶空间权重矩阵，$x_{i,t}$ 为财政政策或货币政策工具变量，λ 为相邻地区财政政策或货币政策工具变量对本地区私人部门总负债的影响程度，$\sum_{j=1}^{N} W_{i,j} y_{j,t}$ 为空间滞后变量，表示周边地区的私人部门总负债对本地区私人部门总负债影响的加权平均数，$\sum_{j=1}^{N} W_{i,j} x_{1j,t}$ 表示周边地区财政政策工具变量或货币政策工具变量对本地区私人部门总负债影响的加权平均数，$\varepsilon_{i,t}$ 为残差扰动项，服从标准正态分布，ϕ_t 为时间效应，μ_i 为空间效应。

（三）财政政策和货币政策对私人部门债务的空间溢出效应检验

财政政策和货币政策不仅对本区域债务存量产生影响，而且对相邻区域债务存量产生政策调控的空间溢出效应，本书直接使用直接效应、间接效应和总效应来度量不同区域之间的空间溢出效应。具体来说，直接效应指的是本区域的财政政策和货币政策对本区域私人部门总负债的平均影响；

间接效应指的是本区域的财政政策和货币政策对相邻区域私人部门总负债的平均影响；总效应指的是本区域的财政政策和货币政策对全系统私人部门总负债的平均影响。数学原理为：

$$Y(I - \rho W) = \alpha + X\beta + \lambda WX + \varepsilon \tag{9.3}$$

通过整理可得：

$$Y = \sum_{r=1}^{k} P(W)x_r + Q(W)\alpha + O(W)\varepsilon \tag{9.4}$$

在式（9.4）中：

$$P(W) = Q(W)(I\beta + W\lambda), O(W) = (I - \rho W)^{-1} \tag{9.5}$$

式（9.4）可以改写成矩阵形式，为：

$$\begin{bmatrix} y_1 \\ y_2 \\ \cdots \\ y_n \end{bmatrix} = \sum_{r=1}^{k} \begin{bmatrix} P(W)_{11} P(W)_{12}, \cdots, P(W)_{1n} \\ P(W)_{21} P(W)_{22}, \cdots, P(W)_{2n} \\ \cdots \\ P(W)_{n1} P(W)_{n2}, \cdots, P(W)_{nn} \end{bmatrix} \begin{bmatrix} x_{1r} \\ x_{2r} \\ \cdots \\ x_{nr} \end{bmatrix} + Q(W)\varepsilon \tag{9.6}$$

其中，变量 y_i 对 x_{ir} 的偏导数，即矩阵中主对角线元素 $P(W)_{11}$ 到 $P(W)_{nn}$ 可以用来衡量直接效应；矩阵中除主对角线元素外的其他所有元素可以用来衡量间接效应；矩阵中所有元素的均值衡量的是总效应。

第三节　实证结果

本节基于私人部门债务数据和空间杜宾模型，分别得出了非金融企业部门、金融部门和家庭部门的实证结果，包括检验空间相关性的全局 Moran's I 指数的回归结果、财政政策和货币政策对私人部门债务空间效应检验的回归结果、财政政策和货币政策对私人部门债务空间溢出模型的回归结果。

一、非金融企业部门的实证结果

（一）非金融企业部门总负债全局 Moran's I 指数的实证结果

表9.4 展示了2007~2018 年我国非金融企业部门总负债的全局 Moran's I

指数的检验结果。由表9.4可知，样本期内除2012年，其他年份非金融企业部门总负债的全局 Moran's I 指数均通过了显著性检验。其中，2008年非金融企业部门总负债通过了1%的显著性检验，其他年份均通过了5%的显著性检验。这说明，非金融企业部门总负债在地区间存在显著的空间自相关性，并且所有年份均为正自相关，因此，适合采用空间杜宾模型进行分析。

表9.4　　　　　　　非金融企业部门总负债的全局 Moran's I 指数

年份	Moran's I	Z 值
2007	0.238 **	2.545
2008	0.241 ***	2.568
2009	0.223 **	2.392
2010	0.215 **	2.323
2011	0.218 **	2.357
2012	0.119	1.420
2013	0.209 **	2.261
2014	0.197 **	2.147
2015	0.198 **	2.161
2016	0.193 **	2.128
2017	0.19 **	2.100
2018	0.187 **	2.085

注：*** 、** 分别表示在1%、5%的水平下显著。
资料来源：本表数据由作者计算和整理而得。

（二）财政政策对非金融企业部门债务调控的实证结果

通过对式（9.2）进行计算，得出财政政策工具对非金融企业部门债务存量的调控效应，结果如表9.5所示。表9.5展示了以非金融企业部门总负债为被解释变量，以地方财政收入为核心解释变量的回归结果。

第一，rho 值反映的是相邻地区非金融企业部门总负债对本地区非金融企业部门总负债的影响，在表9.5中，rho 值为负但没有通过显著性检验，说明地区间的非金融企业部门总负债不存在空间关联效应。

第二，本地区核心解释变量财政收入对本地区非金融企业部门总负债的影响为正，并通过了1%的显著性检验。财政收入主要由税收收入组成，税收收入又直接影响非金融企业部门的资产水平和债务水平，财政收入增加，非金融企业上交了更多的税收，资产降低，负债水平相应增加。在本地区控制变量中，人均 GDP 增加会显著增加本地区非金融企业部门总负债水平。人均 GDP 可以用来衡量地区经济发展水平，人均 GDP 增加，表明地方整体发展状况向好，金融机构顺周期会加大贷款量，企业可以获得更多贷款用以发展，从而推高非金融企业部门债务水平。金融业发展程度对本地区非金融企业部门总负债的影响为正，并通过了 1% 的显著性检验。金融发展程度越高（包含关系），企业贷款流程越完善，企业贷款规模越大，负债水平越高。

第三，相邻地区核心解释变量财政收入对本地区非金融企业部门的影响依然显著为正。相邻地区的税收增加会增加本地区非金融企业部门的债务水平，表明地区间关联性强，本地区的非金融企业部门在相邻地区也设立分支机构或从事相关业务，从而受相邻地区财政收入的影响。在相邻地区控制变量中，人均 GDP 对本地区非金融企业部门总负债的影响显著为负，表明相邻地区经济发展水平越大，对本地区企业部门越具有吸引力，本地区企业流出，债务水平也自然下降。金融业发展程度对本地区非金融企业部门总负债的影响显著为正，表明相邻地区金融发展水平也会助推本地区的非金融企业部门借款，从而增加本地区非金融企业部门的负债水平。

表 9.5　财政政策对非金融企业部门债务的空间效应检验回归结果

变量	非金融企业部门	变量	非金融企业部门
lnINCOME	0.357 ***	W × lnINCOME	0.176 **
	(4.60)		(2.10)
lnPGDP	0.383 ***	W × lnPGDP	−0.151 *
	(2.97)		(−1.94)
CPI	0.005	W × CPI	−0.013
	(0.44)		(−1.11)
TWO	0.754	W × TWO	−0.682
	(0.69)		(−0.49)
THREE	−0.501	W × THREE	−0.878
	(−0.80)		(−0.49)
FINANCE	3.922 ***	W × FINANCE	5.696 **
	(2.90)		(2.08)

续表

变量	非金融企业部门	变量	非金融企业部门
CITY	0.230 (0.43)	W × CITY	1.158 (0.98)
常数项	7.715 *** (3.72)	lgt_theta	− 2.902 *** (− 9.46)
rho	− 0.010 (− 0.14)	sigma2_e	0.016 ** (2.32)

注：*** 、** 、*分别表示在1%、5%、10%的水平下显著。括号内表示对应的Z统计量或T统计量。

资料来源：本表数据由作者计算和整理而得。

（三）货币政策对非金融企业部门债务调控的实证结果

通过对式（9.2）进行计算，得出货币政策工具对非金融企业部门债务存量的调控效应，结果如表9.6所示。表9.6展示了以非金融企业部门总负债为被解释变量，以地方金融机构本外币贷款余额为核心解释变量的回归结果。

第一，rho值反映的是相邻地区非金融企业部门总负债对本地区非金融企业部门总负债的影响，在表9.6中，rho值为正但没有通过显著性检验，说明地区间的非金融企业部门总负债不存在空间关联效应。

第二，本地区核心解释变量金融机构本外币贷款余额对本地区非金融企业部门总负债的影响为正，并通过了1%的显著性检验。金融机构本外币贷款余额可以衡量一个地区的信贷规模，金融机构本外币贷款余额越大表明信贷规模越大，可以提供的贷款越多，非金融企业部门获得贷款的机会增加。在本地区控制变量中，人均GDP和金融业发展程度对本地区非金融企业部门总负债的影响同样显著为正。城镇化率对本地区非金融企业部门总负债的影响显著为负。城镇化率越高表明城镇人口越多，住房需求越高，企业收入越多，资产规模增加，债务规模降低。

第三，相邻地区核心解释变量金融机构本外币贷款余额对本地区非金融企业部门总负债的影响并不显著，可能是由于信贷规模对非金融企业部门的影响受到地区限制。在相邻地区控制变量中，服务化发展程度对本地区非金融企业部门总负债的影响显著为负，第三产业发展越完善，不良贷款越少，非金融企业部门债务水平越低。金融业发展程度对本地区非金融企业部门总负债的影响同样显著为正。城镇化率增加会显著增加本地区非金融企业部门总负债水平。相邻地区城镇化发展水平越好，对本地区企业吸引力增强，企业流出，资产规模减少，债务规模增加。

表 9.6　货币政策对非金融企业部门债务的空间效应检验回归结果

变量	非金融企业部门	变量	非金融企业部门
lnLOAN	0.622 *** (14.76)	W×lnLOAN	−0.063 (−0.78)
lnPGDP	0.253 *** (3.55)	W×lnPGDP	−0.081 (−1.06)
CPI	−0.002 (−0.24)	W×CPI	0.004 (0.67)
TWO	0.119 (0.15)	W×TWO	−1.501 (−1.40)
THREE	−0.786 (−1.10)	W×THREE	−3.401 *** (−2.75)
FINANCE	1.677 ** (2.23)	W×FINANCE	5.144 *** (3.32)
CITY	−0.776 ** (−2.41)	W×CITY	3.264 *** (3.15)
常数项	5.429 *** (5.33)	lgt_theta	−2.597 *** (−5.92)
rho	0.061 (0.99)	sigma2_e	0.012 ** (1.97)

注：***、**分别表示在 1%、5%的水平下显著。括号内表示对应的 Z 统计量或 T 统计量。
资料来源：本表数据由作者计算和整理而得。

（四）财政政策对非金融企业部门债务调控的空间溢出效应

以财政政策为核心解释变量对非金融企业部门债务调控的空间溢出效应回归结果如表 9.7 所示。在核心解释变量中，财政收入增加在 1%的显著性水平下会增加本地区和全系统非金融企业部门总负债，在 5%的显著性水平下会增加相邻地区非金融企业部门总负债。财政收入增加表明税收增加，非金融企业生存成本增加，为了缓解流动性等问题增加负债。在控制变量中，人均 GDP 对本地区和全系统非金融企业部门总负债的影响显著为正，对相邻地区非金融企业部门总负债的影响显著为负。人均 GDP 可以用来衡量地区经济发展水平，人均 GDP 增加，表明地方整体发展状况向好，金融机构顺周期加大贷款量，企业可以获得更多贷款用以发展，从而提高非金融企业部门债务水平。通货膨胀水平增加会显著降低全系统的非金融企业部门总负债。通货膨胀水平越高，企业账面资产越大，从而负债越低。金融业发展程度增加在 1% 的显著性水平下会增加本地区和全系统非金融企业部门总负债，在 5% 的显著性水平下会增加相邻地区非金融企业部门总负债。金融发展水平越高，贷款流程和模式越完善，助推非金融企业部门增加负债。

表 9.7   **财政政策对非金融企业部门债务的空间溢出效应回归结果**

变量	直接效应	Z 值	间接效应	Z 值	总效应	Z 值
lnINCOME	0.360 ***	4.48	0.167 **	2.00	0.526 ***	5.95
lnPGDP	0.377 ***	2.93	−0.150 **	−2.00	0.226 **	2.21
CPI	0.006	0.52	−0.013	−1.20	−0.007 ***	−3.40
TWO	0.800	0.72	−0.586	−0.46	0.215	0.10
THREE	−0.508	−0.81	−0.709	−0.43	−1.218	−0.65
FINANCE	4.004 ***	3.05	5.347 **	2.24	9.351 ***	2.99
CITY	0.254	0.47	1.083	0.98	1.337	1.19

注：*** 、** 分别表示在 1% 、5% 的水平下显著。
资料来源：本表数据由作者计算和整理而得。

（五）货币政策对非金融企业部门债务调控的空间溢出效应

以货币政策为核心解释变量对非金融企业部门债务调控的空间溢出效应回归结果如表 9.8 所示。在核心解释变量中，金融机构本外币贷款余额增加在 1% 的显著性水平下会增加本地区和全系统非金融企业部门总负债水平。金融机构本外币贷款余额可以衡量一个地区的信贷规模，金融机构本外币贷款余额越大表明信贷规模越大，可以提供的贷款越多，非金融企业部门获得贷款的机会越多。在控制变量中，人均 GDP 对本地区和全系统非金融企业部门总负债的影响显著为正。服务化发展程度增加在 1% 的显著性水平下会降低相邻地区和全系统非金融企业部门总负债水平。相邻地区第三产业发展越完善，对本地区企业吸引力越大，企业流出，债务规模降低。金融业发展程度增加会显著增加本地区、相邻地区和全系统非金融企业部门总负债。金融发展水平越高，贷款流程和模式越完善，助推非金融企业部门增加负债。城镇化率对本地区非金融企业部门总负债的影响显著为负，对相邻地区和全系统非金融企业部门总负债的影响显著为正。城镇化率越高表明城镇人口越多，住房需求越大，企业收入越多，资产规模增加，本地区债务规模降低。

表9.8　　货币政策对非金融企业部门债务的空间溢出效应回归结果

变量	直接效应	Z 值	间接效应	Z 值	总效应	Z 值
lnLOAN	0.623 ***	14.47	− 0.024	− 0.36	0.600 ***	8.34
lnPGDP	0.248 ***	3.53	− 0.064	− 0.89	0.184 **	2.46
CPI	− 0.001	− 0.19	0.004	0.69	0.003	1.48
TWO	0.110	0.14	− 1.461	− 1.31	− 1.351	− 0.86
THREE	− 0.816	− 1.13	− 3.465 ***	− 2.71	− 4.281 ***	− 2.63
FINANCE	1.808 **	2.31	5.418 ***	3.74	7.226 ***	4.16
CITY	− 0.729 **	− 2.31	3.198 ***	3.09	2.469 **	2.10

注：***、** 分别表示在 1%、5% 的水平下显著。
资料来源：本表数据由作者计算和整理而得。

二、金融部门的实证结果

（一）金融部门总负债全局 Moran's I 指数的实证结果

表9.9 展示的是 2007～2018 年我国金融部门总负债的全局 Moran's I 指数的检验结果。由表9.9 可知，样本期内我国 31 个省份金融部门总负债的全局 Moran's I 指数于 2007～2014 年都通过了 10% 的显著性检验，2015～2018 年通过了 5% 的显著性检验。金融部门总负债全局 Moran's I 指数随着时间变化显著性不断增强。这说明，金融部门总负债在地区间存在显著的空间自相关性，并且所有年份均为正自相关，因此，适合采用空间杜宾模型进行分析。

表9.9　　金融部门总负债的全局 Moran's I 指数

年份	Moran's I	Z 值
2007	0.167 *	1.914
2008	0.158 *	1.814
2009	0.157 *	1.805
2010	0.152 *	1.765
2011	0.162 *	1.850

年份	Moran's I	Z 值
2012	0. 151 *	1. 760
2013	0. 164 *	1. 872
2014	0. 162 *	1. 855
2015	0. 173 **	1. 957
2016	0. 179 **	2. 011
2017	0. 186 **	2. 075
2018	0. 193 **	2. 136

注： ** 、 * 分别表示在 5% 、10% 的水平下显著。

资料来源：本表数据由作者计算和整理而得。

（二）财政政策对金融部门债务调控的实证结果

通过对式（9.2）进行计算，得出财政政策工具对金融部门债务存量的调控效应，结果如表 9.10 所示。表 9.10 展示了以金融部门总负债为被解释变量，以地方财政收入为核心解释变量的回归结果。

第一，rho 值反映的是相邻地区金融部门总负债对本地区金融部门总负债的影响，在表 9.10 中，rho 值为正并通过了 1% 的显著性检验，说明地区金融部门总负债存在正向的空间关联效应。相邻地区金融部门总负债增加会显著增加本地区金融部门总负债水平。

第二，本地区核心解释变量财政收入对本地区金融部门总负债的影响为正，并通过了 1% 的显著性检验。财政收入增加，表明经济整体发展稳定向好，居民和非金融企业收入增加，资产规模在增加，闲置货币增加，存款增加，对于金融机构这种负债经营的部门来说，存款增加表明金融部门总负债增加。在本地区控制变量中，人均 GDP 增加会显著地增加本地区金融部门总负债水平。人均 GDP 可以用来衡量地区经济发展水平，人均 GDP 增加，表明地方整体发展状况向好，居民和企业收入增加，存款量增加，金融机构债务水平增加。金融业发展程度对本地区金融部门总负债的影响为正。金融业发展水平越完善，发展程度越高，金融部门发展越好，金融部门以负债经营，随着金融业发展水平的增加，金融部门存款规模增加，负债水平增加。城镇化率对本地区金融部门总负债的影响显著为正。城镇化水平提高，城镇居民增加，收入增加，对于金融部门存款增加，负债增加。

第三，相邻地区核心解释变量财政收入对本地区金融部门的影响依然显著为正。相邻地区的税收增加会增加本地区金融部门的债务水平，表明地区间关联性强，相邻地区居民和企业会在本地区从事相关业务增加存款，从而增加本地区金融部门的债务水平。在相邻地区控制变量中，人均 GDP 对本地区金融部门总负债的影响显著为负。相邻地区经济发展水平越高，对本地区居民和企业吸引力增加，人口和企业流出，存款减少，金融部门债务降低。通货膨胀水平增加会显著降低本地区金融部门总负债。相邻地区通货膨胀水平增加，账面存款额度增加，短时间内未发现受通货膨胀影响，本地区存款流出，债务降低。工业化发展程度对本地区金融部门总负债的影响显著为负，同样是由于企业流出造成的。城镇化率增加会显著降低本地区金融部门总负债。随着相邻地区城镇化程度增加，相邻地区城市建筑越完善，相邻地区城市对本地区居民的吸引力增加，本地区人口外流，存款降低，从而降低金融部门总负债。

表 9.10　　财政政策对金融部门债务的空间效应检验回归结果

变量	金融部门	变量	金融部门
lnINCOME	0.267 ***	W × lnINCOME	0.268 ***
	(6.32)		(3.74)
lnPGDP	0.665 ***	W × lnPGDP	− 0.206 ***
	(8.98)		(−2.66)
CPI	0.007	W × CPI	− 0.021 ***
	(1.01)		(−2.94)
TWO	− 0.155	W × TWO	− 1.559 **
	(−0.37)		(−2.00)
THREE	− 0.409	W × THREE	− 0.162
	(−0.92)		(−0.19)
FINANCE	3.189 ***	W × FINANCE	− 0.381
	(4.92)		(−0.31)
CITY	1.429 ***	W × CITY	− 2.716 ***
	(4.41)		(−3.95)
常数项	11.102 ***	lgt_theta	− 3.106 ***
	(9.32)		(−21.52)
rho	0.175 ***	sigma2_e	0.007 ***
	(2.81)		(12.95)

注：*** 、** 分别表示在 1% 、5% 的水平下显著。括号内表示对应的 Z 统计量或 T 统计量。
资料来源：本表数据由作者计算和整理而得。

（三）货币政策对金融部门债务调控的实证结果

通过对式（9.2）进行计算，得出货币政策工具对金融部门债务存量的调控效应，结果见表 9.11。表 9.11 展示了以金融部门总负债为被解释变量，以地方金融机构本外币贷款余额为核心解释变量的回归结果。

第一，rho 值反映的是相邻地区金融部门总负债对本地区金融部门总负债的影响，在表 9.11 中，rho 值为正并通过了 1% 的显著性检验，说明地区金融部门总负债存在正向的空间关联效应。相邻地区金融部门总负债增加会显著增加本地区金融部门总负债水平。

第二，本地区核心解释变量金融机构本外币贷款余额对本地区金融部门总负债的影响为正，并通过了 1% 的显著性检验。金融机构本外币贷款余额越大表明信贷规模越大，银行等金融机构向央行进行再贷款的规模增加，负债增加。在本地区控制变量中，人均 GDP、金融业发展程度和城镇化率同样对本地区金融部门总负债的影响显著为正。工业化发展水平和服务化发展水平对本地区金融部门总负债的影响都显著为负。主要原因是由于发展程度越高，闲置资金利用率越高，减少存款。

第三，相邻地区核心解释变量金融机构本外币贷款余额对本地区金融部门的影响显著为负。相邻地区金融机构本外币贷款余额增加，信贷规模增加，对本地区居民和企业吸引力增加，居民和企业流出，存款降低，本地区金融机构债务规模降低。在相邻地区控制变量中，人均 GDP、工业化发展程度和服务化发展程度对本地区金融部门总负债的影响显著为负。

表 9.11　　　　货币政策对金融部门债务的空间效应检验回归结果

变量	金融部门	变量	金融部门
lnLOAN	0.553 *** (22.33)	W × lnLOAN	− 0.170 *** (− 3.14)
lnPGDP	0.485 *** (10.79)	W × lnPGDP	− 0.100 ** (− 2.09)
CPI	0.0002 (0.04)	W × CPI	− 0.004 (− 0.75)
TWO	− 0.741 ** (− 2.59)	W × TWO	− 2.172 *** (− 4.17)

变量	金融部门	变量	金融部门
THREE	−0.716 ** (−2.39)	W × THREE	−2.372 *** (−4.23)
FINANCE	1.162 ** (2.57)	W × FINANCE	−0.646 (−0.71)
CITY	0.478 ** (2.15)	W × CITY	−0.702 (−1.44)
常数项	8.406 *** (10.93)	lgt_theta	−2.953 *** (−19.48)
rho	0.416 *** (8.03)	sigma2_e	0.003 *** (12.76)

注：*** 、** 分别表示在 1%、5% 的水平下显著。括号内表示对应的 Z 统计量或 T 统计量。
资料来源：本表数据由作者计算和整理而得。

（四）财政政策对金融部门债务调控的空间溢出效应

以财政政策为核心解释变量对金融部门债务调控的空间溢出效应回归结果如表 9.12 所示。在核心解释变量中，财政收入增加在 1% 的显著性水平下会增加本地区、相邻地区和全系统金融部门总负债水平。财政收入增加，表明经济整体发展稳定向好，居民和企业收入增加，存款增加，对于金融机构这种负债经营的部门，金融部门债务水平增加。在控制变量中，人均 GDP 对本地区和全系统金融部门总负债的影响显著为正。人均 GDP 越高，经济发展水平越高，居民和非金融企业收入和资产越大，存款增加，推动金融部门债务增加。通货膨胀水平增加会显著降低相邻地区和全系统的金融部门总负债。通货膨胀水平增加，货币购买力减弱，居民和非金融企业会增加消费，减少存款，从而降低金融部门债务水平。工业化发展程度增加会显著降低相邻地区和全系统金融部门总负债。第二产业发展水平越高，闲置资金利用率越高，存款减少，全系统金融部门债务水平降低。金融业发展程度增加会显著增加本地区和全系统金融部门总负债。金融业发展越完善，对居民和企业存款吸引力越大。城镇化率对本地区金融部门总负债的影响显著为正，对相邻地区和全系统金融部门总负债的影响显著为负。城镇化发展水平提高，居民生活质量上升，收入增加，闲置货币增加，存款增加，从而增加本地区金融部门债务水平。

表9.12　　　　财政政策对金融部门债务的空间溢出效应回归结果

变量	直接效应	Z 值	间接效应	Z 值	总效应	Z 值
lnINCOME	0.281 ***	6.52	0.362 ***	5.73	0.643 ***	8.80
lnPGDP	0.657 ***	8.94	-0.106	-1.13	0.551 ***	5.02
CPI	0.007	1.07	-0.023 ***	-3.57	-0.016 ***	-4.97
TWO	-0.216	-0.52	-1.730 *	-1.83	-1.946 *	-1.75
THREE	-0.417	-0.95	-0.207	-0.22	-0.624	-0.57
FINANCE	3.228 ***	4.91	0.261	0.19	3.490 **	2.09
CITY	1.340 ***	4.15	-2.840 ***	-3.76	-1.500 *	-1.88

注：*** 、** 、* 分别表示在1%、5%、10%的水平下显著。
资料来源：本表数据由作者计算和整理而得。

（五）货币政策对金融部门债务调控的空间溢出效应

以货币政策为核心解释变量对金融部门债务调控的空间溢出效应回归结果如表9.13所示。在核心解释变量中，金融机构本外币贷款余额增加在1%的显著性水平下会增加本地区和全系统金融部门总负债水平，在10%的显著性水平下会增加相邻地区金融部门总负债水平。金融机构本外币贷款余额越大表明信贷规模越大，银行等金融机构向央行进行再贷款的规模增加，负债增加。在控制变量中，人均GDP对本地区、相邻地区和全系统金融部门总负债的影响显著为正，通货膨胀水平对全系统金融部门总负债的影响显著为负。工业化发展程度增加在1%的显著性水平下会降低本地区、相邻地区和全系统金融部门总负债。服务化发展程度增加在1%的显著性水平下会降低本地区、相邻地区和全系统金融部门总负债。第三产业发展水平越高，闲置资金利用率越高，存款减少，金融部门债务降低。金融业发展程度、城镇化率对本地区金融部门总负债的影响显著为正。

表9.13　　　　货币政策对金融部门债务的空间效应检验回归结果

变量	直接效应	Z 值	间接效应	Z 值	总效应	Z 值
lnLOAN	0.561 ***	21.50	0.097 *	1.73	0.659 ***	9.79
lnPGDP	0.494 ***	11.13	0.154 **	2.02	0.649 ***	7.19
CPI	0.0001	0.04	-0.006	-1.29	-0.006 *	-1.75
TWO	-1.016 ***	-3.32	-3.770 ***	-3.73	-4.786 ***	-4.03
THREE	-1.013 ***	-3.25	-4.083 ***	-3.97	-5.096 ***	-4.27
FINANCE	1.167 **	2.39	-0.211	-0.15	0.956	0.55
CITY	0.425 *	1.92	-0.815	-1.16	-0.390	-0.51

注：*** 、** 、* 分别表示在1%、5%、10%的水平下显著。
资料来源：本表数据由作者计算和整理而得。

三、家庭部门的实证结果

（一）家庭部门总负债全局 Moran's I 指数的实证结果

表 9.14 是 2007～2018 年我国家庭部门总负债的全局 Moran's I 指数的检验结果。由表 9.14 可知，样本期内我国 31 个省份的家庭部门总负债的全局 Moran's I 指数于 2007 年和 2008 年通过了 5% 的显著性检验，2019～2018 年通过了 1% 的显著性检验。家庭部门总负债全局 Moran's I 指数随着时间变化显著性不断增强，这说明家庭部门总负债在地区间存在显著的空间自相关性，并且所有年份均为正自相关，因此，适合采用空间杜宾模型进行分析。

表 9.14　家庭非金融企业部门总负债的全局 Moran's I 指数

年份	Moran's I	Z 值
2007	0.196 **	2.303
2008	0.194 **	2.279
2009	0.224 ***	2.561
2010	0.225 ***	2.565
2011	0.223 **	2.531
2012	0.229 ***	2.589
2013	0.236 ***	2.665
2014	0.314 ***	3.453
2015	0.278 ***	3.010
2016	0.229 ***	2.698
2017	0.494 ***	4.982
2018	0.259 ***	2.976

注：*** 、** 分别表示在 1%、5% 的水平下显著。括号内表示对应的 Z 统计量或 T 统计量。
资料来源：本表数据由作者计算和整理而得。

（二）财政政策对家庭部门债务调控的实证结果

通过对式（9.2）进行计算，得出财政政策工具对家庭部门债务存量的调控效应，结果如表 9.15 所示。表 9.15 展示了以家庭部门总负债为被解释变量，以地方财政收入为核心解释变量的回归结果。

第一，rho 值反映的是相邻地区家庭部门总负债对本地区家庭部门总负债的影响，在表 9.15 中，rho 值显著为正，说明地区家庭部门总负债存在正向的空间关联效应。相邻地区家庭部门总负债增加会显著增加本地区家庭部门总负债水平。

第二，本地区核心解释变量财政收入对本地区家庭部门总负债的影响显著为正。财政收入增加，表明税收增加，相应房产税额度也会增加，家庭部门主要的债务为房贷，房贷水平在一定程度上会体现在房产税上。在本地区控制变量中，通货膨胀水平对本地区家庭部门总负债的影响显著为负。通货膨胀水平越高，居民的生活成本越高，支出增加，借贷水平就会降低，从而会减少家庭部门债务规模。金融业发展程度对本地区家庭部门总负债的影响为正。金融业发展越完善，对居民的贷款吸引力越大，从而增加居民的债务规模。城镇化率对本地区及家庭部门总负债的影响显著为正。城镇化率越高，越多的农村人口流入城镇，他们需要购买住房，而手中持有货币又有限，由此房贷规模增加，家庭部门债务水平增加。

第三，相邻地区核心解释变量财政收入对本地区家庭部门的影响依然显著为正。这表明地区间空间关联性强，相邻地区的税收情况影响着本地区居民，相邻地区税收增加，相邻地区人口流出，本地区人口增加，住房需求增加，从而增加本地区家庭部门债务水平。在相邻地区控制变量中，金融化发展程度增加会显著降低本地区家庭部门总负债。相邻地区金融发展越完善，对本地区居民吸引力越强，居民流出，本地区家庭部门债务水平减少。城镇化率增加会显著降低本地区金融部门总负债。随着相邻地区城镇化程度增加，相邻地区城市建筑越完善，相邻地区城市对本地区居民的吸引力增加，本地区人口外流，房贷需求降低，从而降低家庭部门总负债。

表 9.15　　　财政政策对家庭部门债务的空间效应检验回归结果

变量	家庭部门	变量	家庭部门
lnINCOME	0.586 *** (5.07)	W × lnINCOME	0.422 ** (2.40)
lnPGDP	0.193 (0.91)	W × lnPGDP	0.163 (0.75)
CPI	− 0.038 * (− 1.87)	W × CPI	0.027 (1.25)
TWO	− 1.926 (− 1.49)	W × TWO	− 3.357 (− 1.44)

续表

变量	家庭部门	变量	家庭部门
THREE	-0.683 (-0.49)	W × THREE	0.634 (0.25)
FINANCE	3.890 * (1.94)	W × FINANCE	-8.735 ** (-2.43)
CITY	3.704 *** (4.24)	W × CITY	-5.006 *** (-2.76)
常数项	7.010 ** (2.26)	lgt_theta	-2.132 *** (-12.62)
rho	0.130 * (1.84)	sigma2_e	0.068 *** (12.86)

注：*** 、** 、* 分别表示在1%、5%、10%的水平下显著。括号内表示对应的Z统计量或T统计量。

资料来源：本表数据由作者计算和整理而得。

(三) 货币政策对家庭部门债务调控的实证结果

通过对式 (9.2) 进行计算，得出货币政策工具对家庭部门债务存量的调控效应，结果如表9.16所示。表9.16展示了以家庭部门总负债为被解释变量，以地方金融机构本外币贷款余额为核心解释变量的回归结果。

第一，rho值反映的是相邻地区家庭部门总负债对本地区家庭部门总负债的影响，在表9.16中，rho值为正，并通过了5%的显著性检验。说明地区家庭部门总负债存在正向的空间关联效应。相邻地区家庭部门总负债增加会显著增加本地区家庭部门总负债水平。

第二，本地区核心解释变量金融机构本外币贷款余额对本地区家庭部门总负债的影响显著为正。金融机构本外币贷款余额可以衡量一个地区的信贷规模，金融机构本外币贷款余额越大表明信贷规模越大，可以提供的贷款越多，家庭部门获得贷款的机会增加。在本地区控制变量中，通货膨胀水平对本地区家庭部门总负债的影响显著为负，城镇化率对本地区及家庭部门总负债的影响显著为正。工业化发展程度对本地区家庭部门总负债的影响为负。第二产业发展水平越高，表明地区经济发展向好，居民收入增加，借贷需求降低，债务规模降低。

第三，相邻地区核心解释变量金融机构本外币贷款余额对本地区家庭部门的影响依然显著为正。这表明地区间空间关联性强，相邻地区可贷金额增加，居民流出，本地区贷款规模降低。在相邻地区控制变量中，通货膨胀水平增加会显著增加本地区家庭部门债务水平。相邻地区通货膨胀水平越高，相邻地区居民生活成本增加，相邻地区居民流入本地区，增加本地区债务规模。工业化发展程度和服务化发展程度增加都会显著降低本地区家庭部门总负债。主要原因是相邻地区发展水平高，对居民吸引力增加，居民流出。金融化发展程度增加会显著降低本地区家庭部门总负债。

表9.16　　　　货币政策对家庭部门债务的空间效应检验回归结果

变量	家庭部门	变量	家庭部门
lnLOAN	0.701 *** (5.39)	W × lnLOAN	0.291 * (1.79)
lnPGDP	0.309 (1.57)	W × lnPGDP	0.203 (1.04)
CPI	− 0.040 * (− 1.88)	W × CPI	0.044 ** (2.07)
TWO	− 2.806 ** (− 2.14)	W × TWO	− 5.351 ** (− 2.44)
THREE	− 1.365 (− 1.00)	W × THREE	− 4.118 * (− 1.73)
FINANCE	1.551 (0.73)	W × FINANCE	− 9.951 ** (− 2.56)
CITY	1.976 ** (2.21)	W × CITY	− 2.153 (− 1.14)
常数项	7.417 ** (2.48)	lgt_theta	− 1.732 *** (− 6.62)
rho	0.156 ** (2.25)	sigma2_e	0.071 *** (12.14)

注：***、**、*分别表示在1%、5%、10%的水平下显著。括号内表示对应的Z统计量或T统计量。

资料来源：本表数据由作者计算和整理而得。

（四）财政政策对家庭部门债务调控的空间溢出效应

以财政政策为核心解释变量对家庭部门债务调控的空间溢出效应回归结果见表9.17。在核心解释变量中，财政收入增加在1%的显著性水平下会增加本地区、相邻地区和全系统家庭部门总负债水平。财政收入增加，表明税收增加，相应房产税额度也会增加，家庭部门主要的债务为房贷，房贷水平在一定程度上会体现在房产税上。在控制变量中，通货膨胀水平增加会显著降低本地区家庭部门总负债。通货膨胀水平增加，货币购买力增加，居民会使用货币购买消费品从而保障货币的最大购买力，因而贷款减少，家庭部门债务水平降低。工业化发展程度对本地区家庭部门总负债的影响显著为负。第二产业发展水平越高，表明地区经济发展向好，居民收入增加，借贷需求降低，债务规模降低。金融业发展程度增加会显著增加本地区家庭部门总负债，降低相邻地区家庭部门总负债。金融业发展程度越高，居民贷款越方便，从而增加本地区家庭部门债务水平；吸引相邻地区居民进入本地区，从而降低相邻地区家庭部门债务水平。城镇化率对本地区家庭部门总负债的影响显著为正，对相邻地区家庭部门总负债的影响显著为负。城镇化不断发展，农村居民流入城镇，增加住房的购买，房贷水平相应增加；吸引相邻地区居民进入本地区，从而降低相邻地区家庭部门债务水平。

表 9.17　　　　财政政策对家庭部门债务的空间溢出效应回归结果

变量	直接效应	Z 值	间接效应	Z 值	总效应	Z 值
lnINCOME	0.605 ***	5.15	0.555 ***	3.26	1.159 ***	6.19
lnPGDP	0.187	0.89	0.196	0.87	0.383	1.52
CPI	−0.036 *	−1.87	0.022	1.14	−0.014	−1.44
TWO	−2.021	−1.57	−3.764	−1.49	−5.785 *	−1.91
THREE	−0.659	−0.48	0.718	0.28	0.059	0.02
FINANCE	3.748 *	1.87	−8.775 **	−2.17	−5.027	−1.05
CITY	3.593 ***	4.14	−5.062 ***	−2.66	−1.470	−0.77

注：*** 、** 、* 分别表示在1%、5%、10%的水平下显著。

资料来源：本表数据由作者计算和整理而得。

（五）货币政策对家庭部门债务调控的空间溢出效应

以货币政策为核心解释变量对家庭部门债务调控的空间溢出效应回归结果见表9.18。在核心解释变量中，金融机构本外币贷款余额增加在1%的显著性水平下会增加本地区、相邻地区和全系统家庭部门总负债水平。金融机构本外币贷款余额可以衡量一个地区的信贷规模，金融机构本外币贷款余额越大表明信贷规模越大，可以提供的贷款越多，家庭部门获得贷款的机会增加。在控制变量中，人均 GDP 增加会显著增加全系统家庭部门总负债水平。人均 GDP 体现一个地区的经济发展水平，经济发展越好，居民对住房要求增加，房贷规模增加，全系统家庭部门债务水平增加。通货膨胀水平增加会显著降低本地区家庭部门总负债，增加相邻地区家庭部门总负债。工业化发展程度对本地区、相邻地区和全系统家庭部门总负债的影响显著为负。服务化发展程度对相邻地区和全系统家庭部门总负债的影响显著为负。第三产业发展水平越高，表明地区经济发展向好，居民收入增加，借贷需求降低，全系统债务规模降低。金融业发展程度增加会显著降低相邻地区和全系统家庭部门总负债。城镇化率对本地区家庭部门总负债的影响显著为正。

表 9.18　　　　货币政策对家庭部门债务的空间溢出效应回归结果

变量	直接效应	Z 值	间接效应	Z 值	总效应	Z 值
lnLOAN	0.720 ***	5.43	0.460 ***	2.96	1.180 ***	6.26
lnPGDP	0.308	1.59	0.275	1.37	0.583 **	2.53
CPI	− 0.037 *	− 1.87	0.041 **	2.14	0.004	0.38
TWO	− 3.010 **	− 2.29	− 6.306 **	− 2.48	− 9.316 ***	− 2.93
THREE	− 1.521	− 1.13	− 4.734 *	− 1.79	− 6.255 *	− 1.91
FINANCE	1.287	0.60	− 10.734 **	− 2.43	− 9.447 *	− 1.81
CITY	1.911 **	2.24	− 2.190	− 1.09	− 0.279	− 0.15

注：*** 、** 、* 分别表示在 1%、5%、10% 的水平下显著。
资料来源：本表数据由作者计算和整理而得。

第四节　小　　结

首先，本章对财政政策和货币政策对私人部门债务的影响进行理论方面的介绍，分析财政政策和货币政策的内涵与作用以及对于私人部门债务的影响渠道，同时通过债务——通缩理论分析我国现阶段较高的债务杠杆可能会产生的不良影响。

其次，在理论分析的基础上，选择合适的财政政策、货币政策、私人部门债务变量，选取我国 31 个省份私人部门债务存量数据，研究财政政策和货币政策对非金融企业、金融部门和家庭部门债务的调控效应和空间效应。

最后，基于私人部门债务数据和空间杜宾模型，分别得出非金融企业部门、金融部门和家庭部门的实证结果，包括检验空间相关性的全局 Moran's I 指数的回归结果、财政政策和货币政策对私人部门债务空间效应检验的回归结果、财政政策和货币政策对私人部门债务空间溢出模型的回归结果。

第十章　货币政策与宏观审慎政策对债务杠杆的调控效应研究

稳定经济与稳定金融"双目标"的实现，离不开货币政策与宏观审慎政策的协调配合。本章介绍了货币政策与宏观审慎政策的相关理论，构建了一个包含储蓄型家庭和借贷型家庭的代表性家庭部门、非金融企业部门、以商业银行为代表的金融部门以及制定宏观经济政策的中央银行部门的封闭经济 DSGE 模型，实证研究了在外生冲击下货币政策单独作用、货币政策与宏观审慎政策共同作用下部门杠杆率以及其他经济变量的响应。

第一节　货币政策与宏观审慎政策相关理论基础

本节将对该章涉及的货币政策的相关理论、宏观审慎政策的相关理论以及货币与宏观审慎政策双支柱的相关理论进行梳理和介绍。

一、货币政策的相关理论

（一）货币政策的操作框架

央行在制定货币政策时，首要考虑的是选择恰当的政策工具，明确政策的操作目标，确定合适的中介目标以及要达到的最终目标，以上四个要素是其操作框架的基本元素。

政策工具本质上是央行用以实现既定政策目标的手段和策略。对于政策工具的分类，最经典的是一般性政策工具、选择性政策工具和其他补充性政策工具（焦婵，2012）。其中，第一类的一般性政策工具是政策制定者最常用的一类全局性的政策工具，主要包括针对商业银行调整存款准备金率、调整商业银行向央行再贴现的规定和在金融市场公开买卖有价证券的公开市场业务等。第二类的选择性政策工具相比第一类更具有局部性和特殊性，专用于应对经济中某些与信贷相关的特殊环境，更便于结构性的调整。第二类工具的最大特点在于可选择性，因而针对不同的经济情况，可选择不同的控制工具，如消费者信用控制、不动产信用控制、证券市场信用控制等。此外，央行还可以运用其他非常规性和选择性的工具来对政策框架进行补充，如窗口指导、道义劝告之类的补充性工具。

在选择货币政策工具之前，央行一般都会先将实施政策的操作目标确定下来，有了操作的对象才能够选择合适的手段。央行用到的操作目标通常都是与利率或准备金率相关的，如银行间同业拆借率、总准备金等。最终目标又称为货币政策目标，一般来讲包括经济增长、价格稳定、充分就业和国际收支平衡。中介目标的存在是由货币政策的时滞性决定的。实施政策到对最终的货币政策目标产生影响时，要经历较长一段时间，同时在此之前也无法确定政策的实施是否有效，因此，中介目标的设置解决了这一关键性问题。通过观察中介目标来预测政策的作用成果，从而及时地调整货币政策工具使其发挥目标所需的作用，这就决定了可测性、可控性以及与最终目标的强相关性三个重要特征成为货币政策中介目标能够发挥良好作用的必备特征。

（二）货币政策规则

货币政策规则是指央行设定货币政策工具时系统性的行为方式，用以刻画其货币政策操作行为（张广现，2006）。学者们在研究中所使用的政策规则通常是泰勒规则以及通货膨胀目标规则。

1. 泰勒规则

19世纪90年代前，各国央行通常都是通过短期利率来进行政策实践的。彼时学者们在研究货币政策时，主要倾向于分析货币数量对经济的影响。但是在当时，央行对货币在数量上的可操纵性由于金融市场的不断开放而变得不再强劲，因而对这方面的研究也就不再兴盛。直到 1993 年"泰勒规则"的出现，才使得学者们重新把理论与实践相结合，货币政策的研究状况也得到了良好的改善。泰勒规则主要是设定了一个联邦利率为因变量、通胀率和实际 GDP 相对目标的偏离率为自变量的方程，并且就此确定了方程的参数值。学者们在泰勒规则诞生后纷纷对其进行了扩展，在原有利用短期利率来作为政策工具从而稳定产出和通胀的这一假定下，对参数设定的方法做出了改进，如对时机、权重等。本章模型中所用到的货币政策制定规则就是泰勒规则。

2. 通货膨胀目标规则

通货膨胀目标制是由斯文森（Svensson）于 1997 年首次提出的。通胀目标制最大的发展在于斯文森定义了一个新的损失函数，并将这个函数引入了货币政策的制定规则中，即央行的政策制定要能够满足使损失函数到达值最小的情况。在这个规则之下，函数关系成为规则的体现，政策目标成为损失函数的变量。斯文森的通货膨胀目标规则有狭义和广义之分，而将广义规则下的问题求解最优化的一阶条件后就是斯文森定义的狭义规则。

二、宏观审慎政策的相关理论

（一）宏观审慎监管的历史演进及特征

早在 1979 年，库克委员会（Cooke Committee）就提出了"宏观审慎"一词。当时这个概念被认为与宏观经济的管控相挂钩，而提出宏观审慎的原因是英格兰银行为了解决加强对单个银行发放贷款限制的问题。1986 年，国际清算银行（BIS）提出了"宏观审慎政策"。彼时国际清算银行提出要将宏观审慎作为一项重要的监管政策，利用宏观审慎来维护金融行业整个系统的稳定，保障金融安全。1987 年，巴塞尔委员会的首任主席特别指出，宏观审慎与微观审慎是有所不同的，对于商业银行，我们应该从宏观的角度去管控和研究它们。直到 1997 年亚洲金融危机爆发，宏观审慎这个概念才真正地被重视起来。2000 年，"宏观审慎"首次被清晰地界定了概念，并被肯定了其监管的意义。当年的金融稳定论坛上，BIS 提出宏观审慎本质上还是对金融行业的监管，它不像微观审慎那样只关注单独的机构个体，而是将金融系统看成整体，从维护金融稳定、缓解金融波动的角度来监管整个体系。2008 年全球金融危机爆发，一场始于美国次级贷款危机的灾难在金融全球化的作用下迅速波及全球，而危机发生的重要原因之一就是监管层对宏观层面的重视程度不够，由此引发了人们对于宏观审慎的思考，使得这一政策监管工具得到了前所未有的关注。危机之后，宏观审慎监管这一概念被频繁地在国际会议上提及，相关文献也如井喷式增加，这使得宏观审慎监管作为政策工具进入了全新的发展阶段。

在宏观审慎出现之前，监管部门对于金融行业的监管主要停留在微观审慎层面，即只监管单个独立金融机构的各类风险。同为审慎政策，微观审慎与宏观审慎都是为了控制和防范金融行业的风险，但两者有着很大的区别。万光彩等（2015）从直接目标、最终目标、风险特征等六个方面说明了微观审慎与宏观审慎两种审慎监管政策之间的区别。他认为，在直接目标上，前者的目的在于抑制个体机构的危机，而后者的目的却在于控制整个金融系统的风险。在最终目标上，前者更注重保护储户、投资者之类的金融消费者，后者则是为了避免宏观上的产出损失。在风险特征上，前者是外生的独立于个体的行为，后者却是内生的与个体行为密切相关。对于机构之间的相关性，在微观审慎的框架中，金融机构彼此之间是相互独立的，但宏观审慎认为，这些机构的风险是相关的。在审慎控制的标准上，微观审慎是对个体自下而上的监管，而宏观审慎是整个系统实施自上而下的监管；在政策的重点方面，微观审慎更注重保护个体机构，而宏观审慎则是要进行逆周期的调控。

（二）宏观审慎的监管维度

对宏观审慎而言，其监管的主要目的是控制金融体系的系统性风险，而导致危机发生的系统性风险主要是通过纵向时间维度和横向结构性维度两个方面积累起来的。因此，我们将宏观审慎监管也划分为两个维度，分别是时间维度与横截面维度（张健华和贾彦东，2020）。

宏观审慎的时间维度主要强调的是对金融系统的运行变化及系统顺周

期性状况的专注，要求建立风险缓冲以缓解金融机构的周期性波动。在时间维度上，用来调控的主要工具有逆周期资本缓冲、杠杆率、拨备覆盖率等。而宏观审慎的横截面维度则更侧重对金融体系关联度以及系统重要性金融机构的关注，从而防止金融机构之间的风险传播。截面维度的主要工具包括风险集中度限制以及重要性资本附加等，这类工具通常都是与银行资本相关。

（三）宏观审慎政策工具

近年来，各国对宏观审慎的重视态度越来越高，因此，用于监管的宏观审慎政策工具也被国内外监管机构设计出很多种类。国际货币基金组织（IMF，2011）认为，对于宏观审慎政策而言，可以将各国政策当局所使用的工具归纳为三种：第一种是信贷限制工具，第二种是资本金约束要求，第三种是流动性控制工具。其中，信贷限制工具主要包括债务收入比上限、贷款价值比上限、信贷规模增长的上限以及外币贷款的上限，资本金约束要求工具主要包括逆周期资本金要求、动态存款准备金制度以及限制盈余分配的制度，流动性控制工具主要包括期限错配的限制、货币错配或者说外汇净敞口的限制以及准备金制度（李娟，2018）。此外，宏观审慎政策监管工具还可根据监管维度的不同划分称为时间维度的监管工具和横截面维度的监管工具。

三、宏观审慎与货币政策双支柱的相关理论

从政策搭配的理论依据出发，丁伯根法则和有效市场分类原则是研究货币政策和宏观审慎政策搭配的理论基础（申屠廉盛，2020）。早期的丁伯根原则与有效市场分类原则是针对政策制定与经济系统内部均衡以及国际收支平衡间的关系问题而提出的，其中的政策制定专指财政政策与货币政策。但学者们在不断深入的研究中，赋予了理论新的政策含义，并且从经济系统引申到了金融系统。

丁伯根原理是由丁伯根（Tinbergen）在1952年提出的，其基本内容是为达到若干个经济目标，至少要制定与目标数量相等的若干个经济政策。

扩展到现在的宏观审慎政策，就可以认为，只有同时使用宏观审慎政策和货币政策，才能达到经济增长与金融稳定两个政策目标。有效市场分类原则是由蒙代尔（Mundell）在1962年提出的，该原则基于丁伯根原理，区分了货币政策与财政政策针对于开放经济下内外部均衡的作用效果，并且认为货币政策对外部均衡的调整效果更好，财政政策对内部均衡的调整效果更好。由此，我们可以进一步地认为，对于金融稳定与经济增长这两个目标，必须要用更合适的工具去各自对应不同的目标，也就是说用宏观审慎调控金融稳定，用货币政策调节经济增长，才能使政策更好地发挥作用。

政策搭配的效果并不是一成不变的，在不同情况下，同样的政策搭配可能会有不同的作用效果。博等（Beau et al.，2012）发现，货币政策工具和宏观审慎监管工具的搭配是否有效以及有效程度有多高，在一定程度上与经济周期与金融周期间的重合度相关。当经济周期与金融周期能够保持重合时，双支柱搭配政策才能更好地发挥协调作用。

第二节　动态随机一般均衡模型的构建

本节基于DSGE模型的基本理论构建了一个包含储蓄型家庭和借贷型家庭的代表性家庭部门、非金融企业部门、以商业银行为代表的金融部门以及制定宏观经济政策的中央银行部门的封闭经济DSGE模型。

一、动态随机一般均衡模型简介

（一）动态随机一般均衡模型的特点

从动态随机一般均衡模型的命名上看，该模型具有动态性、随机性和一般均衡性这三种特点。就动态性来说，它强调的是各经济主体在时间上的动态，即可以跨期决策以实现效用的最大化，这可以在模型的方程中得到良好的体现。就随机性来说，它体现的是将不同种类的随机冲击引入动态模型中，考察冲击对模型中其他变量造成的影响。一般均衡性指的是模型依据不同经济主体之间的相互影响和作用来刻画各主体的最优化行为，并利用市场出清条件得出总体均衡时的价格和资源配置（毕燕君，2014）。

动态随机一般均衡模型相比传统计量模型，具有理论的严谨性、理论的一致性、显性的结构特点以及政策分析上的优越性四个特点。首先，动态随机一般均衡模型的建立是基于微观理论的，而传统的计量方法考察的只是历史数据在数量上的关系，不能刻画变量间理论上的经济含义，因此，动态随机一般均衡模型的理论更加严谨。其次，前面我们说到动态随机一般均衡模型是基于微观理论构建的，即针对不同的经济部门刻画其最优化的跨期效用，从而建立各部门的内在联系，同时还加入了外生冲击的影响，因此，模型的实证模拟能够达到与理论的一致性。再次，在该模型中经济主体的行为决策依赖于结构性参数，并且能够规避卢卡斯批判，使模型的模拟结果更加客观。最后，该模型在建立之时就明确界定了各经济主体间的变量关系，对消费偏好、技术生产以及如何交易做出了详细的刻画，因此，可以更方便地引入政策进行研究，同时还可以通过福利分析来判断最优的政策结果，便于政策分析。

（二）动态随机一般均衡模型的分析过程

动态随机一般均衡模型的研究通常可以归纳为四个步骤。首先，需要进行理论层面的分析。通常来讲，模型需要包含家庭部门、企业厂商部门、金融部门以及中央银行部门等。根据对研究问题的需求来确定具体需要哪些部门，各部门内需要引入哪些变量，结合实际并根据微观理论的分析来建立所需的模型方程，包括各部门的目标函数与约束条件，如引入存贷区分的家庭部门、引入影子银行的金融部门等。之后根据模型对变量求得一阶条件。其次，对模型进行求解。对于复杂的非线性模型来说，几乎是不可能做到直接求解，因而要对非线性化的系统转化为一阶近似线性化的系统。在实际建模中，模型很少有解析解，一般都是利用已知的参数值来求数值解，对于一阶求解的方法有很多，如 B-K 方法、Schur 方法等。再次，对模型参数进行确定。这里可以选择用历史经典文献进行校准，或者通过某些方法进行估计，如极大似然估计、广义矩估计、贝叶斯估计等，一般以贝叶斯估计最为常用。最后，做实证模拟。考察模型中引入的各种冲击会对各个经济变量造成何种影响。

二、代表性家庭部门

假设家庭部门生存期限无限长且其经济主体可以实现其跨期效用的最大化，则经济主体能够在时间层面上转移收入，即家庭居民可以自由地进行储蓄和借贷，因而将代表性家庭分为两类，分别是有耐心的储蓄型家庭和缺乏耐心的借贷型家庭。

（一）储蓄型居民

除了消费和闲暇外，本章考虑了住房的存在，因而在影响居民效用的主要因素中，要将住房带来的效用纳入目标的效用函数。储蓄型居民的目标函数为：

$$\max E_0 \sum_{t=0}^{\infty} \beta_S^t U(c_t^S, o_t^S, h_t^S) = \max E_0 \sum_{t=0}^{\infty} \beta_S^t U(c_t^S, 1 - l_t^S, h_t^S) \quad (10.1)$$

由于消费偏好的存在且在时间上是不可分离的，为了贴合实际，在消费的效用函数中引入了消费惯性。因此，对于储蓄型居民的效用函数假定为：

$$U(c_t^S, 1 - l_t^S, h_t^S) = (c_t^S - \varphi_c c_{t-1}^S)^{1-\tau}/(1-\tau) + \mu \log(1 - l_t^S) + \nu \log h_t^S$$

$$(10.2)$$

借鉴吴建銮和赵春艳等（2019）的建模思想，储蓄型家庭的约束条件为：

$$s.\,t.\, c_t^S + d_t^S + q_t^h(h_t^S - h_{t-1}^S) + i_t^S = w_t^S l_t^S + (1 + r_{t-1}^S) d_{t-1}^S/\pi_t + q_t^k k_{t-1}^S$$

$$(10.3)$$

其中，c_t^S 表示储蓄型居民的实际消费，i_t^S 表示储蓄型居民对企业部门的实际投资，d_t^S 表示储蓄型居民的实际存款余额，o_t^S 与 l_t^S 分别表示储蓄型居民的闲暇与其向企业部门提供的劳动力，w_t^S 表示居民的实际工资水平，h_t^S 表示储蓄型居民对房屋的需求存量，q_t^h 表示房屋的实际价格，k_t^S 表示 t 期储蓄型居民拥有的实物资本，q_t^k 表示资本品的实际价格，r_t^S 表示 t 期储蓄型居民的存款利率，π_t 表示通货膨胀率，β_S^t 表示储蓄型居民的主观贴现因子，φ_c 表示居民的消费惯性因子，τ 表示相对风险厌恶系数，μ 和 ν 分别表示居民住房以及向企业提供的劳动对居民效用的影响因子。储蓄型居民的资本积累满足方程 $i_t = k_t - (1 - \delta) k_{t-1}$，$\delta$ 是资本折旧率。

令上述预算约束的拉格朗日乘子为 λ_t^S，则效用最大化问题的拉格朗日函数为：

$$L \equiv E_0 \sum_{t=0}^{\infty} \beta_S^t \left\{ \begin{array}{l} (c_t^S - \varphi_c c_{t-1}^S)^{1-\tau} / (1 - \tau) + \mu \log(1 - l_t^S) + \nu \log h_t^S \\ + \lambda_t^S \left[\begin{array}{l} w_t^S l_t^S + (1 + r_{t-1}^S) d_{t-1}^S / \pi_t + q_t^k k_{t-1}^S - c_t^S - d_t^S \\ - q_t^h (h_t^S - h_{t-1}^S) - i_t^S \end{array} \right] \end{array} \right\}$$

$$(10.4)$$

储蓄型家庭的最优化一阶条件如下：

$$\partial c_t^S : \lambda_t^S = (c_t^S - \varphi_c c_{t-1}^S)^{-\tau} - \varphi_c \beta_S E_t (c_{t+1}^S - \varphi_c c_t^S)^{-\tau} \qquad (10.5)$$

$$\partial l_t^S : \frac{\mu}{1 - l_t^S} = \lambda_t^S w_t^S \qquad (10.6)$$

$$\partial h_t^S : \frac{\nu}{h_t^S} = \lambda_t^S q_t^h - \beta_S E_t (\lambda_{t+1}^S q_{t+1}^h) \qquad (10.7)$$

$$\partial d_t^S : \lambda_t^S = \beta_S E_t (\lambda_{t+1}^S (1 + r_t^S) / \pi_{t+1}) \qquad (10.8)$$

$$\partial k_t^S : \lambda_t^S = \beta_S E_t (\lambda_{t+1}^S (q_{t+1}^k - \delta + 1)) \qquad (10.9)$$

（二）借贷型居民

与储蓄型居民的目标函数及效用函数类似，借贷型居民的目标函数为：

$$\max E_0 \sum_{t=0}^{\infty} \beta_L^t U(c_t^L, o_t^L, h_t^L) = \max E_0 \sum_{t=0}^{\infty} \beta_L^t U(c_t^L, 1 - l_t^L, h_t^L) \quad (10.10)$$

其中，借贷型居民的效用函数假定为：

$$U(c_t^L, 1 - l_t^L, h_t^L) = (c_t^L - \varphi_c c_{t-1}^L)^{1-\tau} / (1 - \tau) + \mu \log(1 - l_t^L) + \nu \log h_t^L$$

$$(10.11)$$

其预算约束为：

$$\text{s.t. } c_t^L + q_t^h (h_t^L - h_{t-1}^L) + (1 + r_{t-1}^L) b_{t-1}^L / \pi_t = w_t^L l_t^L + b_t^L \quad (10.12)$$

对于借贷型家庭存在的借贷，在现实中贷款通常需要抵押担保。对于居民而言，最常充当抵押物的财产是房产，因而根据连飞（2018，2019）等的做法，本节的家庭借贷主要考虑以住房为担保的借贷，那么其借贷量受住房存量的约束为：

$$(1 + r_t^L) b_t^L / q_{t+1}^h h_t^L \pi_{t+1} \leqslant m_t^L \tag{10.13}$$

其中，c_t^L 与 b_t^L 分别表示借贷型居民的实际消费与借贷型居民的实际贷款余额，o_t^L 与 l_t^L 分别表示借贷型居民的闲暇与其向企业部门提供的劳动力，ω_t^L 表示居民的实际工资水平，h_t^L 表示借贷型居民对房屋的需求存量，q_t^h 表示房屋的实际价格，r_t^L 表示借贷型居民在资本市场上的贷款利率，π_t 表示通货膨胀率，m_t^L 表示借贷型居民的贷款价值比，用以表示借贷居民的杠杆率。β_L^t 表示借贷型居民的主观贴现因子，μ 和 ν 分别表示居民住房和向企业提供的劳动对居民效用的影响因子。

令上述预算约束的拉格朗日乘子为 λ_t^L，信贷约束的为 η_t^L，则该部门效用最大化问题的拉格朗日函数为：

$$L \equiv E_0 \sum_{t=0}^{\infty} \beta_L^t \left\{ \begin{array}{l} (c_t^L - \varphi_c c_{t-1}^L)^{1-\tau} / (1 - \tau) + \mu \log(1 - l_t^L) + \nu \log h_t^L \\ + \lambda_t^L [w_t^L l_t^L + b_t^L - c_t^L - q_t^h (h_t^L - h_{t-1}^L) - (1 + r_{t-1}^L) b_{t-1}^L / \pi_t] \\ + \eta_t^L [m_t^L - (1 + r_t^L) b_t^L / q_{t+1}^h h_t^L \pi_{t+1}] \end{array} \right\}$$

$$\tag{10.14}$$

借贷型家庭的最优化一阶条件如下：

$$\partial c_t^L : \lambda_t^L = (c_t^L - \varphi_c c_{t-1}^L)^{-\tau} - \varphi_c \beta_L E_t (c_{t+1}^L - \varphi_c c_t^L)^{-\tau} \tag{10.15}$$

$$\partial l_t^L : \frac{\mu}{1 - l_t^L} = \lambda_t^L w_t^L \tag{10.16}$$

$$\partial h_t^L : \frac{\nu}{h_t^L} = \lambda_t^L q_t^h - \beta_L E_t (\lambda_{t+1}^L q_t^h) - \eta_t^L \frac{(1 + r_t^L) b_t^L / \pi_{t+1}}{q_{t+1}^h (h_t^L)^2} \tag{10.17}$$

$$\partial b_t^L : \lambda_t^L = \beta_L E_t (\lambda_{t+1}^L (1 + r_t^L) / \pi_{t+1}) + \eta_t^L \frac{(1 + r_t^L) / \pi_{t+1}}{q_{t+1}^h h_t^L} \tag{10.18}$$

三、非金融企业部门

假设企业是同质的，且可以无限期生存。这些同质企业的消费生产主要是雇佣劳动和向银行借款，因此，可以认为企业的目标和居民家庭的目标同样是效用最大化，即使其效用的期望现值达到最大。本节中企业的贷款是以资本品作为贷款抵押的，因此，其目标方程同时受到预算约束与贷款抵押约束两个条件的限制。

将 c_t^C 理解为企业可以自由支配的剩余权益，即总产出减去员工工资后的所得，那么企业的目标函数为剩余收益期望现值的最大化：

$$\max E_0 \sum_{t=0}^{\infty} \beta_C^t (c_t^C - \varphi_c c_{t-1}^C)^{1-\tau}/(1-\tau) \tag{10.19}$$

其预算约束与贷款抵押约束分别为：

$$\text{s. t. } c_t^C + w_t^S l_t^S + w_t^L l_t^L + (1+r_{t-1}^C) b_{t-1}^C/\pi_t + q_t^k k_t^C = y_t^C + b_t^C + q_t^k(1-\delta)k_{t-1}^C \tag{10.20}$$

$$(1+r_t^C) b_t^C/q_{t+1}^k \pi_{t+1}(1-\delta)k_t^C \leqslant m_t^C \tag{10.21}$$

其中，c_t^C 表示企业部门的消费，b_t^C 表示企业部门的实际贷款余额，k_t^C 表示企业所拥有的实物资本，q_t^k 表示资本品的实际价格，r_t^C 表示企业部门在资本市场的贷款利率，m_t^C 表示企业部门的贷款价值比，可视作其部门杠杆率，y_t^C 表示企业部门的实际产出，也是模型中的社会总产出。假设企业生产函数为柯布—道格拉斯型，则由家庭部门区分的储蓄型和借贷型两种类别提供不同的劳动，借鉴格拉利等（Gerali et al., 2010）、谷慎和岑磊（2015）、潘敏（2019）等的研究，将生产函数定义为 $y_t^C = f(k_t^C, l_t^S, l_t^L) = A_t^C(k_t^C)^\alpha((l_t^S)^\sigma(l_t^L)^{1-\sigma})^{1-\alpha}$，其中，$A_t^C$ 表示技术冲击，α 表示企业资本品收入的份额，σ 表示储蓄型家庭的工资份额。其中，I_t 由资本积累方程得到 $I_t = k_t - (1-\delta)k_{t-1}$。

令上述预算约束的拉格朗日乘子为 λ_t^C，贷款抵押约束的拉格朗日乘子为 η_t^C，则效用最大化问题的拉格朗日函数为：

$$L \equiv E_0 \sum_{t=0}^{\infty} \beta_L^t \left\{ \begin{array}{l} (c_t^C - \varphi_c c_{t-1}^C)^{1-\tau}/(1-\tau) \\ + \lambda_t^C \left[\begin{array}{l} y_t^C + b_t^C + q_t^k(1-\delta)k_{t-1}^C - c_t^C - w_t^S l_t^S \\ - w_t^L l_t^L - (1+r_{t-1}^C)b_{t-1}^C/\pi_t - q_t^k k_t^C \end{array} \right] \\ + \eta_t^C[m_t^C - (1+r_t^C)b_t^C/q_{t+1}^k \pi_{t+1}(1-\delta)k_t^C] \end{array} \right\} \tag{10.22}$$

非金融企业部门的最优化一阶条件如下：

$$\partial c_t^C: \lambda_t^C = (c_t^C - \varphi_c c_{t-1}^C)^{-\tau} - \varphi_c \beta_L E_t(c_{t+1}^C - \varphi_c c_t^C)^{-\tau} \tag{10.23}$$

$$\partial k_t^C: \lambda_t^C q_t^k = \alpha \lambda_t^C y_t^C/k_t^C + \beta_C E_t(\lambda_{t+1}^C q_{t+1}^k(1-\delta)) + \eta_t^C \frac{(1+r_t^C)b_t^C/\pi_{t+1}}{q_{t+1}^k(1-\delta)(k_t^C)^2} \tag{10.24}$$

$$\partial b_t^C : \lambda_t^C = \beta_C E_t(\lambda_{t+1}^C(1+r_t^C)\pi_{t+1}) + \eta_t^C \frac{(1+r_t^C)\pi_{t+1}}{q_{t+1}^k(1-\delta)k_t^C} \quad (10.25)$$

$$\partial l_t^S : w_t^S = \sigma(1-\alpha)y_t^C/l_t^S \quad (10.26)$$

$$\partial l_t^L : w_t^L = (1-\sigma)(1-\alpha)y_t^C/l_t^L \quad (10.27)$$

四、以商业银行为代表的金融部门

商业银行是金融部门的主要中介机构，为了便于研究，用银行部门来代表金融部门。假设银行的股本资本为总资产与总负债的差额，则银行资本受资产收益与债务利息的影响。不考虑中央银行向银行部门提供资金的可能性，将银行发放的总贷款作为资产，将其吸收的存款作为总负债，将 c_t^B 理解为银行发放贷款与吸收存款后的剩余收益，那么在受到资本充足率限制的条件下，银行的目标函数为：

$$\max E_0 \sum_{t=0}^{\infty} \beta_B^t (c_t^B - \varphi_c c_{t-1}^B)^{1-\tau}/(1-\tau) \quad (10.28)$$

银行面临的预算约束如下：

$$\text{s.t. } c_t^B + (1+r_{t-1}^S)d_{t-1}^S/\pi_t + b_t^L + b_t^C = d_t^S + ((1+r_{t-1}^L)b_{t-1}^L + (1+r_{t-1}^C)b_{t-1}^C)/\pi_t \quad (10.29)$$

而银行本身由于经营的特殊性，受监管约束的制约，需按照相关的监管规定满足其负债的杠杆比率不能超过资产一定比例的条件，即 $D_t \leq (1-\gamma_t)B_t$，其中，$B_t = b_t^L + b_t^C$，$D_t = d_t^S$，γ 为资本充足率，定义 $m_t^B = D_t/B_t$ 是银行部门的杠杆率。

$$L \equiv E_0 \sum_{t=0}^{\infty} \beta_B^t \left\{ \begin{array}{l} \log c_t^B \\ + \lambda_t^B \left[\begin{array}{l} d_t^S + ((1+r_{t-1}^L)b_{t-1}^L + (1+r_{t-1}^C)b_{t-1}^C)/\pi_t \\ - c_t^B - (1+r_{t-1}^S)d_{t-1}^S/\pi_t - b_t^L - b_t^C \end{array} \right] \\ + \eta_t^B[(1-\gamma)(b_t^L + b_t^C) - d_t^S] \end{array} \right\} \quad (10.30)$$

银行部门的最优化一阶条件如下：

$$\partial c_t^B : \lambda_t^B = (c_t^B - \varphi_c c_{t-1}^B)^{-\tau} - \varphi_c \beta_L E_t(c_{t+1}^B - \varphi_c c_t^B)^{-\tau} \quad (10.31)$$

$$\partial d_t^S : \lambda_t^B = \beta_B E_t(\lambda_{t+1}^B(1+r_t^S)/\pi_{t+1}) + \eta_t^B \quad (10.32)$$

$$\partial b_t^L : \lambda_t^B = \beta_B E_t (\lambda_{t+1}^B (1 + r_t^L) / \pi_{t+1}) + \eta_t^B (1 - \gamma) \qquad (10.33)$$

$$\partial b_t^C : \lambda_t^B = \beta_B E_t (\lambda_{t+1}^B (1 + r_t^C) / \pi_{t+1}) + \eta_t^B (1 - \gamma) \qquad (10.34)$$

五、中央银行部门

在货币政策选择上，本节采用的是价格型政策工具利率。而在过去的研究中，学者们对于政策的制定通常是依据泰勒规则（樊明太，2004；叶思晖和樊明太，2019；陈新娟，2020），同时借鉴连飞（2019）的规则方式，将通货膨胀率及产出引入影响政策利率的因素中：

$$1 + r_t = (1 + r)^{(1 - \rho_r)} (1 + r_{t-1})^{\rho_r} (\pi_t / \pi)^{\varphi_\pi (1 - \rho_r)} (y_t / y_{t-1})^{\varphi_y (1 - \rho_r)} \varepsilon_t^r$$

$$(10.35)$$

其中，r_t 表示政策利率即货币政策工具，r 表示其稳态值，π 表示通货膨胀的稳态值，φ_π 和 φ_y 分别表示衡量政策利率对通货膨胀率和产出的反应程度系数，ρ_r 表示政策利率的惯性，ε_t^r 表示政策利率冲击，服从 $N(0, \sigma_r^2)$ 分布。

宏观审慎政策工具主要包括资本充足率、贷款价值比、流动性缓冲等，其中，最低资本要求在《巴塞尔协议Ⅲ》中是强化系统性风险管理的第一大支柱，而我国的宏观审慎评估体系中权重最高的就是最低资本充足率，所以本节选用其来代表我国的宏观审慎政策（叶思晖，2019）。当实施宏观审慎监管时，我们依据泰勒规则来定义宏观审慎政策规则方程，此时引入信贷指标 B_t。这是因为维护金融稳定以及防范系统性金融风险是该政策在实施时所要制定的最终目标，这就需要我们引入一个能够刻画金融系统周期性波动的变量来定义宏观审慎规则，而信贷总量恰好就是这样的一个指标（连飞，2019）。因此，宏观审慎政策规则可表示为：

$$\gamma_t = \gamma^{1 - \rho_\gamma} \gamma_{t-1}^{\rho_\gamma} (B_t / B_{t-1})^{(1 - \rho_\gamma) \varphi_\gamma} \qquad (10.36)$$

其中，γ_t 表示资本充足率即宏观审慎政策工具，γ 表示资本充足率的稳态值，B_t 表示作为金融稳定目标的信贷量，ρ_γ 表示资本充足率政策的惯性，φ_γ 表示政策的敏感性参数。

六、外生冲击与市场出清方程

模型中存在的外生技术冲击 A_t^C 可表示为一阶自回归过程:

$$A_t^C = \rho_a A_{t-1}^C + \varepsilon_t^a \tag{10.37}$$

其中,ε_t^a 服从 $N(0, \sigma_a^2)$ 分布,ρ_a 表示技术冲击的一阶自回归系数,σ_a 表示生产力技术水平冲击的标准差。

当商品和劳动力市场出清时,社会总产出满足资源约束方程,等于社会总消费与投资总额之和,即:

$$y_t = c_t + i_t \tag{10.38}$$

其中,总产出来自企业生产部门,因而有 $y_t = y_t^C$,全社会消费总额来自储蓄型和借贷型家庭部门、企业部门以及金融银行部门,即 $c_t = c_t^S + c_t^L + c_t^C + c_t^B$。

信贷市场均衡时,有信贷总额 B_t 等于借贷型家庭部门的信贷 b_t^L 与非金融企业部门的信贷 b_t^C,即:

$$B_t = b_t^L + b_t^C \tag{10.39}$$

第三节　参数确定与脉冲响应

一、模型的参数确定

确定 DSGE 模型参数的常用方式通常有校准和估计两种,即参考经典 DSGE 相关文献历史取值以及贝叶斯估计,本节模型中用到的参数也是通过这两种方式确定的,其中对稳态不造成影响但对动态造成影响的技术冲击相关系数及利率冲击相关系数使用贝叶斯估计得出。

(一) 参数校准

本节中 DSGE 模型参数的确定主要通过历史文献校准的方式来设定。参考戴金平和陈汉鹏（2013）、连飞（2019）的做法,本节将储蓄型居民、借

贷型居民、非金融企业部门、银行部门的主观贴现因子分别设定为 0.994、
0.975、0.975、0.994。在以上贴现因子中，储蓄型居民与以银行为代表的
金融部门一致，借贷型居民与非金融企业的贴现因子一致。如此设置是因
为从资金需求的角度看，前者都是资金的净借出方，后者都是资金的净借
入方，资金借入利率高于资金借出利率，因而贷款部门的主观贴现因子低
于资金借出部门。根据连飞（2018）的研究，将消费惯性因子、政策利率
对通胀率反应系数、政策利率对产出的反应系数、资本充足率政策敏感性
参数、资本充足率政策惯性分别校准为 0.8、1.7、0.1、3、0.8。参考亚科
维埃洛（Iacoviello，2014）、王频和侯成琪（2017）、潘敏（2019）、吴建銮
（2019）等的研究，将居民住房效用影响因子、劳动效用影响因子、资本折
旧率、资本品收入份额、储蓄型家庭工资份额分别设定为 0.1、2.23、
0.025、0.35、0.47。根据塞尔索（Celso，2016）的研究，将相对风险厌恶
系数设定为 2。为匹配我国宏观审慎评估体系（MPA）的规定，将资本充足
率稳态值校准为 0.08。汇总的具体参数校准值如表 10.1 所示。

表 10.1　　　　　　　　　　　模型主要参数校准值汇总

参数	参数描述	校准值
β_S	储蓄型居民主观贴现因子	0.994
β_L	借贷型居民主观贴现因子	0.975
β_C	企业主观贴现因子	0.975
β_B	银行主观贴现因子	0.994
φ_c	消费惯性因子	0.8
τ	相对风险厌恶系数	2
μ	居民住房效用影响因子	0.1
ν	劳动效用影响因子	2.23
δ	资本折旧率	0.025
α	资本品收入份额	0.35
σ	储蓄型家庭工资份额	0.47
φ_π	政策利率对通胀率反应系数	1.7
φ_y	政策利率对产出的反应系数	0.1
φ_γ	资本充足率政策敏感性参数	3
ρ_γ	资本充足率政策惯性	0.8

（二）参数的贝叶斯估算

在进行贝叶斯估算前，我们要先确定估算时所用到的观测变量。对于

观察变量的选择，要遵循冲击数量小于观察变量个数的原则。这是因为违背这一原则会使得模型出现奇异性问题，即某些内生变量间存在了确定性关系（仝冰，2010）。因此，为了规避奇异性，本节在选择观测变量时使用产出变量和政策利率变量借以识别和估计参数，通过产出来估计技术冲击的相关参数，通过利率来估计政策利率冲击的相关参数。

在数据的选择和收集上，本节选择的样本起始时间为 2010 年第一季度，终止时间为 2020 年第四季度，区间内有 44 个季度的数据样本。产出变量选择国内生产总值累计值 GDP，以 7 日银行间同业拆借加权利率作为政策利率，以上所用到的原始数据均来源于国家统计局官网以及 Wind 数据库。在数据的处理上，先要将名义 GDP 转化为实际 GDP，用 CPI 定基 2010 年第一季度的消费者价格指数代替国内生产总值平减指数（王彬，2014），借以剔除名义国内生产总值的通胀水平，即名义 GDP 除以定基 CPI 季度指数可得到近似的实际国内生产总值。由于模型的政策利率冲击公式中包含了通货膨胀带来的影响，因而无须对 7 日银行间同业拆借加权利率进行通胀因素的剔除。为了与模型相符合，需对实际 GDP 和 7 日银行间同业间拆借率取对数。得到的季度对数实际 GDP 有着明显的季节性特征和趋势，银行间同业拆借利率也明显地不平稳，所以要先对两个变量通过 CENSUS-X12 季节性调整方法来剔除其存在的季节性波动，再通过 HP 滤波法剔除序列的长期趋势，最终得到如图 10.1 所示的可用于贝叶斯估计的变量序列。

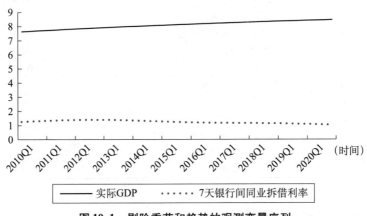

图 10.1 剔除季节和趋势的观测变量序列

对同时存在宏观审慎政策和货币政策的模型参数做贝叶斯估计，先要确定参数的先验分布以及先验均值和标准差。一般来讲，外生冲击系数的先验分布通常是满足 beta 分布的，而冲击的标准差满足逆 gamma 分布。然后本节基于亚科维埃洛（Iacoviello，2015）、伍戈和连飞（2016）、马勇和付莉（2020）等的研究，确定了待估参数技术冲击与政策利率冲击的系数和冲击标准差的先验均值以及先验标准差。表 10.2 展示了货币政策与宏观审慎的贝叶斯估计模拟后验分布的结果。

表 10.2 贝叶斯估计结果

参数	参数的经济含义	先验分布			后验分布	
		先验分布	先验均值	先验标准差	后验均值	置信区间
ρ_a	技术冲击系数	beta	0.8	0.1	0.7020	[0.6040, 0.7803]
ρ_r	货币政策利率惯性	beta	0.8	0.1	0.7493	[0.7214, 0.8013]
σ_a	技术冲击标准差	inv_gamma	0.01	inf	0.0244	[0.0210, 0.0280]
σ_r	政策利率冲击标准差	inv_gamma	0.01	inf	0.0031	[0.0026, 0.0037]

二、脉冲响应分析结果

本节将分别对技术冲击与利率冲击下，单一货币政策模型中三个部门杠杆和其他主要经济变量的作用效果，以及货币政策与宏观审慎政策共同作用的模型中各个变量的变化进行详细的分析，验证政策配合在去杠杆过程中的必要性。

（一）技术冲击结果

当面对一单位标准差的正向技术冲击时，各经济变量产生了如图 10.2 所示的响应。根据企业部门的道格拉斯生产函数，可以得出正向的技术冲击引起了总产出以及总投资增加。从图 10.2 中可以看出，当技术水平提高时，两种模型的总产出和总投资都会在第一期出现正向的偏离，并且在之后两期偏离增大。这是由于技术水平增加带来了生产力的提高，在短期内不能全面地映射在产出中，存在一部分惯性使得总产出在第三期达到峰值，之后逐渐恢复稳态。对比总产出，投资总额在偏离后的恢复速度要更快，在第十二期就基本回到了稳定状态，这说明技术冲击对总投资造成的影响持续期限不如总产出持久，技术冲击直接影响总产出使其在较长一段时期内偏离稳态，造成经济预期过热。由于市场出清的影响，总产出的增加意味着社会整体的经济增长，因而也刺激了整个社会的消费总额增加，社会总消费要滞后于总产出和总投资达到偏离峰值，其在第五期时偏离最大并在之后更为缓慢地回归稳定状态。

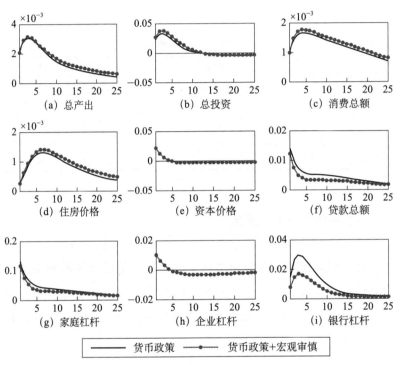

图10.2　主要经济变量对技术冲击在政策作用下的响应

　　正向的技术冲击使得贷款总额和资本价格在第一期时达到了最大偏离。也就是说由于社会总产出的增加，使得家庭部门的总储蓄提升，作为资本借入方的家庭部门与企业部门有能力也更有需求向银行部门借入更多的资金，从而使得社会贷款总额增加，同时引起了家庭部门的杠杆率与企业部门杠杆率的提升。对于家庭部门而言，一般来说其主要的大额借贷就是住房贷款，部门总产出增加，对应的居民总收入增加，必然刺激居民对于住房的需求，由此引起住房价格的逐渐升高。就银行部门来讲，银行部门的负债主要是居民在银行中的存款，其资产主要是发放给社会各部门的贷款，银行净资产可以认为是贷款与存款的差额，即银行的自有资本。为了方便研究，我们将银行存款总额与贷款总额之比看作银行部门的杠杆率。前面提到，社会存款总额受技术冲击影响产生正向偏离，贷款总额同样也有所提升，但最终银行的杠杆还是增加，说明技术冲击对社会总储蓄造成的影响大于对社会总贷款造成的影响，总储蓄提升幅度大于总贷款，这可能是由于我国传统的储蓄思维以及居民对风险性的厌恶。

从总体上看，我们可以观察到，无论是货币政策，还是货币政策与宏观审慎政策的同时作用，在面对技术冲击时两种模型的总产出、总投资、资本价格以及企业的变化基本上都无甚区别。这说明，由于技术冲击能够直接作用于企业生产部门，企业生产部门的变化在更大程度上受生产力水平提升的影响，宏观审慎在企业部门能够发挥的作用很小，因此，这些因素对模型是否纳入宏观审慎政策工具并不敏感。

相对于单独货币政策工具的效果，宏观审慎监管政策与货币政策两种工具搭配的作用效果在金融部门的体现更为突出。由图 10.2 可以看出，当对模型施加一单位标准差的正向技术水平冲击时，贷款总额与金融部门杠杆差别最大。有宏观审慎政策工具搭配使用时，贷款总额和银行杠杆率的偏离恢复速度要明显优于只使用单独一种利率政策时偏离的恢复速度，说明宏观审慎有效地抑制了银行杠杆的涨幅。本节研究所使用的宏观审慎政策工具是资本充足率，在引入宏观审慎资本充足率限制的时候，银行在发放贷款时受到了约束，而无资本充足率限制时，在以利润最大化为前提的条件下，银行可以自由地发放贷款，使得在相同生产力水平冲击之下更多地参与资本市场中，进而使得金融部门的波动回复速度慢于有宏观审慎政策工具时的速度。

（二）政策利率冲击结果

在货币政策的泰勒规则中，如果施加的货币政策冲击是负向时，就表示此时的货币政策是宽松的；相反，要研究紧缩的货币政策，就需要施加正向冲击以达到提高政策利率的效果。在我国，为了控制债务风险的扩大，近年来央行采用的货币政策一直都以稳健为主，因此，本节以正向政策冲击为例，研究当实施紧缩政策时面对利率冲击下各主要经济变量的响应

（叶思晖，2019）。图 10.3 展示了为政策利率增加一个单位标准差的冲击时，各经济变量自身的反映情况。

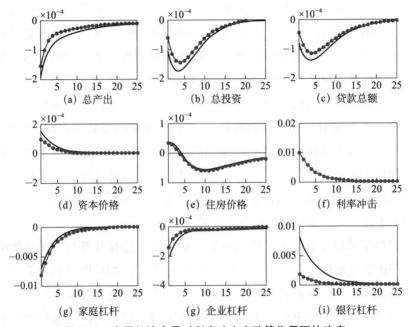

图10.3　主要经济变量对利率冲击在政策作用下的响应

当政策利率正向冲击时，总体来看，政策利率的上升使得总产出和总投资呈现下降的状况，这种利率与投资的反向变动关系与凯恩斯模型中的 IS 曲线相一致。由图 10.3 可以看出，总产出在第一期负向偏离达到最大，之后逐渐恢复稳态，总投资在第一期负向偏离之后，短期又连续偏离至第四期时达到最大值，这个拐点可能是因为投资者预期和情绪感染的存在。货币政策在执行实施前，央行通常会提前公布，当投资者们预期到未来利率会上升时就会缩减投资，政策下发后市场情绪低迷，投资者在这样的氛围中进一步缩减投资，使得总投资量在第一期后又进一步产生了负向偏离。就资本价格而言，利率可以视为资本的价格，而利率上涨就导致了企业部门的融资成本增加，使得市场上的投资因成本高而减少，储蓄因回报率高而增多，从资金供求的角度考虑，资金的需求小于其供给，资本价格逐渐回归均衡。此外，全社会的贷款总额也随着经济的收窄和资本价格上升导致的融资成本的提高而负向偏离。住房价格在第一期正向偏离最大，而后迅速下降，在第十期时负向最大，其原因可能在于资本价格上涨导致投资成本的升高，实体经济投资减少，同时资本价格使得金融市场上的有价证券价格上升，此时的住房有可能从消费品变为了投资品，导致小部分投资者短期内将资金投入到房地产进而推高房价，但由于正向利率水平的冲击使得整体经济下行，因而住房价格迅速转变为负向偏离，之后缓慢地恢复到稳定状态。由图 10.3 可以看出，利率的变化势必会影响杠杆率，在利率正向上升一个标准差时，家庭部门、企业部门以及银行部门的杠杆率都在第一期达到偏离最大的位置，由于家庭部门和企业部门贷款量的减少，而存款数量增加，使得家庭杠杆和企业杠杆负偏离而银行杠杆正偏离，其中由于银行的主要收入通常被认为就是利差，因而，是对利率最敏感的部门。

观察图 10.3，并对比在利率冲击下货币政策与宏观审慎政策同时作用与货币政策单独作用对经济变量的影响，可以看出，总产出、总投资、资本价格以及企业部门杠杆率在有无资本充足率工具作用下的响应有所差别。模型在有宏观审慎监管工具时，产出等经济变量偏离稳定状态的程度更小，恢复稳态的速度更快。就家庭部门而言，住房价格受资本充足率影响相对较小，家庭部门杠杆率虽受到利率冲击有大幅下降，但有无资本充足率工具作用对其影响并不明显，由此可见，以资本充足率作为宏观审慎监管政策工具，对家庭部门的调节不敏感。利率冲击下，宏观审慎工具与货币政策搭配发挥效果最好的仍然是金融银行部门，尤其是银行部门的杠杆率，在资本充足率的调节下由单一政策时大幅偏离、恢复缓慢的状态转变为波动相对较小更快恢复稳态的状态。总体而言，当利率和资本充足率同时作用时，有宏观审慎加持货币政策能够更好地发挥去杠杆的作用，在去杠杆的过程中维持金融稳定。

（三）宏观审慎政策调控结果分析

总体上比较利率和生产技术两种冲击下，单一货币政策与利率政策和资本充足率政策同时作用的效果，可以发现在有资本充足率工具配合的模型中，主要经济变量受到冲击后的偏离程度以及恢复稳态的速度要优于不含资本充足率制约的情况。而且对比两种冲击，显然政策搭配在面对利率冲击时要比在技术冲击的条件下更加敏感，作用效果发挥更好。这是因为本节选取的宏观审慎监管工具是银行业的资本充足率，银行业对利率的敏感程度要更高，因此，在利率冲击下，经济变量受政策作用能够表现得更好。在生产力技术水平冲击时，是否施加资本充足率监管对除银行杠杆率以外的经济变量的波动并不会造成太大的影响，尤其是非金融企业部门和家庭部门的变量，因此，在生产力水平提高的条件下没有配合资本充足率这一宏观审慎规则的必要。但在利率冲击时，资本充足率就产生了明显效果。这证明了使用政策搭配要选择合适的情况，从而调高政策的作用效率。

虽然对于技术冲击而言，资本充足率对大多数的主要经济变量并未产生较好的效果，但它却对金融部门的杠杆率有着较强的制约作用。同样，在利率冲击下，相比施加单独货币政策，资本充足率监管与利率政策同时施加对大多数经济变量的波动都起到了制约作用，但显然在银行部门，宏观审慎政策维护金融稳定的作用效果是最好的。因此，可以认为，价格型货币政策利率与宏观审慎监管政策工具资本充足率搭配还是合理有效的，且对金融部门的影响最大。由此进一步思考，对于其他部门，使用其他合理的政策搭配也是能够在降低杠杆的过程中稳定经济波动，例如，家庭部门的贷款价值比（LTV）这一宏观审慎工具搭配货币政策可能会对家庭部门去杠杆产生较好的作用，不同的部门有其更适合的政策工具。常用的货币政策除价格型的货币政策外，还有数量型的货币供给量，宏观审慎政策工具更是种类繁多，选择在不同条件下最合适的政策搭配是未来可以进一步深入研究的方向。此外，宏观审慎政策的作用重点在于维护稳定，其在发挥作用的过程中可能会影响货币政策去杠杆的效率和力度，因而需要考虑去杠杆的有效性以及如何协调两种政策，再辅以其他的政策工具。

第四节 小 结

本章先对涉及的货币政策的相关理论、宏观审慎政策的相关理论以及货币与宏观审慎政策双支柱的相关理论进行梳理和介绍。接着基于 DSGE 模型的基本理论构建了一个包含储蓄型家庭和借贷型家庭的代表性家庭部门、非金融企业部门、以商业银行为代表的金融部门以及制定宏观经济政策的中央银行部门的封闭经济 DSGE 模型。然后分别利用脉冲响应分析了技术冲击与利率冲击下，单一货币政策模型中三个部门杠杆和其他主要经济变量的作用效果，以及对货币政策与宏观审慎政策共同作用的模型中各个变量的变化进行详细的分析，验证政策配合在去杠杆过程中的必要性。

　　本章研究得到如下结论：从总体上看，正向的技术冲击引起了总产出以及总投资增加。无论是货币政策，还是货币政策与宏观审慎政策的同时作用，在面对技术冲击时两种模型的总产出、总投资、资本价格以及企业的变化基本上都无甚区别；正向的利率冲击使得总产出和总投资呈现下降的状况。货币政策与宏观审慎政策同时作用与货币政策单独作用于经济变量时，总产出、总投资、资本价格以及企业部门杠杆率在有无资本充足率工具作用下的响应有所差别；总体上比较利率和生产技术两种冲击下，单一货币政策与利率政策和资本充足率政策同时作用的效果，可以发现，在有资本充足率工具配合的模型中，主要经济变量受到冲击后的偏离程度以及恢复稳态的速度要优于不含资本充足率制约的情况。而且对比两种冲击，显然政策搭配在面对利率冲击是要比在技术冲击的条件下更加敏感，作用效果发挥更好。

第十一章　基于宏观债务的中国金融稳定评估

　　本章在界定金融稳定内涵基础上，编制了 2008～2020 年我国 31 个省份政府部门、金融部门、非金融企业部门和家庭部门的宏观账面资产负债表、可流动资产负债表和或有权益资产负债表，求取了反映四部门偿付能力、流动性水平、违约风险的关键指标，通过构建金融稳定指数，评估了各部门和地区金融稳定水平，并基于部门间违约集聚特征识别了系统重要性经济部门。

第一节　金融稳定评估研究基础

　　本节在界定金融稳定内涵的基础上，基于系统性风险的形成、传导机制以及金融体系在实体经济中的信用中介作用，确定了以实体经济部门债务偿付能力为基础的金融稳定评估思路，在编制我国 31 个省份宏观资产负债表的基础上，对中国金融稳定进行评估。

一、金融稳定的内涵和评估需纳入实体部门

　　理论界对金融稳定的内涵研究不断演进，但是对金融稳定的评估过程未能与之契合。金融稳定内涵界定主要包括从金融不稳定或者金融脆弱性角度的概括（Allen and Wood, 2006；Ferguson, 2014），以及基于金融市场和金融机构自身的稳定特征和抵御冲击能力的描述（Koong et al., 2017；

邓创和谢敬轩，2021）。在 2008 年国际金融危机之后，防控对实体经济产生巨大影响的系统性金融风险、维持金融体系服务实体经济功能成为维护金融稳定的关键内容（Rhu，2011）。金融稳定内涵经历了由金融体系内部向整个经济层面延伸，由金融体系正常运转状态向服务实体经济功能转变的过程。但是，目前金融稳定评估的研究多从金融体系内部进行（Phan et al.，2021；Aramonte，2022；李小林等，2021），没有深入考虑金融体系与实体经济的关系（张晓朴和朱太辉，2014），部分包括宏观经济变量（徐国祥等，2017；邓创和谢敬轩，2021）的评估缺乏经验证据和理论支撑，也没有前瞻性地分析实体经济对金融体系稳定的影响（朱太辉和边卫红，2018）。而且，从各国金融稳定管理实践来看，非金融部门债务和运行情况是全球 15 个国家的金融稳定报告的重点。[①] 国际货币基金组织在其发布的《员工讨论笔记》（*Staff Discussion Notes*）中基于金融和实体经济部门之间的联系，构建了包括金融与实体经济部门的信贷规模和市场指标在内的金融稳定测度矩阵（Adrian et al.，2019）。现有研究的不足和管理实践需求为本书的研究提供了依据和支持。

系统性金融风险通过破坏金融稳定作用于实体经济。系统性金融风险产生的原因是由于金融机构共同的风险暴露以及相互关联的网络关系，导致在外生冲击作用下发生大规模违约事件，市场参与者同时遭受重大损失，并且风险在金融体系中不断扩散、蔓延，对实体经济造成严重损害（Billio et al.，2012；Benoit et al.，2017）。在系统性金融风险形成过程中，由于过大且过度关联的"大而不倒"的系统重要性金融机构的存在，加剧了风险的蔓延和损失程度（Kelly et al.，2016；Favara et al.，2021；陈少凌，2021），此类金融机构是系统性金融风险管理的重点。

可见，金融体系的稳健程度在系统性风险的形成和传导中处于关键地位。因此，有关系统性金融风险度量（Adrian and Brunnermeier，2016；Duarte and Eisenbach，2021；张宗新和陈莹，2022）、传播渠道（Dicks and Fulghieri，2019；Anderson et al.，2019；Denbee，2021）和监管（Claessens

---

① 次贷危机之后，为了推动国际监管改革、促进国际金融体系稳定，金融稳定委员会于 2009 年成立。目前，金融稳定委员会成员有包括中国在内的 24 个国家和地区以及 6 个世界重要经济组织。各成员每年都发布《金融稳定报告》对金融稳定状况和潜在风险因素进行详尽的分析。

et al.，2021）的研究主要聚焦于金融体系内部。但是，诱发系统性风险的共同风险暴露，以及由系统性风险带来的严重后果均和实体经济密切相关。席尔瓦等（Silva et al.，2016）认为，由于金融与实体间存在风险传导关系，忽视风险反馈与溢出会造成系统性金融风险低估。翟永会（2019）的研究也发现，系统性金融风险源头来自实体经济，仅局限于银行业内部的系统性金融风险分析框架会低估风险。然而，系统性金融风险相关研究中综合考虑金融体系和实体经济的相关文献尚且鲜见。

二、"信贷—债务"是实体经济和金融部门连接的重要渠道

过量债务会威胁金融稳定并传导至实体经济。"债务—通缩"理论认为，经济体的过度负债会加剧通缩，导致经济衰退（Fisher，1933）。"金融不稳定假说"提出，债务融资的不稳定是金融体系脆弱性的根源（Minsky，1992）。"金融加速器"理论将金融因素纳入生产函数，认为实体经济资产负债表恶化对金融体系冲击会不断强化和恶性循环，破坏金融稳定（Bernanke，1999）。过量债务使大多数经济主体的经营目标从利润最大化转变为债务最小化，引发资产负债表衰退（Krugman，2014）。进一步，借款方净资产价值的下降和融资约束的加大形成正反馈效应，通过资产负债表放大机制成倍作用于金融稳定和经济增长（Di Tella，2017）。王国刚（2017）认为，债务资金主体之间的"资产—债务"链条的联动机制使得市场参与者和债务资金供给者形成一个庞大的利益共同体和联动体系。翟永会（2019）通过分析"实体—银行"间系统性风险双向反馈机制，阐述了初始冲击经过流动性螺旋、"恶魔回路"与债务旋涡，在"实体—银行"间传递和扩大的风险传递路径。朱太辉（2019）认为，金融体系风险很大程度上是实体经济债务风险在金融体系的倒灌，金融体系防风险要前移至实体经济债务层面。

政府部门、企业部门和家庭部门是实体经济的构成主体，现有文献对不同部门的债务与金融稳定关系进行了研究。在金融部门中，一方面，银行的经营失败会减少经济体的信贷供给，使整个社会进入持续紧缩阶段。另一方面，银行在正常经营阶段虽然通过提供信贷支持了经济增长，但是信贷的增长会通过自身风险承担增加引发金融不稳定（Carlson et al.，

2022）。对于政府部门而言，较高的政府债务会提高长期利率（Kumar and Baldacci，2010）、风险溢价（Reinhart et al.，2012），并导致通货膨胀（Gomez-Gonzalez，2019）和债务风险的增加（Borio，2016）。企业部门的债务违约将直接导致银行资产价值的下降。而且，过度负债限制了企业的融资能力、实际投资和产量，这种对经济的负面效应会通过金融市场放大（FSB，2022）。家庭部门资产负债表恶化使其投资和消费支出降低，导致总需求降低，引发经济紧缩，威胁金融稳定（Mian et al.，2017）。在实证研究中，相关研究发现，非金融部门债务杠杆的高水平或快速增长是金融危机的关键预测指标（Reinhart & Rogoff，2010；Cecchetti et al.，2011；Gertler & Gilchrist，2018）。

以上研究证实了经济体总体债务及各经济部门债务的过度扩张会威胁金融稳定。但是，现有研究聚焦于债务规模本身和由债务规模变化产生的影响，忽略了资产对债务的覆盖和债务偿付能力，以及与此相对应的违约风险和流动性风险对金融稳定的影响。

三、宏观资产负债表是研究金融稳定的重要工具

对债务规模和债务偿付能力的研究需要大量基础数据支持。宏观资产负债表将经济体中的各个宏观经济部门视为整体，反映了一个国家及其各个部门资产、负债的总量和结构，能够准确反映经济主体的债务偿付能力，是基于微观视角的宏观分析方法，也是系统地管理宏观金融风险的重要工具。我国当前宏观资产负债表的研究主要集中于账面宏观资产负债表的编制和分析（刘向耘等，2009；李扬，2020）。在宏观资产负债表的应用层面以资产、负债和宏观杠杆率的绝对分析为主（张晓晶，2022）。账面宏观资产负债表虽然能够描述资产对负债的覆盖程度，评估经济主体是否资不抵债和破产。然而在现实中，部分违约的发生不是直接来源于经济主体的破产，而是来源于没有充足的流动性导致的流动性风险（沈沛龙和樊欢，2012；张金清，2021）。并且，账面资产负债表忽略了资产市场价格对资产和负债价值的影响。宏观或有权益资产负债表可以显示资产和负债对外部冲击的敏感性，适用于捕捉逐渐积累的风险到突然爆发危机的非线性冲击

（Gray et al. , 2007），为评估金融稳定提供了有效手段。

由于宏观资产负债表数据涉及范围广、获取难度大，因而基于宏观资产负债表的相关研究大多集中于国家层面。而我国存在金融资源分布错配、区域经济增长不平衡的现实问题。经济规模和政治影响较大的区域往往有较强的金融表现。反之，市场化程度低、经济结构和经济模式较为单一的地区通常存在较高的金融风险（巴曙松等，2022），各区域金融稳定程度存在较大差异（黄春元和刘瑞，2020）。各区域内金融不稳定因素的积聚，不仅会导致该区域整体金融稳定程度下降，并且对与其有经济金融联系的其他区域产生影响。因此，金融稳定综合指标在测算过程中需要考虑区域异质性（沈悦等，2019）。

此外，单个部门或单一区域发生风险对整体金融稳定造成的影响可能是有限的。由于各部门通过金融市场的资金融通、资产负债转移而相互连接（郭玉清，2011）。一个部门过度负债及资产负债表恶化，会对其他部门产生不利影响。而且，当一个地区与其他地区联系更紧密时，系统性金融风险更大（Fang，2019）。因此，识别具有重要影响、较高溢出的关键部门也是金融稳定评估的重点和难点。

金融稳定评估的现有研究局限于金融体系内部和国家整体层面。系统性金融风险的防范和化解作为维护金融稳定的关键，虽然其产生和后果都与实体经济紧密相关，但对系统性金融风险评估的研究却未能将两者有效结合。基于"信贷—债务"关系的金融稳定研究忽略了资产和债务的偿付能力，宏观资产负债表作为解决这一问题的关键工具还未扩展到区域层面。本章对金融稳定的评估是基于各区域各部门金融稳定水平的综合判断。

本章基于金融部门在实体经济中所承载的关键作用对金融稳定做了内涵界定，认为金融稳定是指金融部门具有抵抗大规模违约和流动性等冲击的韧性，经济体系中政府、企业、家庭主体和金融部门保持稳定而持续的信用关系，整个经济体系在金融部门的支持下稳定运行的状态。本书为金融稳定评估提供了包含区域异质性、周期性和跨部门分析的综合研究框架。在评估框架中，金融稳定由单一经济部门和区域主体（点）到部门间违约相关和区域联动扩散（线），再延伸至整体金融稳定（面）有机构成。本书基于金融稳定的周期性和系统性特征，分析了金融稳定的时间趋势，识别了系统重要性部门，描绘了中国金融稳定全貌。

第二节 31 个省份资产债务整体分析

一、账面宏观资产负债表结果分析

根据编制结果，绘制了我国 31 个省份四部门资产与负债的柱状图。2008～2020 年部门总体资产负债情况如图 11.1 所示。由图 11.1 可以看出，四部门资产和负债均逐年增加。其中，家庭部门资产规模最大，金融部门负债规模最大，政府部门资产与负债远小于其他部门。家庭部门资产扩张速度最快，政府部门次之。2020 年，受新冠肺炎疫情的影响，政府部门负债快速增加。

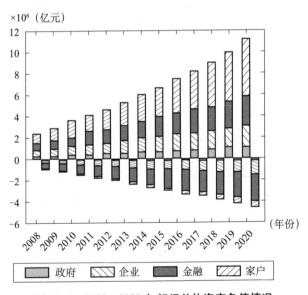

图 11.1 2008～2020 年部门总体资产负债情况

2020 年各地区四部门资产和负债情况如图 11.2 所示。由图 11.2 可知，各省份的资产总量都大于负债总量，没有出现资产不能覆盖负债的情况。各省份的资产与负债总量差异较大，排名第一位的广东的四部门资产总量为 129 万亿元，负债总量为 43 万亿元，而规模最小的西藏资产总量仅为

2.1 万亿元，负债总量为 1.2 万亿元。从区域分布来看，资产总量较高的省份基本集中于华南地区的广东和华东地区各省份，资产总量较低的省份多在东北和西北地区。

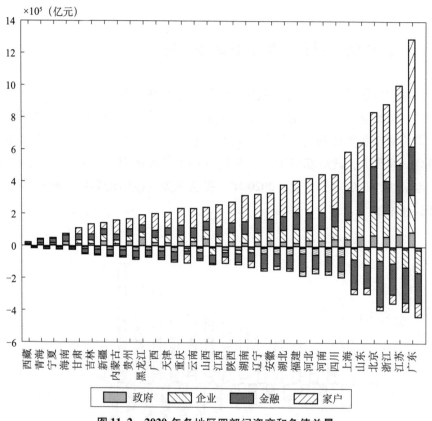

图 11.2　2020 年各地区四部门资产和负债总量

二、账面可流动资产负债表编制和结果分析

账面可流动宏观资产负债表的编制基于账面宏观资产负债表，将其资产中变现能力较差的资产剔除，只留下变现能力较强的资产，负债部分不变。

图 11.3 为 2008~2020 年我国四部门可流动资产总量趋势图。① 各部门

---

① 由于账面可流动资产负债表的负债与宏观资产负债表负债相同，因此只在图 11.3 中展示了资产部分。

在样本期间流动资产均匀增加，政府部门 2020 年流动资产数量大幅增加。此外，通过与图 11.1 比较可知，可流动资产所占比重不及资产总量的 1/2，资产中大部分都是流动性较弱的资产。资产构成的比重发生了变化，企业部门流动性资产持有最多，说明企业部门保持正常经营需要更多的流动资产。

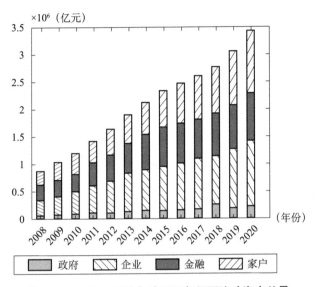

图 11.3　2008～2020 年我国四部门可流动资产总量

三、或有权益宏观资产负债表编制和结果分析

或有权益资产负债表在编制过程中将部门股权的市场价值看作总资产的看涨期权，部门资产的市场价值等于该部门债务的市场价值和股权的市场价值之和。其中，债务市值是无风险债务减去债务担保的差额，编制方法参照王晓婷等（2019）的研究。

基于或有资产负债表编制，可得出 2008～2020 年全部省份的违约概率，在此分别选取河北、辽宁、江苏、河南、广东、四川和陕西[①]观察其违约概率的特点和变化趋势，如图 11.4 所示。可以发现，七个省份各部门违约概

———————

① 这七个省份分别是华北、东北、华东、华中、华南、西南、西北地区 2008～2020 年 GDP 平均值最大的省份，在此作为各地区代表性省份，对其特点进行归纳和总结。

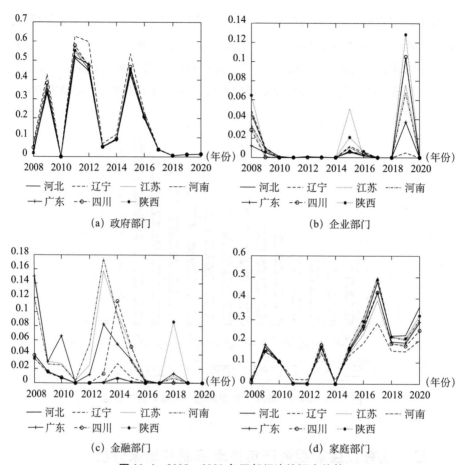

图 11.4 2008～2020 年四部门违约概率趋势

率随时间的走势基本相同。政府部门在 2009 年、2011 年和 2015 年有三个阶段高点，在 2015 年后整体呈逐年下降趋势。可见，自 2015 年起我国实施的一系列推动地方政府债务"显性化"政策，对降低地方政府违约概率起到了重要作用。企业部门违约概率在 2019 年显著增加并快速恢复，其余年份的违约概率都接近于 0。2019 年是我国企业债券偿付的高峰期，同时，一些产能落后、经营不善的企业在"去杠杆"政策实施过程中逐渐萎缩并出清，一系列刚性兑付也被打破，为企业健康持续发展和金融资源的优化配置奠定了良好基础。金融部门违约概率及其波动在 2011～2016 年显著增加。在这一期间，我国经历了快速信贷扩张，金融系统的复杂性、不透明性和隐性担保问题较为严重（IMF，2017），表现出较大的违约风险。此外，金融部门不同于其他部门的明显特点是，金融部门的违约概率呈现较大的区域异质性特征。家庭部门违约概率自 2015 年起呈上升趋势，直接原因是家庭部门违约风险主要来自房地产市场风险和居民的债务偿付能力。我国自 2015 年起加大对房地产市场的调控力度，加之疫情对居民收入稳定性带来的影响，居民部门违约风险短期内呈上升趋势。

第三节　金融稳定指数计算和评估结果

度量方法是将反映金融系统不同维度的基本指标通过各种模型方法汇总合成，得到单一简洁的金融稳定度量指标。一个基础指标只能反映总体现象的一个侧面，所以要反映如金融稳定这样复杂的总体现象，就要借助于构建一个"综合指数"。基于金融体系整体综合地反映不同部门和不同市场稳定性的变化情况，克服了单一指标分析下根据不同经济指标对金融体系稳定性的判断不一致时难以确定金融体系整体稳定性的不足；另外，合成指标分析法能够连续性地度量金融稳定性，通过建立指标体系，编制金融稳定指数来反映金融系统稳定性综合、平均、动态的变化。

一、指标体系和计算方法

（一）指标选择

为了全面、准确地反映我国金融稳定趋势，本章紧紧围绕金融稳定内涵，根据中国 31 个省份四个经济部门三类宏观资产负债表中的风险特征，综合 24 个基础指标，构建金融稳定评估体系。

杠杆倍数、流动性水平和违约距离能够反映部门的债务偿付能力和违约风险，是衡量四个部门金融稳定的基础指标。杠杆倍数是总资产和净资产的倍数关系，反映了长期债务偿付能力。这一比重越高，用于抵御由资产价值下降导致破产风险的净资产越小，则长期债务偿付能力越弱。流动性水平反映了短期债务偿付能力，如果流动性水平较低、期限错配严重，那么虽然并非资不抵债，也会出现债务的不可偿付。流动性匮乏通常是各种风险事件的导火索。违约距离反映了各经济部门的违约风险，是评估金融稳定的重要指标。王晓婷等（2019）将杠杆率和违约距离指标引入区域金融风险评价指标体系，用来衡量违约风险。张金清等（2021）将默顿模型中的违约距离视作各经济部门以流动性资产偿付流动性负债的能力，构建了金融安全指标。

在对政府部门的金融稳定评估中，本章增加了债务收入比、或有资产负债率、资产波动率指标。当政府部门债务无法偿付时，出售资产是代价较大的选择。债务收入比反映了收入对债务的覆盖率，是衡量公共部门债务负担的重要指标（Dalio，2012；Reinhart et al.，2012）。另外，我国政府部门负债的特征是直接显性负债、或有负债和隐性负债增长较快，而或有负债和隐性负债占比较大，其都受市场的影响较大。政府部门持有的金融资产为偿还债务提供流动性支持，非金融资产是履行社会职能、维持自身和其他部门收益的重要保障，资产波动率衡量了政府资产的市场风险。

在对金融部门的金融稳定评估中，除基础指标之外，本章还引入了不良贷款率、影子银行规模和总资产增长率指标。不良贷款率是金融机构不良贷款占总贷款余额的比重。不良贷款率越高则银行贷款资产减值可能越大，银行稳定性越差。彼得罗夫斯卡和米哈伊洛夫斯卡（Petrovska and Mihajlovska，2013）等均把不良贷款率作为衡量金融机构平稳运行的基础指标。影子银行具有高杠杆、期限与信用错配的特征，加之游离于正常监管体系之外的天然特性，其规模扩张对金融稳定具有负面溢出效应（方先明等，2017）。资产作为银行获取收益的来源，其规模和增长反映了银行的获利能力以及对经济的溢出性，资产规模是评价系统重要性银行的重要指标之一。

在对企业部门的金融稳定评估中，本章增加了资产波动率、权益波动率、外贸依存度三个指标。除间接融资外，通过股票市场和债券市场直接融资也是企业部门融资的重要渠道。资产和权益的波动率会影响资产的市场价值，进而影响债务偿付能力。另外，金融开放程度的提高会引发投资过度和投机性繁荣，诱发金融不稳定（马勇和王芳，2018）。外贸依存度是指一个地区经济依赖于对外贸易的程度，受到企业经济发展战略和汇率变动的影响。外贸依存度越低，地区经济受汇率变动影响越小，该地区金融稳定状况越好。

在对家庭部门的金融稳定评估中，本章增加了或有资产负债率、贷款增长率和失业率指标。家庭部门总资产中占比最大的是房产，负债中占比最大的是住房抵押贷款。房产的市场价格极大地影响着家庭部门资产和负债的市场价值。当房地产市场价格大幅下降时，不但资产缩水，还容易导致住房抵押贷款资金链的断裂，影响金融稳定。为更好地反映家庭部门金融稳定趋势，本章选取包含市场价格信息的或有资产负债率和贷款增长率作为基础指标。另外，家庭部门失业率在抑制消费方面扮演着重要角色，较高失业率会对家庭偿债能力和金融稳定造成很大影响。基于以上理论和研究，本节构建的金融稳定评估指标体系如表11.1所示。

表11.1　　　　　　　　　　　金融稳定评估指标体系

经济部门	指标	指标属性	经济部门	指标	指标属性
金融部门	杠杆倍数①	负指标	政府部门	杠杆倍数	负指标
	流动资产/总负债	正指标		或有资产负债率②	负指标
	违约距离	正指标		违约距离	正指标
	不良贷款率③	负指标		债务收入比④	负指标
	影子银行规模⑤	负指标		资产波动率	负指标
	总资产增长率⑥	正指标		流动资产/总负债	正指标
企业部门	杠杆倍数	负指标	家庭部门	杠杆倍数	负指标
	流动资产/总负债	正指标		或有资产负债率	负指标
	资产波动率⑦	负指标		贷款增长率⑧	负指标
	权益波动率⑨	负指标		失业率⑩	负指标
	外贸依存度⑪	负指标		流动资产/流动负债	正指标
	违约距离	正指标		违约距离	正指标

注：①杠杆倍数＝总资产/权益资本。

②或有资产负债率＝债务市值/资产市值。

③不良贷款率＝金融机构不良贷款/总贷款余额。

④债务收入比＝政府部门债务余额/GDP。GDP数据来源各省统计局网站。

⑤借鉴李建军（2008）的研究，利用未观测经济规模与GDP的比值及本外币贷款余额之间的关系推算我国各省影子银行的规模。影子银行规模/未观测经济规模＝金融机构贷款余额/GDP。其中，未观测经济规模＝GDP－（城镇人口总数×城镇人均可支配收入＋农村人口总数×农村人均可支配收入）。

⑥总资产增长率＝（当期总资产－滞后一期总资产）/滞后一期总资产。

⑦资产波动率：$\sqrt{\mathrm{var}(\ln(S_{t+1}/S_t))}$，$S_t$表示部门的每年资产市值。

⑧贷款增长率＝（当期贷款额－滞后一期贷款额）/滞后一期贷款额。

⑨权益波动率＝$\sqrt{\mathrm{var}(\ln(H_{t+1}/H_t))}$，$H_t$表示部门的每年股权市值。

⑩失业率＝失业人口/（失业人口＋就业人口）。

⑪外贸依存度＝对外贸易总额/国内生产总值。

（二）金融稳定指数计算

使用全局主成分方法对金融稳定指数进行计算。全局主成分分析可以通过建立不同时点的平面数据合成时序立体数据表来评价样本动态特征。为消除不同量纲和数量级对综合指标的影响，先使用 Z-score 法对原始数据进行标准化处理，再运用主成分分析法拟合金融稳定指数。标准化公式为：

$$Z_i = [x_i - mean(X)]/std(X) \tag{11.1}$$

其中，X 表示数列组，x_i 表示数列组中第 i 个数据，mean 表示期望，std 表示方差。根据累积方差贡献率结果，将各主成分载荷值乘以标准化指标得到各主成分得分，最终得到各部门和综合金融稳定指数值。

（三）系统重要性部门评估

对系统重要性部门的评估建立在由两部门间违约相关导致违约集聚基础上。当一个部门和多个部门间违约概率的相关性都很大时，这个部门会和多个部门同时违约，这个部门是具有系统重要性的部门。在编制或有权益宏观资产负债表过程中可以得到每个部门的违约概率（PD）。通过计算违约概率的相关系数和违约相关距离，可分析不同地区部门之间的违约集聚特征。借鉴蒙塔娜（Mantegna，1999）的研究，两个部门之间的违约相关距离计算如下：

$$d(C_1, C_2) = \sqrt{2(1 - \rho(C_1, C_2))} \tag{11.2}$$

其中，C_1 和 C_2 表示两个不同的部门，ρ 表示两部门违约概率之间的相关系数，如式（11.3）所示。

$$\rho(C_1, C_2) = \frac{Cov(PD_{C1}, PD_{C2})}{\sqrt{Var(PD_{C1}) \times Var(PD_{C2})}} \tag{11.3}$$

为了刻画部门间违约相关性，本章采用图理论中的最小生成树 Prime 算法，将违约相关距离表示在拓扑图中，并利用节点中心度构建系统中心度指标对部门整体的稳定性进行分析，以评估网络结构的稳定程度、识别系统重要性部门。最小生成树是权重小于或等于所有其他可能生成树的权重的生成树，可以将多个节点间的网络关系呈现出来，能够较好地分析网络的紧密程度以及各节点在网络中的重要程度（Samitas et al.，2020；周亮，2021）。令 $A = (a_{i,j})$ 为邻接矩阵，则有 $\lambda x = xA$。其中，λ 为 A 的最大的特征值，将其归一化得到所有节点的中心度。借鉴沃瑟曼等（Wasserman et al.，1994）的研究，系统中心度 $C(G) = \sum\limits_{v}(\max\limits_{w} c_w - c_v)$，其中，$c_v$ 是 v 节点的中心度，$\max\limits_{w} c_w$ 是所有节点中心度的最大值。系统中心度越高，关键节点的风险更易扩散到整个网络，部门的系统重要程度越高。

二、评估结果

根据金融稳定评估指标体系，本章求解了 31 个省份四部门的金融稳定指数以及综合金融稳定指数。整体而言，政府部门、金融部门和企业部门的金融稳定水平均呈上升趋势，而家庭部门金融稳定水平逐年下降。2020 年，在新冠肺炎疫情的影响下，政府和家庭部门金融稳定水平下降，企业部门和金融部门金融稳定水平未受到显著影响。各地区整体金融稳定水平 2019 年后有所上升。

（一）政府部门金融稳定趋势分析

政府部门金融稳定趋势如图 11.5 所示。整体而言，各地区政府部门的金融稳定变化趋势相似度较高。在时间趋势上，自 2011 年起波动幅度较小，趋势较为平稳。根据 2008～2020 年政府部门金融稳定指数平均值由大到小排列，将样本内的 31 个省份划分为 3 个梯队[①]，第一梯队图 11.5（a）政府部门的金融稳定水平最高，包括西藏、北京、上海、山西、广东、贵州、吉林、湖北、江苏、河南和湖南。其中，西藏政府债务规模小、负债率低，西藏政府部门平均金融稳定水平最高，主要源于中央及省市级政府的持续援助扶持。但在 2018 年之后，西藏政府债务余额持续快速增长，政府负债率显著上升，短期偿债能力受到影响，金融稳定水平呈下降趋势。北京、上海、广东和江苏政府的高金融稳定水平是由于其均有较低的资产负债率和债务收入比，而山西源于较低的资产负债率和较高的流动资产占比。第二梯队政府部门的金融稳定水平次之，包括河北、天津、福建、浙江、山

---

① 在四部门的分析中，都采用了样本期内求均值后分三个梯队展现的方法，由于不同部门金融稳定水平不同，所以不同部门三个梯队所包含的省份也不同，各部门三个梯队金融稳定水平由大到小依次在图 11.5 的（a）（b）（c）中进行了标注。

东、海南、江西、安徽、四川和黑龙江，第三梯队金融部门稳定水平最低，包括重庆、新疆、广西、陕西、内蒙古、甘肃、云南、宁夏、青海和辽宁，多位于西北部地区。

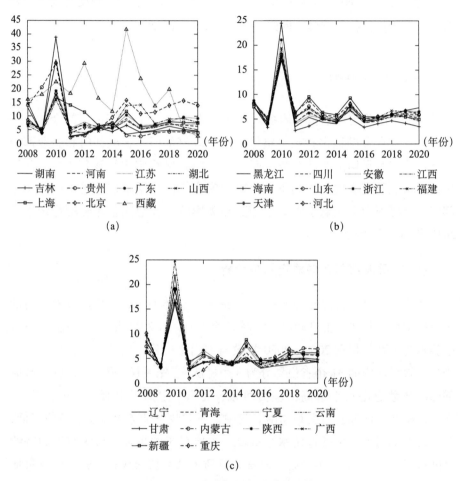

图 11.5　政府部门金融稳定趋势

（二）金融部门金融稳定趋势分析

如图 11.6 所示，从金融部门金融稳定指数总体变动来看，我国各地区间金融稳定变化趋势基本一致，但地区间金融稳定水平绝对差异大。从时间趋势来看，金融稳定水平自 2008 年开始逐步上升。2008 年金融稳定指数处于低水平是因为受到了美国次贷危机的影响，但随着相关政策的实施及市场的调节，金融部门稳定性逐步提升。2013年之后我国经济结构经历了巨大调整，信贷大规模扩张，金融体系复杂性和不透明性增加，系统性金融风险隐患提高，金融稳定水平大幅下降。随着一系列防范化解系统性金融风险政策的实施，2019年后金融稳定程度提升。第一梯队中西藏整体稳定水平最高，是由于其虽然经济总量较小，但保持着较高的经济增长水平，而且不良贷款率远低于全国平均水平；北京、上海、江苏、广东四个省份维持着较低的不良贷款率和违约概率，并且资产增长率较大，而经济体量较小的地区是由于影子银行规模相对较小，金融稳定水平高。金融稳定水平低的第三梯度地区不良贷款率较高。

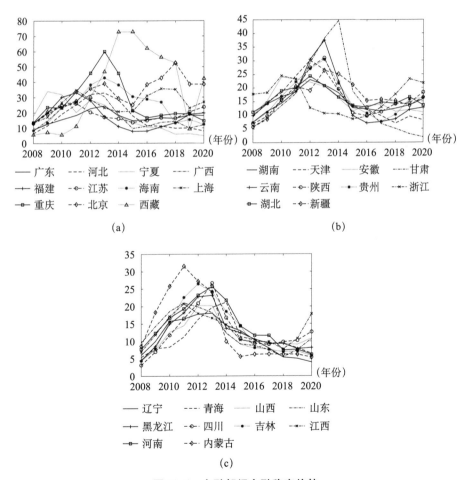

图11.6 金融部门金融稳定趋势

（三）企业部门金融稳定趋势分析

企业部门金融稳定趋势如图 11.7 所示。企业部门金融稳定经历了 2014 年之前的上升周期，但是 2015 年受股票市场大幅波动的影响，各地区金融稳定水平整体大幅下降，在此之后，区域间不均衡情况凸显，在 2019 年之后整体上升。第一梯队集中在中部地区，其中山西、内蒙古、湖北、贵州、青海由于外贸依存度较低，受外部环境变化的影响小；北京和广东有较低的资产负债率和更高的流动性水平，稳定程度较高。河南的金融稳定指数在样本期的大部分年份均位于全国最高水平，源于其极低的资产波动率和外贸依存度。

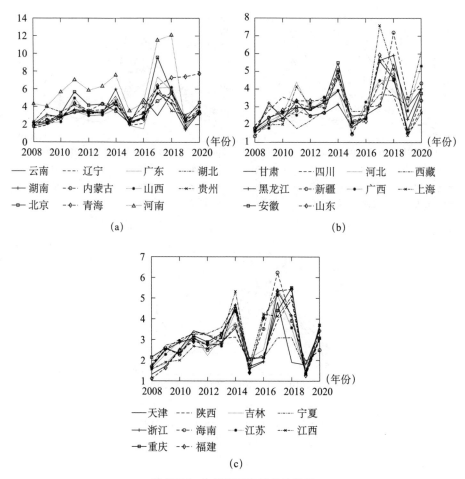

图 11.7　企业部门金融稳定趋势

（四）家庭部门金融稳定趋势分析

如图 11.8 所示，家庭部门金融稳定水平区域间走势一致，个别省份在个别年份波动较大。区域间稳定程度存在差异，也呈现出区域不均衡的特点。但是，相对其他部门而言，家庭部门金融稳定程度的区域间差距较小。其中，较为特殊的是广东、青海和四川，主要原因是广东居民贷款在 2018 年大幅增长，青海和四川居民消费贷款分别在 2010 年和 2014 年发生了大幅度的下降。总体而言，家庭部门金融稳定水平呈现出较为明显的下降趋势。

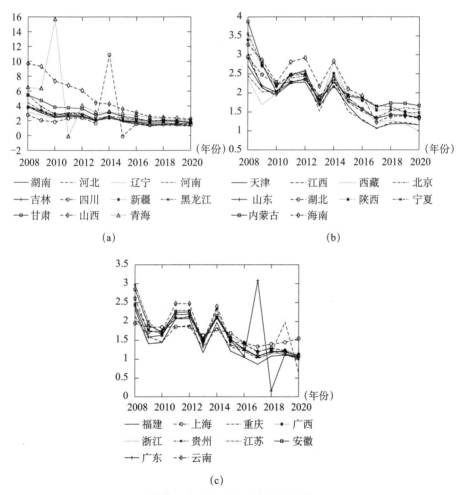

图 11.8　家庭部门金融稳定趋势

（五）全国综合金融稳定趋势分析

如图 11.9 所示，我国大部分地区的整体金融稳定水平在样本期内走势差异小，绝对差异收敛，2012 年后呈现震荡下降趋势，且在 2008～2015 年波动较为剧烈，但自 2019 年起有所回升，且未受到新冠肺炎疫情爆发的影响。这一结果不仅为我国自 2018 年起实施防范化解重大风险攻坚战提供了事实证据，也显示出这一战略的卓越成效和我国积极应对疫情的显著成果。

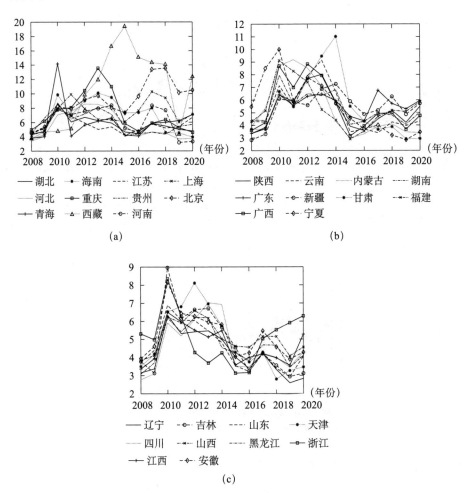

图 11.9　全国综合金融稳定趋势

（六）系统重要性部门评估

在关注各部门和区域金融稳定水平的差异性和时间趋势基础上，进一步考虑由风险相关导致的风险联动和传染。本章认为，存在资产规模大、复杂程度较高、与其他部门关联密切，且在部门风险关联网络中影响强度大的部门，这一部门遭遇极端风险或损失时会极大地影响其他部门，引发系统性金融风险甚至进一步冲击实体经济，界定其为系统重要性部门。一旦系统性重要部门发生违约，违约和违约损失在部门网络内不断扩散，严重破坏金融稳定，系统重要性部门是威胁整体金融稳定的关键因素。

在系统重要性部门评估中，本章分别对四部门和全国 31 个省份的违约集聚情况进行了分析，最小生成树拓扑结果如图 11.10 所示。其中，点的大小代表各部门的资产价值，点越大对应部门的资产规模越大。从分部门的连接线密度来看，金融部门中的黑龙江可以影响 5 个省份的金融部门，存在 9 个省份会影响到其他 3 个省份。观察整体违约集聚图也可以发现，金融部门位于图的下半部分，集聚程度较高。金融部门系统集中度为 24.45，居四部门之首，随后依次是家户部门（23.83）、政府部门（19.56）、企业部门（18.40）。由此可见，金融部门是系统重要性部门。

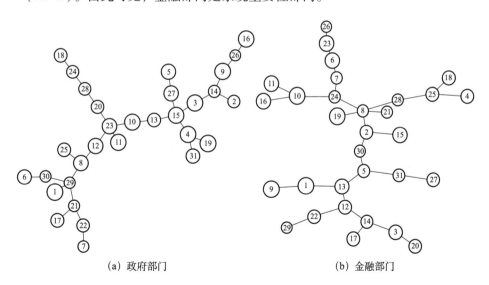

(a) 政府部门　　　　　　　　　　　(b) 金融部门

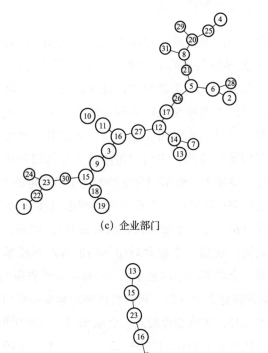

（c）企业部门

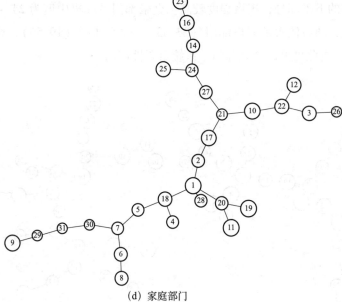

（d）家庭部门

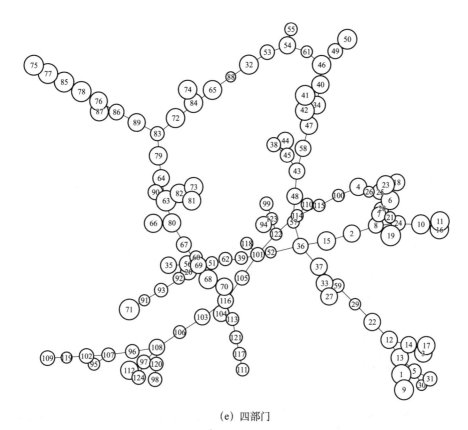

(e) 四部门

图 11.10　四部门违约集聚拓扑结果

第四节　金融稳定与经济增长的关系分析

随着经济金融化程度不断提高，金融稳定与经济、金融周期的关联动态日益凸显。金融不稳定因素可以通过金融体系的放大传导机制作用于宏观经济（Baur，2012；Chiu et al.，2015）。研究金融稳定和经济增长间的关系是厘清宏观经济与金融体系间动态平衡关系的重要突破口，更是实现经济与金融协调稳定发展的关键。本章运用面板向量自回归模型对四部门金融稳定与经济增长之间的关系进行了分析。

一、模型建立

运用面板数据向量自回归模型式（11.4）分析各部门金融稳定和经济增长之间的关系：

$$Y_{i,t} = \alpha_i + \beta_0 + \sum_{j=1}^{p} \beta_j Y_{i,t-j} + \gamma_{i,t} + u_{i,t} \qquad (11.4)$$

其中，$Y_{i,t}$ 表示包含五个变量 $\{zf_{i,t}，jr_{i,t}，qy_{i,t}，jt_{i,t}，gdp_{i,t}\}^T$ 的列向量，zf、jr、qy、jt 分别表示政府、金融、企业、家庭的金融稳定指数变化率，gdp 表示中国年度地区生产总值增长率，i 表示省份，t 表示年份，p 表示模型滞后阶数，α_i 表示个体效应，该参数取决于区域特征，$\gamma_{i,t}$ 表示时间效应，解释变量的时间特征，β_0 表示截距项向量，β_j 表示滞后变量的参数矩阵，$u_{i,t}$ 表示随机扰动项。各部门金融稳定指标使用上一节得出的数据，GDP 增长率数据来源于国家统计局。

二、脉冲响应分析

脉冲响应函数能够直观地刻画出变量之间的动态作用，并从中判断变量之间的关系。使用蒙特卡洛方法模拟 200 次的脉冲响应结果图 11.11 展现了经济增长对各部门金融稳定的响应情况。

由图 11.11 可知，政府部门和企业部门的金融稳定对我国经济增长能够产生正向影响，企业部门相对于政府部门对经济增长的作用持续期间更长。金融部门和家庭部门金融稳定对我国经济增长的影响效果为负。在四个部门中，政府部门、企业部门的稳定程度和治理能力在整个经济中的作用占首要位置。金融部门以降低对经济的信贷供给、减少高风险业务经营达到更加稳定状态，会对经济增长产生一定程度的负向影响。家庭部门的金融稳定状态作为一种结果，与房地产价格、住房抵押贷款密不可分。家庭部门金融稳定对经济增长的负向作用也正体现了在样本期我国经济增长和房地产市场的同周期特征。由此可发现，建立在经济结构合理、借债行为规范、债务杠杆适度基础上的政府部门和企业部门金融稳定是经济增长的动力，金融部门的金融稳定是多部门稳定和经济增长的保障，家庭部门金融稳定是成果。激发动力、加强保障、维护成果是实现"稳金融，稳经济"的有效路径。

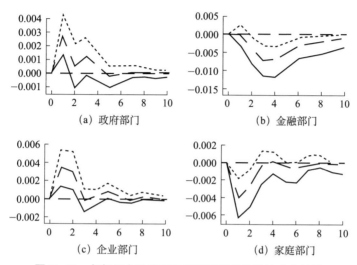

图 11.11　各部门金融稳定作用经济增长的脉冲响应结果

三、方差分解分析

为了更加清晰地刻画各部门金融稳定对经济增长的影响程度，本章进一步对冲击下各变量波动进行方差分解分析。表 11.2 列出了短期第 5 期和长期第 10 期预测期的方差分解结果。从方差分解结果可知，短期内，各部门金融稳定对经济增长的贡献由大到小排序分别为金融部门、家庭部门、企业部门和政府部门。长期中，各部门对经济增长的贡献都有所增加，其中，金融部门的贡献程度大幅增加，说明长期的金融稳定更利于经济增长。从部门间相互作用的方差分解结果可知，对政府部门金融稳定产生影响的主要是企业部门和金融部门，对金融部门金融稳定产生影响的主要是政府部门和企业部门，对企业部门金融稳定产生影响的主要是金融部门和政府部门，对家庭部门金融稳定产生影响的主要是金融部门，作用方向如图 11.12 所示。

表 11.2   面板 VAR 模型方差分解结果

模型变量	s	gdp	政府部门	金融部门	企业部门	家庭部门
gdp	5	0.896	0.006	0.072	0.012	0.014
政府部门	5	0.092	0.838	0.010	0.055	0.005
金融部门	5	0.043	0.009	0.941	0.007	0.000
企业部门	5	0.086	0.030	0.062	0.814	0.008
家庭部门	5	0.005	0.004	0.035	0.014	0.942
gdp	10	0.874	0.005	0.095	0.012	0.013
政府部门	10	0.095	0.832	0.013	0.056	0.005
金融部门	10	0.049	0.009	0.934	0.007	0.001
企业部门	10	0.088	0.030	0.066	0.807	0.008
家庭部门	10	0.006	0.004	0.036	0.014	0.939

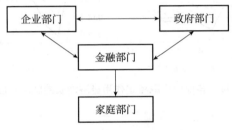

图 11.12   四部门金融稳定传导

如图 11.12 所示，企业部门、金融部门、政府部门金融稳定形成了一个
互相传导的闭环，并最终由金融部门传导至家庭部门。企业部门是最重要
的生产部门，政府部门是政策制定和产业技术路线实施的公共部门，家庭
部门是消费部门。金融部门承担资金要素融通和资源优化配置功能，是连
接生产部门和消费部门间的关键中介。金融稳定由企业部门和政府部门影
响金融部门又进一步作用于家庭部门，体现了金融稳定状态由公共部门到
私人部门的传导过程，家庭部门是最后承担者。因此，金融部门的稳定是
维护整体金融稳定的关键。

第五节   小   结

本章以经济体系中的政府部门、企业部门、家庭部门等市场主体和金

融部门这一关键中介保持稳定而持续的信用关系作为金融稳定的重要界定和评估标准。通过编制账面、可流动、或有权益宏观资产负债表，获取了各部门反映短期、长期债务偿还能力和违约可能性的指标。运用全局主成分分析法构建了金融稳定指数，有效度量了中国 31 个省份各部门及综合金融稳定水平，并采用最小生成树算法刻画了反映违约集聚程度的拓扑结构，识别系统重要性部门。进一步，就四部门金融稳定对经济增长的作用，以及金融稳定的相互传导进行了研究。

　　本章研究得到如下结论：四部门资产和负债逐年增加，家庭部门资产规模最大，金融部门负债规模最大，企业部门流动资产规模最大，各地区资产与负债总量差异较大。全国层面，各地区金融稳定水平在 2012 年后震荡下降，2008～2015 年波动较大，2019 年后企稳，未受到新冠肺炎疫情的明显冲击，显示了我国防范化解重大风险攻坚战的成效和积极应对疫情的成果。部门层面，政府部门、金融部门和企业部门的金融稳定水平呈上升趋势，家庭部门金融稳定水平逐年下降。受新冠肺炎疫情影响，政府部门和家庭部门 2020 年金融稳定水平下降，企业部门和金融部门未受显著影响。地区层面，各地区间金融稳定水平差距较大。西藏在中央及省市级政府补助支持下维持着较高的金融稳定水平。北京、上海、广东和江苏金融稳定水平居全国前列，西北部地区金融稳定水平较低。四部门金融稳定水平对经济增长的贡献由大到小依次为金融、家庭、企业和政府部门，金融部门是系统重要性部门，金融部门的稳定是维护整体金融稳定的关键。

参考文献

[1] 巴曙松. 稳住杠杆率上升斜率是更为现实的政策取向 [J]. 中国金融家, 2017 (8): 84.

[2] 毕燕君. 我国货币政策工具调控绩效研究 [D]. 天津: 天津财经大学, 2014.

[3] 伯南克. 伯南克的货币理论和政策哲学 [M]. 北京: 北京大学出版社, 2008.

[4] 曹静韬. 规划预算下的政府资产管理探析 [J]. 中国行政管理, 2019 (9): 16-21.

[5] 曹远征, 马骏. 警惕国家资产负债表揭示的风险 [J]. 财经, 2012 (15): 64-69.

[6] 曹远征. 重塑国家资产负债能力 [J]. IT 时代周刊, 2011 (16): 14.

[7] 陈少凌, 李杰, 谭黎明, 杨海生. 中国系统性金融风险的高维时变测度与传导机制研究 [J]. 世界经济, 2021, 44 (12): 28-54.

[8] 陈卫东, 熊启跃. 我国非金融企业杠杆率的国际比较与对策建议 [J]. 国际金融研究, 2017 (2): 5-13.

[9] 陈小亮. "债务——通缩" 风险与货币政策财政政策协调 [J]. 经济研究, 2016, 51 (8): 28-42.

[10] 陈新娟. 房价波动、货币政策与宏观审慎政策研究——基于 DSGE 模型 [J]. 当代经济, 2020 (10): 16-19.

[11] 陈志勇, 毛晖, 张佳希. 地方政府性债务的期限错配: 风险特征与形成机理 [J]. 经济管理, 2015, 37 (5): 12-21.

［12］陈佐夫．金融危机与商业银行盈利模式转型［J］．投资研究，2009（2）：2－5.

［13］戴金平，陈汉鹏．中国的利率调节、信贷指导与经济波动——基于动态随机一般均衡模型的分析［J］．金融研究，2013（11）：1－14.

［14］邓创，谢敬轩．中国的金融稳定及其与经济、金融周期波动的关联动态［J］．国际金融研究，2021（7）：13－23.

［15］邓晓兰，黄显林，张旭涛．公共债务、财政可持续性与经济增长［J］．财贸研究，2013（4）：89－96.

［16］董小君．我国杠杆率水平、系统性风险与政策体系设计［J］．理论探索，2017（2）：5－15.

［17］杜金富．政府资产负债表编制框架［J］．中国金融，2018（009）：9－13.

［18］樊明太．金融结构及其对货币传导机制的影响［J］．经济研究，2004（7）：27－37.

［19］方森华，李朝辉，欧远帆．预算软约束、货币政策与去杠杆路径分析——以 DSGE 模型研究为视角［J］．区域金融研究，2019（2）：32－37.

［20］方先明，谢雨菲，权威．影子银行规模波动对金融稳定的溢出效应［J］．经济学家，2017（1）：79－87.

［21］伏润民，缪小林，高跃光．地方政府债务风险对金融系统的空间外溢效应［J］．财贸经济，2017，38（9）：31－47.

［22］付敏杰．中国的政府存款：口径，规模与宏观政策含义［J］．财贸经济，2016（1）：92－105.

［23］傅雄广，侯国栋．中国宏观杠杆率的分解及动态演变机制［J］．国际经济评论，2020（2）：147－161＋8.

［24］高睿．中国宏观金融风险：量化、积累与传染机制研究［D］．济南：山东大学，2018.

［25］耿建新，郭泽光．编制自然资源资产负债表，进行资源环境责任审计——基于 Y 县自然资产负债表编制案例分析［J］．经济研究参考，2020（11）：23－55.

［26］龚强，王俊，贾珅．财政分权视角下的地方政府债务研究：一个

综述 [J]. 经济研究, 2011, 46 (7): 144-156.

[27] 苟文均, 袁鹰, 漆鑫. 债务杠杆与系统性风险传染机制——基于 CCA 模型的分析 [J]. 金融研究, 2016 (3): 74-91.

[28] 辜朝明. 日本应对资产负债式萧条及其对全球经济的启示 [J]. 国际金融研究, 2006 (2): 25-27.

[29] 谷慎, 岑磊. 宏观审慎监管政策与货币政策的配合——基于动态随机一般均衡分析 [J]. 当代经济科学, 2015, 37 (6): 26-33+123.

[30] 郭玉清. 逾期债务、风险状况与中国财政安全——兼论中国财政风险预警与控制理论框架的构建 [J]. 经济研究, 2011, 46 (8): 38-50.

[31] 哈维·S. 罗森. 财政学: 第四版 [M]. 北京: 中国人民大学出版社, 2002.

[32] 胡援成, 张文君. 地方政府债务扩张与银行信贷风险 [J]. 财经论丛, 2012 (3): 59-65.

[33] 黄春元, 刘瑞. 地方政府债务、区域差异与空间溢出效应——基于空间计量模型的研究 [J]. 中央财经大学学报, 2020 (4): 3-14.

[34] 黄芳娜. 中国地方政府债务管理研究 [D]. 北京: 财政部财政科学研究所, 2011.

[35] 黄志刚. 住房市场波动与宏观经济政策的有效性 [J]. 经济研究, 2017 (5): 105-118.

[36] 黄志龙. 我国国民经济各部门杠杆率的差异及政策建议 [J]. 国际金融, 2013 (1): 51-53.

[37] 纪敏, 严宝玉, 李宏瑾. 杠杆率结构、水平和金融稳定——理论分析框架和中国经验 [J]. 金融研究, 2017 (2): 11-25.

[38] 贾庆英, 孔艳芳. 资产价格、经济杠杆与价格传递——基于国际 PVAR 模型的实证研究 [J]. 国际金融研究, 2016 (1): 28-37.

[39] 贾松波, 周兵, 徐健翔. 杠杆率对区域性金融风险的影响研究——基于中国省级数据的分析 [J]. 新金融, 2021 (8): 11-19.

[40] 焦婵, 柏华丽. 比较分析我国货币政策工具的选择及其原因 [J]. 现代商业, 2012 (20): 88.

[41] 亢平乐. 供给侧改革背景下辽宁省杠杆率的测算及成因 [D]. 大

连：东北财经大学，2017.

［42］兰晓梅，杨胜刚，杨申燕．货币政策与宏观审慎政策协调对影子银行的影响［J］．国际金融研究，2020（9）：23-33.

［43］李金华．中国国家资产负债表谱系及编制的方法论［J］．管理世界，2015（9）：1-12.

［44］李娟．基于供给侧结构性改革的宏观审慎政策与货币政策协调研究［D］．太原：山西财经大学，2018.

［45］李力，温来成，唐遥，张偲．货币政策与宏观审慎政策双支柱调控下的地方政府债务风险治理［J］．经济研究，2020，55（11）：36-49.

［46］李小林，赵永亚，司登奎．保险业发展与金融稳定：来自金砖国家的经验证据［J］．世界经济研究，2021（6）：106-120+137.

［47］李雪林，唐青生．微观金融杠杆率测算及合理波动阈值测度——基于我国农村地区存款类金融机构的农村金融视角［J］．西南民族大学学报（人文社科版），2018，39（10）：108-115.

［48］李扬，张晓晶，常欣，汤铎铎，李成．中国主权资产负债表及其风险评估（上）［J］．经济研究，2012，47（6）：4-19.

［49］李扬，张晓晶，常欣，汤铎铎，李成．中国主权资产负债表及其风险评估（下）［J］．经济研究，2012，47（7）：4-21.

［50］李扬，张晓晶，常欣．中国国家资产负债表2013：理论，方法与风险评估［M］．北京：中国社会科学出版社，2013.

［51］李扬，张晓晶，常欣．中国国家资产负债表2015：杠杆调整与风险管理［M］．北京：中国社会科学出版社，2015.

［52］李扬，张晓晶，常欣．中国国家资产负债表2018［M］．北京：中国社会科学出版社，2018.

［53］李扬，张晓晶．中国国家资产负债表2020［M］．北京：中国社会科学出版社，2020.

［54］李扬．中国地方政府债务问题探讨［J］．科学发展，2014（10）：5-8.

［55］李一花，秦玉翠，董娜．省以下地方政府资产负债表编制与评估研究［J］．公共财政研究，2017（4）：4-22.

[56] 李玉龙. 地方政府债券、土地财政与系统性金融风险 [J]. 财经研究, 2019, 45 (9)：100 - 113.

[57] 连飞. "稳增长"与"去杠杆"：金融调控困境与政策平衡问题研究 [J]. 现代财经 (天津财经大学学报), 2019, 39 (2)：3 - 14.

[58] 连飞. "稳增长"与"去杠杆"目标下的双支柱政策协调——基于供求冲击和金融摩擦视角 [J]. 财经理论与实践, 2018, 39 (6)：15 - 21.

[59] 梁丽萍, 李新光. 我国地方政府债务风险测度研究——基于资产负债表的视角 [J]. 宏观经济研究, 2016 (12)：102 - 111.

[60] 廖慧, 马泽昊, 郑子龙. 商业银行资产负债表结构与货币政策传导渠道——基于银行贷款渠道的视角 [J]. 经济与管理研究, 2013 (10)：101 - 107.

[61] 廖家勤, 伍红芳. 地方政府债务风险预警模型探索——基于 28 个省区市债务数据的实证分析 [J]. 金融理论与实践, 2015 (10)：57 - 60.

[62] 林曦. 政府资产负债表的编制及应用研究 [D]. 烟台：山东工商学院, 2018.

[63] 刘畅, 曹光宇, 马光荣. 地方政府融资平台挤出了中小企业贷款吗？[J]. 经济研究, 2020 (3)：50 - 64.

[64] 刘贯春, 张军, 刘媛媛. 金融资产配置、宏观经济环境与企业杠杆率 [J]. 世界经济, 2018：148 - 173.

[65] 刘金全. "低增长, 低通胀"驱动了我国宏观经济杠杆率的快速上升吗 [A]. 吉林大学数量经济优秀成果汇编, 2018.

[66] 刘磊. 居民杠杆率与金融稳定 [J]. 开放导报, 2018 (1)：20 - 25.

[67] 刘磊, 刘健, 郭晓旭. 金融风险与风险传染——基于 CCA 方法的宏观金融网络分析 [J]. 金融监管研究, 2019 (9).

[68] 刘敏. 县域金融风险与经济发展研究 [D]. 武汉：武汉大学, 2014.

[69] 刘向耘, 牛慕鸿, 杨娉. 中国居民资产负债表分析 [J]. 金融研究, 2009 (10)：107 - 117.

[70] 刘晓光, 刘元春. 杠杆率重估与债务风险再探讨 [J]. 金融研

究，2018，458（8）：37－54.

［71］刘晓光．中国杠杆率悖论——兼论货币政策"稳增长"和"降杠杆"真的两难吗［J］．财贸经济，2016（8）：5－19.

［72］刘一楠．企业杠杆、企业投资与供给侧改革——基于面板双门限回归模型的微观证据［J］．上海经济研究，2016（12）：120－128，封3.

［73］刘一楠，宋晓玲．杠杆失衡、信贷错配与结构性去杠杆——一个动态随机一般均衡分析框架［J］．中央财经大学学报，2018（8）：76－86.

［74］卢馨，欧阳渺，于晓曼．东部发达地区地方政府性债务风险评估——以地方政府资产负债表为基础［J］．管理现代化，2016，36（4）：116－120.

［75］鲁存珍．住户部门杠杆率快速上升成因及影响研究［J］．西南金融，2019（1）：64－71.

［76］陆岷峰，葛和平．中国企业高杠杆成因及去杠杆方式研究［J］．金融监管研究，2016（12）.

［77］吕炜．房价波动、土地财政与我国宏观经济［J］．经济社会体制比较，2016（4）：54－67.

［78］罗胜，向书坚．政府资产负债表的核算主体范围研究［J］．中央财经大学学报，2017（10）：3－11.

［79］马建堂，董小君．中国的杠杆率与系统性金融风险防范［J］．财贸经济，2016（1）.

［80］马骏．地方政府资产负债表的编制和使用［J］．中国金融，2014（14）：18－20.

［81］马骏，张晓蓉，李治国，等．中国国家资产负债表研究［M］．北京：社会科学文献出版社，2012.

［82］马利·奇瓦科，林卫基．中国企业部门脆弱性评估［J］．金融监管研究，2016（2）：11－31.

［83］马亚明，常军，佟森．新利率双轨制、企业部门杠杆率差异与我国货币政策传导——考虑影子银行体系的DSGE模型分析［J］．南开经济研究，2018（6）：57－73.

［84］马勇，付莉．"双支柱"调控，政策协调搭配与宏观稳定效应

[J]. 金融研究，482（8）：1 – 17.

[85] 马勇. 金融杠杆，杠杆波动与经济增长 [J]. 经济研究，2017（6）：31 – 45.

[86] 马勇，王芳. 金融开放，经济波动与金融波动 [J]. 世界经济，2018（2）：20 – 44.

[87] 毛锐，刘楠楠，刘蓉. 地方政府债务扩张与系统性金融风险的触发机制 [J]. 中国工业经济，2018（4）：19 – 38.

[88] 闵晓鸣. 国外居民杠杆率快速增长的教训及其对我国的启示 [J]. 海南金融，2018（9）：46 – 52.

[89] 冉珍梅，刘孝斌，钟坚. 政府债务、家庭债务与货币政策有效性——基于消费视角的理论与实证分析 [J]. 经济问题探索，2020（3）：145 – 154.

[90] 饶友玲. 地方政府财政风险：表现形式、成因与防范 [J]. 中央财经大学学报，2004（4）：1 – 5.

[91] 阮健弘，刘西，叶欢. 我国居民杠杆率现状及影响因素研究 [J]. 金融研究，2020（8）：18 – 33.

[92] 邵宇. 中国政府会有资产负债表危机吗——政府资产负债表的编制与分析 [J]. 金融发展评论，2013（11）：1 – 24.

[93] 申屠廉盛. 货币政策与宏观审慎政策工具最优搭配研究 [D]. 南昌：江西财经大学，2020.

[94] 沈丽，刘媛，刘华军，等. 地方政府债务风险的空间溢出及其解释——基于关系数据的研究 [J]. 财政研究，2019，433（3）：81 – 94.

[95] 沈沛龙，樊欢. 基于可流动性资产负债表的我国政府债务风险研究 [J]. 经济研究，2012（2）：93 – 104.

[96] 沈悦，李博阳，张嘉望. 城市房价泡沫与金融稳定性——基于中国35个大中城市 PVAR 模型的实证研究 [J]. 当代财经，2019（4）：62 – 74.

[97] 宋凌峰，叶永刚. 中国区域金融风险部门间传递研究 [J]. 管理世界，2011（9）：172 – 173.

[98] 宋敏. 全球金融危机十周年反思——基于中美两国比较分析的视角 [J]. 北京工商大学学报（社会科学版），2018，33（3）：15 – 23.

［99］苏治，李媛，徐淑丹．"结构性"减速下的中国投资结构优化：基于四万亿投资效果的分析［J］．财政研究，2013（1）：43－47．

［100］孙烨，韩哲．我国地方政府债务对区域经济增长的影响机制研究［J］．数量经济研究，2019，10（4）：104－126．

［101］汤林闽，梁志华．中国政府资产负债表2019［J］．财经智库，2019，4（5）：19－53＋141．

［102］汤林闽．权责发生制政府综合财务报告制度改革：阶段性评述［J］．地方财政研究，2018（1）：23－31＋38．

［103］唐登莉，李力，洪雪飞．能源消费对中国雾霾污染的空间溢出效应——基于静态与动态空间面板数据模型的实证研究［J］．系统工程理论与实践，2017，37（7）：1697－1708．

［104］唐云锋，刘清杰．土地财政，房价上涨与地方政府债务风险——基于双向叠加视角的研究［J］．财经问题研究，2020（2）：81－89．

［105］仝冰．货币，利率与资产价格——基于DSGE模型的分析和预测［J］．北京：北京大学，2010．

［106］万光彩，张霆，卫松涛．基于金融稳定视角的货币政策与宏观审慎政策演进［J］．东北农业大学学报（社会科学版），2015，13（5）：31－37＋48．

［107］汪金祥．地方政府债务对企业负债的影响——基于地市级的经验分析［J］．财经研究，2020（1）：111－125．

［108］王彬，马文涛，刘胜会．人民币汇率均衡与失衡：基于一般均衡框架的视角［J］．世界经济，2014，37（6）：27－50．

［109］王桂虎．1991－2015年中国非金融企业资产负债的估算与负债率的实证研究［J］．上海经济研究，2017（9）：59－68．

［110］王国刚．防控系统性金融风险：新内涵、新机制和新对策［J］．金融评论，2017，9（3）：1－20＋123．

［111］王立荣，王怡．北京区域金融风险研究——基于资产负债表分析法［J］．经济研究导刊，2019（5）：144－146＋180．

［112］王频，侯成琪．预期冲击、房价波动与经济波动［J］．经济研究，2017，52（4）：48－63．

［113］王擎，刘军，金致雯．区域性金融风险与区域经济增长的相关性分析［J］．改革，2018（5）：66 – 75．

［114］王维国，杨晓华．我国国债与经济增长关系的计量分析——兼论国债负担对国债经济增长效应的影响［J］．中国管理科学，2006，14（s1）：306 – 311．

［115］王晓婷，刘爱红，沈沛龙．基于宏观资产负债表的区域金融风险度量与评价研究——以山西省为例［J］．经济问题，2019（2）：85 – 93．

［116］王媛，程曦，殷培红，等．影响中国碳排放绩效的区域特征研究——基于熵值法的聚类分析［J］．自然资源学报，2013，28（7）：1106 – 1116．

［117］王竹泉，谭云霞，宋晓缤．"降杠杆"、"稳杠杆"和"加杠杆"的区域定位——传统杠杆率指标修正和基于"双重"杠杆率测度体系确立结构性杠杆率阈值［J］．管理世界，2019，35（12）：86 – 103．

［118］吴建銮，赵春艳，南士敬，部门杠杆与中国经济波动——基于DSGE 模型的研究［J］．商业研究，2019（9）：52 – 61．

［119］吴建銮，赵春艳，南士敬．金融杠杆波动与中国经济波动——来自我国省级面板数据的实证研究［J］．当代经济科学，2018，40（5）：12 – 20 + 124．

［120］伍戈，连飞．中国货币政策转型研究：基于数量与价格混合规则的探索［J］．世界经济，2016：3．

［121］伍海泉，戴罗仙，田秋蓉．公共部门资产管理的国际经验比较研究［J］．经济纵横，2005，12（12）：51 – 51．

［122］夏洪涛，周子轩，常华清，王志强．我国财政政策与货币政策的协调机制分析——基于铸币税和政府债务的实证研究［J］．决策与信息，2020（12）：54 – 64．

［123］肖文，韩沈超．地方政府性债务规模对消费者福利影响研究——基于商品房价格变动的视角［J］．财贸研究，2015，26（5）：90 – 98．

［124］邢勇，谭本艳．金融危机企业资产负债表模型对我国的适用性检验——基于动态面板数据模型的分析［J］．科研管理，2011（2）．

［125］熊琛，金昊．地方政府债务风险与金融部门风险的"双螺旋"

结构——基于非线性 DSGE 模型的分析 [J]. 中国工业经济, 2018, 369 (12): 25 – 43.

[126] 熊虎, 沈坤荣. 地方政府债务对创新的挤出效应研究 [J]. 经济科学, 2019 (4): 5 – 17.

[127] 徐传平. 杠杆率管理框架: 理论与应用 [D]. 北京: 中国人民大学, 2016.

[128] 徐国祥, 吴婷, 王莹. 基于共同冲击和异质风险叠加传导的风险传染研究——来自中国上市银行网络的传染模拟 [J]. 金融研究, 2021 (4): 38 – 54.

[129] 徐忠, 我国防控系统性金融风险具有坚实基础 [J]. 求是, 2018 (15): 57 – 58.

[130] 许一涌. 我国非金融企业杠杆率问题研究 [J]. 金融与经济, 2014 (10): 38 – 41.

[131] 闫明, 顾炜宇. 我国地方政府信用风险评级体系构建: 框架与方法 [J]. 中央财经大学学报, 2014 (3): 47 – 54.

[132] 严佳佳, 康志鑫. 金融稳定目标下宏观审慎政策规则研究 [J]. 国际金融研究, 2020 (7): 13 – 24.

[133] 杨文雪. 完善非金融企业部门资产负债核算的思路和对策 [J]. 统计与决策, 2005 (1): 55 – 57.

[134] 杨源源. 财政支出结构、通货膨胀与非李嘉图制度——基于 DSGE 模型的分析 [J]. 财政研究, 2017, (1): 64 – 76 + 88.

[135] 杨志安, 宁宇之. 中国财政风险预警系统的构建——基于 AHP 评价法的实证研究 [J]. 中国经济问题, 2014 (4): 30 – 37.

[136] 叶思晖, 樊明太. 宏观审慎监管、货币政策和经济效果评价 [J]. 金融理论与实践, 2019 (11): 66 – 74.

[137] 叶永刚, 刘春霞. 我国非金融企业部门信用风险评估: 基于宏观金融工程分析框架 [J]. 武汉大学学报 (哲学社会科学版), 2008 (3): 383 – 388.

[138] 叶永刚, 晏晗, 李杏. 武汉市金融风险分析——CCA 模型在城市层面的具体应用 [J]. 武汉金融, 2019, 232 (4): 16 – 23 + 32.

［139］余永定．谨防企业债务危机［J］．资本市场，2014，（11）：15.

［140］翟永会．系统性风险管理视角下实体行业与银行业间风险溢出效应研究［J］．国际金融研究，2019（12）：74－84.

［141］张安军．金融市场扩大开放下我国省域金融风险综合度量实证分析——以浙江省为例［J］．兰州学刊，2019（4）：76－93.

［142］张广现．最优货币政策规则理论及应用研究［D］．北京：首都经济贸易大学，2006.

［143］张健华，贾彦东．宏观审慎政策的理论与实践进展［J］．金融研究，2012（1）：20－35.

［144］张江涛．中国家庭部门加杠杆的逻辑和潜在风险［J］．国际金融，2018（7）：66－74.

［145］张金清，张剑宇，聂雨晴，孙大钊．中国金融安全评估：2000～2019年——基于部门流动性资产负债表的分析框架［J］．管理世界，2021，37（6）：70－86＋4＋88－108.

［146］张廷海，王点．工业集聚、空间溢出效应与地区增长差异——基于空间杜宾模型的实证分析［J］．经济经纬，2018，35（1）：86－91.

［147］张文魁．A Study of Functions of Enterprise's Debt and Debt-safeguarding Mechanisms［J］．经济研究，2000（7）：48－55.

［148］张晓晶．"三重压力"下的债务可持续性［J］．金融市场研究，2022（1）：10－17.

［149］张晓朴，朱太辉．金融体系与实体经济关系的反思［J］．国际金融研究，2014（3）：43－54.

［150］张雪莹，王聪聪，向丽锦．政府债务、货币政策冲击与宏观经济波动——基于DSGE模型的分析［J］．宏观经济研究，2020（10）：5－16＋70.

［151］张子荣．地方政府债务风险研究——以河南省为例［J］．现代商贸工业，2016，37（34）：240－241.

［152］张宗新，陈莹．系统性金融风险动态测度与跨部门网络溢出效应研究［J］．国际金融研究，2022（1）：72－84.

［153］赵建斌，原伟玮．我国金融业综合统计分析框架研究［J］．区

域金融研究，2019（9）：67－72.

［154］郑小娟．欧洲国家债务危机的风险传导研究［D］．武汉：武汉大学，2013.

［155］中国人民大学国际货币研究所．中国的"政府存款"暴增究竟会带来何种影响？［C］．2016 年国际货币金融每日综述选编，2016（5）：12－16.

［156］钟宁桦，刘志阔，何嘉鑫，苏楚林．我国企业债务的结构性问题［J］．经济研究，2016（51）：117.

［157］钟晓敏，张雷宝．地方政府投资的资产效应分析［J］．财经论丛（浙江财经大学学报），2004（1）：34－41.

［158］周程程．家庭债务、房价收入比与居民消费之间的关系研究［J］．中国商贸，2013（34）：159－161.

［159］周亮．系统重要性金融机构再评估：基于最小生成树模型［J］．金融理论探索，2021（1）：25－36.

［160］朱鸿鸣，薄岩．中国全社会及各部门杠杆率测算［J］．重庆理工大学学报（社会科学），2016，30（2）：1－6.

［161］朱凯．中国金融部门杠杆周期分析——基于 1998—2018 年的数据证明［J］．财经理论与实践，2019，40（4）：9－15.

［162］朱培金．金融杠杆、利率市场化与宏观经济波动——基于金融加速器框架下的 DSGE 模型研究［J］．重庆大学学报（社会科学版），2017，23（3）：23－34.

［163］朱太辉，边卫红．如何从根源上改进金融系统性风险监管？——基于实体经济债务视角的研究［J］．金融评论，2018，10（5）：25－35.

［164］朱文蔚，陈勇．地方政府性债务与区域经济增长［J］．财贸研究，2014（4）：114－121.

［165］竹志奇．新《预算法》、债务规则与财政政策的逆周期性［J］．财政研究，2019，（6）：14－31.

［166］祝继高，岳衡，饶品贵．地方政府财政压力与银行信贷资源配置效率——基于我国城市商业银行的研究证据［J］．金融研究，2020（1）：

88 – 109.

[167] Acharya V V. Thakor A V. The Dark Side of Liquidity Creation: Leverage and Systemic Risk [J]. Journal of FimancialIntermediation, 2016, 28: 4 – 21.

[168] Adrian M T, He M D, Liang N, Natalucci F M. A monitoring Framework for Global Financial Stability [R]. International Monetary Fund, 2019, Staff Discussion Notes No. 19/06.

[169] Adrian T, Boyarchenko N. Intermediary Leverage Cycles and Financial Stability [R]. Federal Reserve Bank of New York Staff Report, 2015, (567).

[170] Adrian T, Brunnermeier M K. CoVaR [J]. American Economic Review, 2016, 106 (7): 1705 – 1741.

[171] Allen M, Rosenberg C, Keller C, Setser B, Rubini N. A Balance Sheet Approach to Financial Crisis [R]. International Monetary Fund Working Paper WP1021210, 2002.

[172] Allen W A, Wood G. Defining and Achieving Financial Stability [J]. Journal of Financial Stability, 2006, 2 (2): 152 – 172.

[173] Alpanda S, Zubairy S. Addressing Household Indebtedness: Monetary, Fiscal or Macroprudential Policy? [J]. European Economic Review, 2017.

[174] Anderson H, Paddrik M, Wang J J. Bank Networks and Systemic Risk: Evidence from the National Banking Acts [J]. American Economic Review, 2019, 109 (9): 3125 – 3161.

[175] Aramonte S, Schrimpf A, Shin H S. Non-bank Financial Intermediaries and Financial Stability [R]. BIS Working Papers, 2021, No. 972.

[176] Arbelaez C H, Sobrinho N. Government financial assets and debt sustainability [R]. IMF Working Papers, 2017.

[177] Baharumshah A, Soon S-V, Lauc E. Fiscal sustainability in an emerging market economy: When does public debt turn bad? [J]. Journal of Policy Modeling, 2017, 39 (1), 99 – 113. https://doi.org/10.1016/j.jpolmod.2016.11.002.

[178] Balafas K, Kiremidjian A S, Rajagopal R. The Wavelet Transform as

a Gaussian Process for Damage Detection [J]. Structural Control and Health Monitoring, 2018, 25 (2), e2087.

[179] Barakchian S M. Transmission of US monetary policy into the Canadian economy: A structural cointegration analysis [J]. Economic Modelling, 2015, 46, 11 – 26.

[180] Barnes S, Young G. The Rise in US Household Debt: Assessing its Causes and Sustainability [R]. Bank of England Working Papers, 2004, 206.

[181] Batini N, Melina G, Villa S. Fiscal Buffers, Private Debt, and Recession: The Good, the Bad and the Ugly [J]. Journal of Macroeconomics, 2018, 62 (2).

[182] Bauer G H. Granziera E. Monetary Policy, Private Debt and Financial Stability Risks [J]. Journal of Macroeconomics, 2019, 62, 103044.

[183] Baur D G. Financial Contagion and the Real Economy [J]. Journal of Banking & Finance, 2012, 36 (10): 2680 – 2692.

[184] Beau D, Clerc L, Mojon B. Macro-prudential policy and the conduct of monetary policy [R]. Working Papers 390, Banque de France, 2012.

[185] Benigno P, Eggertsson G B, Romei F. Dynamic debt deleveraging and optimal monetary policy. American Economic Journal: Macroeconomics, 2016, 12 (2), 310 – 350.

[186] Benoit S, Colliard J E, Hurlin C, Pérignon C. Where the Risks Lie: A Survey on Systemic Risk [J]. Review of Finance, 2017, 21 (1): 109 – 152.

[187] Berge, T J, Cao, G. Global effects of US monetary policy: is unconventional policy different [J]. Economic Review, 2014, Q I, 5 – 31.

[188] Bernanke B S, Gertler M, Gilchrist S. The Financial Accelerator in a Quantitative Business Cycle Framework [J]. Handbook of Macroeconomics, 1999, 1: 1341 – 1393.

[189] Bernanke B S. Monetary Policy and the Housing Bubble [R], at the Annual Meeting of the American Economic Association, Atlanta, Georgia, January 3, 2010, Speech 499, Board of Governmors of the Federal Resserve System (U. S.).

［190］Billio M, Getmansky M, Lo A W, Pelizzon L. Econometric Measures of Connectedness and Systemic Risk in the Finance and Insurance Sectors ［J］. Journal of Financial Economics, 2012, 104 (3): 535 –559.

［191］Biondi L, Bracci E. Sustainability, Popular and Integrated Reporting in the Public Sector: A Fad and Fashion Perspective ［J］. Sustainability, MD-PI, 2018, Vol. 10 (9), 1 –16.

［192］Borio C E V, Lombardi M J, Zampolli F. Fiscal Sustainability and the Financial Cycle ［R］. BIS Working Papers, 2016, No. 552.

［193］Borio C, Zhu H. Capital Regulation, Risk-taking and Monetary Policy: A Missing Link in the Transmission Mechanism? ［J］. Journal of Financial Stability, 2012, 8 (4).

［194］Cafiso G. GDP Growth, Private Debt and Monetary Policy ［R］. 2017, Working Paper No. 6500.

［195］Carlson M, Correia S, Luck S. The Effects of Banking Competition on Growth and Financial Stability: Evidence from the National Banking Era ［J］. Journal of Political Economy, 2022, 130 (2): 462 –520.

［196］Carlson M, Correia S, Luck S. The Effects of Banking Competition on Growth and Financial Stability: Evidence from the National Banking Era ［J］. Journal of Political Economy, 2022, 130 (2): 462 –520.

［197］Cavalcanti M A F H, Vereda L, Doctors R B, Lima F C, Maynard L. The macroeconomic effects of monetary policy shocks under fiscal rules constrained by public debt sustainability ［J］. Economic Modelling, Elsevier, 2018, Vol. 71 (C), 184 –201.

［198］Cecchetti S G, Domanski D, von Peter G. New Regulation and the New World of Global Banking ［J］. National Institute Economic Review, 2011, 216 (1), 29 –40.

［199］Cecchetti S G, Kharroubi E. Reassessing the Impact of Finance on Growth ［R］. BIS Working Papers. No 381, 2012.

［200］Cecchetti S G, Mohantyf M S, Zam-Polli F. The real effects of debt: ［J］. Social Science ElectronicPublishing, 2011, 68 (3): 145 –196.

［201］ Chatziantonioua I, Filisb G, Floros C. Asset Prices Regime-switching and the Role of Inflation Targeting Monetary Policy ［J］. Global Finance Journal, 2017, 32, 97 – 112.

［202］ Chen S W, Wu A C. Is there a Bubble Component in Government Debt? New International Evidence ［J］. International Review of Economics & Finance, 2018, 58: 467 – 486.

［203］ Chiu W C, Pena J I, Wang C W. Industry Characteristics and Financial Risk Contagion ［J］. Journal of Banking & Finance, 2015, 50 (1): 411 – 427.

［204］ Claessens S, Cornelli G, Gambacorta L, Manaresi F, Shiina, Y. Do Macroprudential Policies Affect Non-bank Financial Intermediation? ［R］. BIS Working Papers, 2021, No 927.

［205］ Cynamon B Z., Fazzari S A, Household debt in the consumer age: source of growth-risk of collapse ［J］. Social Science Electronic Publishing, 2008, 3 (2).

［206］ Dalio R. An In-depth Look at Deleveragings ［R］. Bridge Water Report, 2012.

［207］ Debelle G. Macroeconomic Implications of Rising Household Debt ［J］, SSRN Electronic Journal, 2004.

［208］ Demirci I, Huang J, Sialm C. Government Debt and Corporate Leverage: International Evidence ［J］. Social Science Electronic Publishing, 2017, 133 (2): 337 – 356.

［209］ Denbee E, Julliard C, Li Y, Yuan K. Network Risk and Key Players: A Structural Analysis of Interbank Liquidity ［J］. Journal of Financial Economics, 2021, 141 (3): 831 – 859.

［210］ Devereux M B, Yetman J. Financial Deleveraging and the International Transmission of Shocks ［R］. The International Financial Crisis and Policy Challenges in Asia and the Pacific, BIS Working Papers 52, 2010, 274 – 298.

［211］ Di Tella S. Uncertainty Shocks and Balance Sheet Recessions ［J］. Journal of Political Economy, 2017, 125 (6): 2038 – 2081.

[212] Dicks D L, Fulghieri P. Uncertainty Aversion and Systemic Risk [J]. Journal of Political Economy, 2019, 127 (3): 1118 – 1155.

[213] Dosi G, Fagiolo G et al. Fiscal and monetary policies in complex e-volving economies [J]. Journal of Economic Dynamics And Control, 2015, 52, (3): 166 – 189.

[214] Du W, Schreger J. Sovereign Risk, Currency Risk, and Corporate Balance Sheets [R]. Harvard Business School Working Papers, 2014.

[215] Duarte F, Eisenbach T M. Fire-sale Spillovers and Systemic risk [J]. The Journal of Finance, 2021, 76 (3): 1251 – 1294.

[216] Dybowski T P, Hanisch M, Kempa B. The Role of the Exchange Rate in Canadian Monetary Policy: Evidence from a TVP-BVAR model [J]. Empirical Economics, 2018, 55, 471 – 494.

[217] Eijffinger S C W, Goderis B. Currency Crises, Monetary Policy and Corporate Balance Sheets [J]. German Economic Review, 2007, 8 (3): 309 – 343.

[218] Elekdag S A, Wu. Y Q. Rapid Credit Growth: Boon or Boom-bust? [R]. IMF Working Paper, 2011.

[219] Elmeskov J, Sutherland D. Post-crisis Debt Overhang: Growth Implications Across Countries [DB/OL], https://www. oecd. org/governance/public-finance/49541000. pdf, 2020 – 07 – 11.

[220] Escolano J, Gaspar V. Optimal Debt Policy under Asymmetric Uncertainty [R]. IMF Working Papers, 2016.

[221] Égert B. Public Debt, Economic Growth and Nonlinear Effects: Myth or Reality? [J]. Journal of Macroeconomics, 2015, (43), 226 – 238.

[222] Fang L, Cheng J, Su F. Interconnectedness and Systemic Risk: A Comparative Study Based on Systemically Important Regions [J]. Pacific-Basin Finance Journal, 2019, 54: 147 – 158.

[223] Fausch J, Sigonius M. The impact of ECB monetary policy surprises on the German stock market [J]. Journal of Macroeconomics, 2018, 55, 46 – 63.

［224］Favara G, Ivanov I, Rezende M. GSIB Surcharges and Bank Lending: Evidence from US Corporate Loan Data ［J］. Journal of Financial Economics, 2021, 142 (3): 1426 – 1443.

［225］Ferguson J L. Implementing Price Increases in Turbulent Economies: Pricing Approaches for Reducing Perceptions of Price Unfairness ［J］. Journal of Business Research, 2014, 67 (1): 2732 – 2737.

［226］Fisher I. The Debt-deflation Theory of Great Depressions ［J］. Econometrica, 1933, 1 (4): 337 – 357.

［227］Forbes K, Hjortsoe I. , Nenova, T. The shocks matter: Improving our estimates of exchange rate pass-through ［J］. Journal of International Economics, 2018, 114, 255 – 275.

［228］Fratianni M, Marchionne F. De-leveraging, De-risking and Moral suasion in the banking sector ［J］. Economic and Social Sciences, 2015.

［229］FSB. Approaches to Debt Overhang Issues of Non-financial Corporates ［R］. Financial Stability Board, 2022, Discussion paper.

［230］Fève P, Moura A, Pierrard O. Shadow banking and financial regulation: A small-scale DSGE perspective ［J］. Journal of Economic Dynamics and Control, 2019, 101: 130 – 144.

［231］Gerali A, Neri S, Sessa L, et al. Credit and Banking in a DSGE Model of the Euro Area ［J］. Journal of Money, Credit and Banking, 2010, 42: 107 – 141.

［232］Gertler M, Gilchrist S. What Happened: Financial Factors in the Great Recession ［J］. Journal of Economic Perspectives, 2018, 32 (3): 3 – 30.

［233］Goldsmith R W. The National Balance Sheet of the United States, 1953 – 1980 ［M］. National Bureau of Economic Research Monograph, 1982.

［234］Gomez-Gonzalez P. Inflation-linked Public Debt in Emerging Economies ［J］. Journal of International Money and Finance, 2019, 93: 313 – 334.

［235］Gray D F, Merton R C, Bodie Z. Contingent Claims Approach to Measuring and Managing Sovereign Credit Risk ［J］. Journal of Investment Management, 2007, 5 (4): 5 – 28.

[236] Gray D, Malone S W, Macrofinancial Risk Analysis [M]. J. Wiley & Sons Inc, 2008.

[237] Góes C, Kamil H, Imus D P. Spillovers from U. S. Monetary Policy Normalization on Brazil and Mexico's Sovereign Bond Yields [R]. 2017, IMF Working Paper WP/17/50.

[238] Hercowitz Z, Campbell J C. The Role of Collateralized Household Debt in Macroeconomic Stabilization [C]. 2005 Meeting Papers: Society for Economic Dynamics, 2004.

[239] Herndon T, Ash M, Pollin R. Does High Public Debt Consistently Stifle Economic Growth? A critique of Reinhart and Rogoff [J]. Cambridge Journal of Economics, 2014, 38 (2): 257 – 279.

[240] Iacoviello M. Financial Business Cycles [J]. Review of Economic Dynamics, 2015, 18 (1): 140 – 163.

[241] Ippolito F, Ozdagli A K, Perez-Orive, A. The Transmission of Monetary Policy Through Bank Lending: The Floating Rate Channel [J]. Journal of Monetary Economics, 2018, 95, 49 – 71.

[242] Jarmuzek M, Rozenov R. Excessive Private Sector Leverage and its Drivers: Evidence from Advanced Economies [J]. Applied Economics, 2019, 51 (34), 3787 – 3803.

[243] Junior C J C. Understanding DSGE Models: Theory and Applications [M]. Vernon Press, 2016.

[244] Kelly B, Lustig H, Van Nieuwerburgh S. Too-systemic-to-fail: What Option Markets Imply about Sector-wide Government Guarantees [J]. American Economic Review, 2016, 106 (6): 1278 – 1319.

[245] Khoo J, Durand R B, Rath S. Leverage Adjustment After Mergers and Acquisitions [J]. Accounting & Finance, 2017, 57 (S1), 185 – 210.

[246] Kim S, Lim K. Effects of Monetary policy shocks on exchange rate in small open Economies [J]. Journal of Macroeconomics, 2018, 56 (6), 324 – 339. https: //doi. org/10. 1016/j. jmacro. 2018. 04. 008.

[247] Kim Y K. The Macroeconomic Implications of Household Debt: An

Empirical Analysis〔J〕. Review of Keynesian Economics, 2016, 4（2）: 127 – 150.

〔248〕Koo R C. The Escape from Balance Sheet Recession and the QE Trap: A Hazardous Road for the World Economy〔M〕. Tokyo: John Wiley and Sons, 2015.

〔249〕Koo R C. The World in Balance Sheet Recession: Causes, Cure, and Politics〔J〕. Real-World Economics Review, 2011, 58, 19 – 37.

〔250〕Koong S S, Law S H, Ibrahim M H. Credit Expansion and Financial Stability in Malaysia〔J〕. Economic Modelling, 2017, 61: 339 – 350.

〔251〕Kourtellos A, Stengos T, Tan C M. The Effect of Public Debt on Growth in Multiple Regimes〔J〕. Journal of Macroeconomics, 2013, 38: 35 – 43.

〔252〕Krugman P R. Balance Sheets, the Transfer Problem, and Financial Crises〔J〕. International Tax & Public Finance, 1999, 6（4）: 459.

〔253〕Krugman P. Currency Regimes, Capital Flows, and Crises〔J〕. IMF Economic Review, 2014, 62（4）: 470 – 493.

〔254〕Krugman P. Rethinking Japan〔M〕. New York Times, The Opinions Pages, 2015, October 20.

〔255〕Kumar M S, Baldacci M E. Fiscal Deficits, Public Debt, and Sovereign Bond Yields〔R〕. International Monetary Fund, 2010, Working Paper No. 10/184.

〔256〕Kumar M, Woo J. Public Debt and Growth〔R〕. IMF working papers, 2010: 1 – 47.

〔257〕Laseen S, Strid I. Debt Dynamics and Monetary Policy: A Note〔R〕. Sveriges Riksbank Working Paper Series, 2013, No. 283.

〔258〕Lee S, Park H, Seo M H, Shin, Y. Testing for a Debt-Threshold Effect on Output Growth〔J〕. Fiscal Studies, 2017, 38（4）, 701 – 717.

〔259〕Liu Y, Government Debt and Risk Premia〔DB/OL〕, http://econ. ruc. edu. cn/upfile/file/20180502/20180502155348_17522. pdf, 2020 – 07 – 12.

[260] Lopez-Villavicencio A, Mignon V. Exchange Rate Pass-through in Emerging Countries: Do the Inflation Environment, Monetary Policy Regime and Central Bank Behavior Matter? [J]. Joural of Intemational Money Finance, 2017, 79, 20 – 38.

[261] Macquarie Andrew S C, Griffith S C. Inaccuracies in the history of a well-known introduction: a case study of the Australian House Sparrow (Passer domestic) [J]. Avian Research, January 2016, 28 (2): 87 – 92.

[262] Mantegna R N. Hierarchical Structure in Financial Markets [J]. The European Physical Journal B-Condensed Matter and Complex Systems, 1999, 11 (1): 193 – 197.

[263] Megersa K, Cassimon D. Public Debt, Economic Growth, and Public Sector Management in Developing Countries: Is there a link? [J]. Public Administration and Development, 2015, 35 (5): 329 – 346.

[264] Mian A, Sufi A, Verner E. Household Debt and Business Cycles Worldwide [J]. The Quarterly Journal of Economics, 2017, 132 (4): 1755 – 1817.

[265] Mian A, Sufi A. Consumers and the Economy, Part Ⅱ: Household Debt and the Weak U. S. Recovery [J]. FRBSF Economic Letter, 2011, (02): 1 – 5.

[266] Minea A, Parent A. Is High Public Debt Always Harmful to Economic Growth? Reinhart and Rogoff and some Complex Nonlinearities [R]. AFC Working Papers, 2012, 8.

[267] Minsky H P. The Financial Instability Hypothesis [R]. The Jerome Levy Economics Institute Working Paper, 1992, No. 74.

[268] Miyakoshi T, Jalolov, M. Money-income Causality Revisited in EG-ARCH: Spillovers of Monetary Policy to Asia from the US [J]. Journal of Asian Economics,2015, 16 (2): 299 – 313.

[269] Obstfeld M. Trilemmas and Trade-offs: Living with Financial Globalization [R]. BIS Working, 2015, 480.

[270] Oet M V, Bianco T, Gramlich D. , et al. Safe: An Early Warning

System for Systemic Banking Risk [J]. Journal of Banking & Finance, 2013, 37 (11): 4510 – 4533.

[271] Phan D H B, Iyke B N, Sharma S S, Affandi Y. Economic Policy Uncertainty and Financial Stability – Is There a Relation? [J]. Economic Modelling, 2021, 94: 1018 – 1029.

[272] Phelan G. Collateralized borrowing and increasing risk [J]. Economic Theory, 2017, 63, (2): 471 – 502.

[273] Polackova H. Contingent Government Liabilities: A Hidden Risk for Fiscal Stability [R]. The World Bank, 1998.

[274] Rahal C. Housing Markets and Unconventional Monetary Policy [J]. Journal of Housing Economics, 2016, 32, 67 – 80.

[275] Reinhart C M, Reinhart V R, Rogoff K S. Public Debt Overhangs: Advanced-economy Episodes Since 1800 [J]. Journal of Economic Perspectives, 2012, 26 (3): 69 – 86.

[276] Reinhart C M, Rogoff K S. Growth in a Time of Debt [J]. American economic review, 2010, 100 (2): 573 – 78.

[277] Revell J. The National Balance Sheet of The United Kingdom [J]. Review of Income and Wealth, International Association for Research in Income and Wealth, 1966, 12 (4): 281 – 305.

[278] Rey H. Dilemma not Trilemma: The Global Financial Cycle and Monetary Policy Independence [R]. NBER Working Paper, 2015.

[279] Rhu H K. Macroprudential Policy Framework [R]. BIS Papers chapters, 2011, 60: 120 – 123.

[280] Robstad O. House Prices, Credit and the Effect of Monetary Policy in Norway: Evidence from Structural VAR Models [J]. Empirical Economics, 2018, (54): 461 – 483.

[281] Rubio M. National macroprudential policies in the euro area: Flexibility vs supervision [J]. Economics Letters, 2018, 170: 55 – 58.

[282] Ruzzante M. Financial Crises, Macroeconomic shocks, and the government balance sheet: A panel analysis [R]. IMF Working Papers, 2018.

［283］Sakuragawa M, Hosono K. Fiscal Sustainability in Japan ［J］. Journal of The Japanese and International Economies, 2011, 25 (4): 434 – 446.

［284］Salachas E N, Laopodis N T, Kouretas G P. The Bank-lending Channel and Monetary Policy During Pre-and Post-2007 Crisis ［J］. Journal of International Financial Markets, Institutions and Money, 2017, 47, 176 – 187.

［285］Samitas A, Kampouris E, Kenourgios D. Machine Learning as an Early Warning System to Predict Financial Crisis ［J］. International Review of Financial Analysis, 2020, 71: 101507.

［286］Schularick M, Taylor A M. Credit booms gone bust: Monetary policy, leverage cycles, and financial crises, 1870—2008 ［J］. American Economic Review, 2012, 102 (2), 1029 – 1061.

［287］Setser B, Roubini N, Keller C, et al. A Balance Sheet Approach to Financial Crisis ［R］. IMF Working Papers, 2002, 2 (210): 1 – 22.

［288］Siddique A, Selvanathan E A, Selvanathan S. The Impact of External Debt on Growth: Evidence from Highly Indebted Poor Countries ［J］. Journal of Policy Modeling, 2016, 38 (5), 874 – 894. 2016. 03. 011.

［289］Silva T C, Guerra S M, Tabak B M, Cesarde R, Miranda, C. Financial Networks, Bank Efficiency and Risk-taking ［J］. Journal of Financial Stability, 2016, 25: 247 – 257.

［290］Soon S V. Lau E. Fiscal Sustainability in an Emerging Market Economy: When Does Public Debt Turn Bad? ［J］. Journal of Policy Modeling, 2017, 39 (1), 99 – 113.

［291］Sutherland D, Hoeller P. Debt and Macroeconomic Stability: An Overview of the Literature and Some Empirics ［R］. OECD Economics Department Working Papers, 2012.

［292］Togo E. Coordinating Public Debt Management with Fiscal and Monetary Policies: An Analytical Framework ［M］. The World Bank Policy Research Working Paper, 2007.

［293］Tran D V, Hassan M K, Houston R. Ownership Structure and Bank Risk: The Effects of Crisis, Market Discipline and Regulatory Pressure ［R］.

NFI Working Papers, 2018 – WP – 03.

[294] Ueda K. Deleveraging and Monetary Policy: Japan since the 1990s and the United States since 2007 [J]. The Journal of Economic Perspectives, 2012, 26 (3): 177 – 201.

[295] Viñals J. Macroprudential Policy: An Organizing Framework: Background Paper [R]. International Monetary Fund, 2011.

[296] Wasserman S, Faust K. Social Network Analysis: Methods and Applications [M]. Cambridge: Cambridge University Press, 1994.

[297] Xu J, Zhang X. China's Sovereign Debt: A Balance-Sheet Perspective [J]. China Economic Review, 2014, 31: 55 – 73.